THE UNIVERSAL LAWS OF SUCCESS

THE FORMULA

성공의 공식
포뮬러

The
Formula

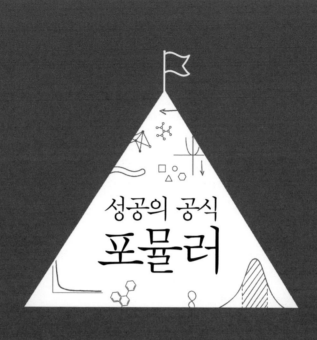

성공의 공식
포뮬러

앨버트 라슬로 바라바시 지음

홍지수 옮김

한국경제신문

추천사

천재과학자 아인슈타인이 얻은 전무후무한 명성이 그가 이룬 과학적 업적과는 전혀 상관없는 우발적인 사건 덕분이었다는 사실은 우리에게 매우 흥미로운 지점을 시사한다. 이 책은 성공이라는 것이 어느 한 가지 요소로만 채워지지 않는다는 것을, 여러 간극들을 서로 결합하고 연결할 때 비로소 그 속에서 진짜 성공이 탄생한다는 것을 알려준다. 오로지 자신만이 할 수 있는 일을 찾아서 눈에 띄지 않는 노드들을 탐색하고 연결하라. 나 혼자만의 성공은 없다. 우리의 성공만 있을 뿐.

– 이어령, 한중일비교문화연구소 이사장

더 이상 성공을 꿈꾸지 않는 시대라지만, 이 책은 성공이 결코 먼 나라의 이야기가 아님을 일깨운다. 세계적인 과학자가 발견한 성공의 공식은 과학적 법칙과 별반 다르지 않다. 생각보다 간단하고 명쾌하며 보편적이고 영원하다. 그러므로 누구나 가능하다. 성공은 범접하기 어려운 대상이 아니라 누구라도 도전할 수 있는 희망이다. 그러니 있는 실력을 한껏 발휘하며 살라. 상대에게 위축되거나 다른 심리적 제동에 인해 인생에서 지지 않기를, 이 책이 그 밑거름이 되길 응원한다.

– 이시형, 세로토닌문화 원장

이 책은 과학책이 아니다. 복잡한 수식과 그래프가 없기에. 그렇다고 흔히 보아왔던 성공에 관한 뻔한 자기계발서도 아니다. 기존의 자기계발서에서 의미 없이 나열되어 있던 이야기들을 네트워크와 데이터 과학으로 엄밀하고 정확하게 분석해냈기에. 그동안 숨겨져 있던 성공의 비밀을 5가지 과학 법칙으로 깔끔하게 담아냈다. 지금까지 나온 성공에 관한 모든 책의 조각들을 이 책에서 발견할 수 있을 것이다. '노력을 했는데 왜 성공할 수 없었을까' 고민했던 적이 있다면, 그 해답을 찾을 수 있을 것이다. 초연결 시대를 사는 우리 모두에게 추천한다.

– 정하웅, KAIST 물리학과 교수

———

많은 이들이 성공하고 싶다는 욕구는 갖고 있지만, 정작 방법은 모른다. 이 책은 성공한 개인과 기업이 어떠한 방식으로 스스로를 마케팅했는지, 나아가 그것이 어떻게 브랜딩으로 이어졌는지를 자상하게 설명한다. 무명이었던 작가의 작품이 단숨에 베스트셀러가 되거나, 인기 없던 노래가 대히트를 치는 아이러니한 상황에 대한 베일도 벗겨낸다. 저자가 이야기하는 성공의 법칙을 개인과 조직이 찬찬히 들여다봐야 하는 이유가 여기에 있다.

– 홍성태, 한양대학교 경영대학 명예교수

최첨단 데이터 분석 체계를 이용해 누구도 시도하지 않았던 성공에 관한 연구를 다양한 사례를 통해 명쾌하고 흥미롭게 풀어냈다. 창의적 디지털 융합 시대에 성공에서 집단성과 융합성이 중요하다는 메시지는 되새겨볼 가치가 있다. 기업이나 조직에서 창의적인 팀의 구성, 보유한 네트워크의 효과적 활용법 등을 정확하게 짚어내고 있다. 디지털 격변이 본격적으로 전개되는 현 시점에서 도움이 되는 내용이다.

– 김경준, 딜로이트 컨설팅 부회장

———

인생의 성공을 원한다면 꼭 읽어야만 할 멋진 책이다. 좋은 운이 있어야 성공할 수 있다는 단순한 생각을 넘어, 성공에 작동하는 기본 법칙들을 매우 과학적이자 명쾌한 공식으로 풀어냈다. 과거 운으로 성공했다는 사람들에게도 권한다. 왜 성공할 수 있었는지, 자신이 미처 알지 못했던 비밀을 밝혀주는 놀라운 통찰을 보여준다. 미래 우리의 삶을 변화시키고 싶다면 이 책의 성공 공식을 적용하라. 누구나 성공을 꿈꿀 수 있게 되리라 확신한다.

– 서진영, 자의누리 경영연구원장

복잡계 이론의 대가인 바라바시가 다시 데이터를 기반으로 성공의 법칙이 무엇인가를 제시했다. 데이터와 연결망 분석을 통해 성공에 숨어 있는 법칙을 알아내는 이 책은 데이터 분석이 사회 현상을 파악하는 데 왜 중요한 과학인지를 알려준다. 흔한 자기계발서 계통이 아닌 과학과 데이터를 기반으로 설명하기 때문에 매우 유익하며, 다양한 사례와 이야기 역시 아주 흥미롭다. 새로운 조직을 만들거나 도전을 꿈꾸는 사람들에게 권한다. 왜냐하면 성공은 함께 이루는 것이기 때문이다.

- 한상기, 테크프론티어 대표

———

이 책에는 좀 독특한 시각의 성공의 법칙 분석이 담겨 있다. 특히 만인에게 인정받는 큰 성공을 거두기 위해서는 전략적이어야 한다. 특히 같은 조건에서는 사회적으로 더 많은 '연결'을 가진 사람이 더 큰 인정을 받을 확률이 높다. 그럼에도 불구하고 끝까지 포기하지 않고 끈질기게 버티는 사람에게 성공이 찾아올 확률이 높다. 개인과 조직이 보다 나은 삶을 운영해나가는 데 참고가 될 듯하다.

- 임정욱, 스타트업얼라이언스 센터장

사회적 성취는 어떻게 이루어지는가

정재승

KAIST 바이오및뇌공학과 교수, 문술미래전략대학원장

대학에 입학해 물리학을 전공하겠다고 했을 때 선배들이 이런 얘기를 들려줬다. "물리학은 천재들의 학문이어서, 30세 이전에 위대한 업적을 내지 못하면 그만둬야 한다. 그 후엔 머리가 굳어서 희망이 없단다!" 겁을 잔뜩 먹고 입학했지만, 물리학은 '성실하고 끈질기게 질문에 천착하는 학자들이 결국 좋은 성취를 하는 학문'이라는 걸 이내 깨달았다. 그래서 아직 희망을 버리지 않고 연구하고 있다.

한참 후에 알게 된 사실이지만, 노벨상을 받은 학자들이 노벨상을 탄 연구의 아이디어를 언제 처음 떠올렸는지 조사한 과학사회학자들의 연구에 따르면, 물리학상은 평균 36세, 화학상은 37세, 생리의학상은 38세였다고 한다. 최근 50년간 받은 수상자들로만 한정해서 분석한다면, 그 시기는 40세를 훌쩍 넘어간다고 한다. 학문의 역사가 깊어질수록, 연구자들이 그 분야의 지형도를 이해하고 중요한 문제를 발견해 그 해답을 찾는 데는 상당히 오랜 시간이 필요하다는 얘기다. '위대한 업적은 인생에서 언제 만들어질지 예측할 수 없지만, 조급해할 필요는 없다'는 학자들의 연구는 내게 큰 위로가 되었다.

《링크Linked》로 유명한 네트워크 연구의 대가 앨버트 라슬로 바라바시 교수는 학자들이 훌륭한 논문들을 언제 어떻게 만들어냈는지 그 과정을 추적한 연구로 〈사이언스Science〉와 〈네이처Nature〉 같은 저명한 학술지에 일련의 논문들을 발표한 바 있다. 그의 연구는 늘 흥미롭지만, 과학자들의 연구업적에 관한 논문들은 과학자의 한 사람으로서 더없이 흥미로웠다. 그의 논문이 나올 때마다 꼭꼭 챙겨 읽으면서 이런 생각이 들었다. '이건 과학자들만의 얘기가 아니야! 많은 사회적 성취에 보편적으로 적용될 수 있는 법칙이라고!'

어느덧 그의 연구는 과학자들의 업적 연구를 넘어 '보편적인 성공의 법칙'을 향해 가고 있었고, 마침내 그것을 잘 정리한 흥미진진한 책 한 권이 출간되었다. 제목도 섹시하게 《포뮬러: 성공의 공식》이라니! 우리 모두가 그토록 알고 싶어 했던 바로 그 공식이 아닌가!

바라바시 교수는 수식 하나 없이, 그의 논문에 점철되었던 그 흔한 그래프도 없이, 누구나 읽을 수 있는 편한 글과 누구나 공감할 수 있는 재미있는 이야기들로 이 책을 가득 채웠다. 그가 제시한 다섯 가지 성공의 보편적인 법칙은 고개가 끄덕여질 만큼 모두 동의가 되는 공식들이지만, 그것을 정교한 과학적인 분석과 수많은 데이터를 통해 얻어낸 것들이라 더욱 신뢰가 간다.

이 책에 따르면, 성공하기 위해서는 뛰어난 업적을 내는 것도 중요하지만, 네트워크가 중요하다. 대개 업적은 쉽게 측정되기 어렵기에, 그럴 땐 사회적 연결망이 중요한 역할을 한다는 뜻이다. 그렇게 어렵사리 성과를 내게 되면 큰 보상이 따르는데, 특히 슈퍼스타가 되는 순간 성공의 보상은 무한대로 늘어난다. 한번 성공하고 나면, 그다음 업적은 쉽게 주목받게 되며, 그 분야의 신참자가 뭔가를 성취했을 때보다 훨씬 유리한 위치에서 자신의 성취를 인정받을 수 있다. 대개 중요한 사회적 성취는 협동의 산물이기 때문에 혼자 뭔가를 이루긴 어렵지만, 성취가 만들어지고 나면 맨 앞에 서 있던 오직 한 사람이 그 공을 모두 가져간다는 것도 외면하기 힘든 불편한 진실이다. 이렇게 이 책은 사회적 성취가 어떻게 만들어지고, 사회적으로 인정받으며, 다음 성취에 어떤 영향을 미치는지를 객관적으로 기술한다.

무엇보다도 이 책에서 강조하고 싶은 부분은 다섯 번째 공식이다. 부단히 노력하면 성공은 언제든 찾아올 가능성이 있다는 것! 창의적인 성취는 나이에 크게 상관이 없으며, 언제나 우리는 성취할 가능성을 가지고 있다. 그렇다면 결국 그것을 이루고 얻는 사람들은 누구인가? 바로 '부단히 시도하는 자들'이다. 생산성이 높은 사람들이 사회적 성취를 할 확률이 높다는 뜻이다.

결국 이 책이 우리에게 들려주는 메시지는 무엇일까? 우리가 사회적인 성취를 이루기 위해서는 타인과 함께 노력하는 '협력'을 게을리 해서는 안 된다. 그래야 그들의 인정이 성취를 크게 도울 것이며, 한번 그것을 경험하고 나면 다시 세상이 당신을 더 크게 도울 것이라는 교훈을 전하고 있다. 나이에 상관없이 더 많이 시도하는 자가 결국 사회적 성취를 이룬다는 것은 우리에게 또 하나의 작은 위로와 희망을 준다. 나이 들어가는 내 뇌를 탓하지 말고, 실행에 굼뜬 내 게으름만 탓하라는 얘기이니 말이다.

이 책은 '성공의 공식'이라는 매력적인 부제를 달고 있지만, 한 사회가 사회적 성취를 어떻게 인정하고 받아들이는지에 대한 흥미로운 분석 보고서다. 많은 사람들에게 이 책이 성공으로 질주하는 데 필요한 안내서가 아니라, 위대한 성취를 이룬 자들의 삶을 데이터로 엿보는 삶의 지침서가 되었으면 한다. 인생의 목표가 단지 성공이 아니라 성숙이라면, 이 책은 '성공의 공식'을 넘어 충분히 '성숙의 공식'으로도 읽힐 수 있기 때문이다.

성공의 비전秘典

송길영
마인드 마이너, 《상상하지 말라》 저자

세계적인 물리학자가 쓴 자기계발서라니 상상이 가시는지요? 그 무엇보다도 엄정한 관측과 수리적 증명을 통해 분자에서 은하에 이르는 물질들의 변화를 입증하는 직업에 종사하는 전문가가 하루에도 수백 번의 무작위 의사결정을 하는 주관적인 객체들이 모인 사회 속에서의 성공의 법칙을 이야기한다는 것은 무척이나 아이러니해 보입니다. 어릴 적 학급 문고를 채우고 있던 책들은 어려운 환경에서 자란 노예 해방의 영웅이나 정규교육의 혜택을 받지 못한 발명왕, 방사성 물질을 발견한 화학자의 일생을 그린 위인전이었습니다. 책 속 '끊임없는 노력과 실력의 집대성이 넘사벽의 성취를 만들어냈다'는 초인들의 이야기를 본받아 훌륭한 사람이 되기를 바라며 부모님은 권하셨지만, 읽은 후 느껴지는 열패감이 이른 포기의 부작용을 낳기도 했습니다.

이 책은 '부단한 노력으로 혼자 무엇인가 거대한 것을 이룬다' 는 성취의 정의를 '집단으로부터의 인정' 즉, "사회적 입증 social proof"이라는 관점으로 전환해주는 것에서 출발합니다. 도킨스의 이기적 유전자의 이론을 빌리지 않아도 사회를 이루고 문명을 만들어 나가며, 종 차원에서의 협력을 통해 우리 종이 이 행성에서 주도적 삶을 살게 되었음은 주지의 사실입니다. 근육보다 뇌를 선택한 후 모둠을 이루어 생존해온 인류라는 종은 역사학자 유발 하라리의 표현처럼 '상상적 허구'를 공유해 나가며, 국가나 종교와 같은 추상적 실체를 형성하고 공동의 목표를 위해 희생하거나 협력하는 시스템을 만들어냈습니다. 이를 통해 인류는 각자가 성취할 수 있는 작은 규모의 결과보다 월등히 큰 문명적 성취를 이뤄낼 수 있었습니다.

집단 내의 성취의 기본은 테니스와 바둑처럼 승패가 명확히 갈리는 분야에서라면 당연히 실력일 터이나, 더 복잡하고 모호한 분야에서는 대중의 수용도가 성공을 가르기 마련임을 다양한 분야의 사례를 통해서 저자는 설명해줍니다.

"성공의 공식을 적용하면 이런 공동체의 이익이 어떻게 작동되고 우리의 성과가 어떻게 널리 알려지는지 파악할 수 있다. 당신의 업적을 다른 사람들이 중요하게 여기도록 만드는 게 목표라면, 당신의 업적에 대한 집단적 관심이 당신이 속한 복잡한 연결망을 통해 어떻게 형성되는지 들여다볼 필요가 있다."

이처럼 고인돌에서 출발하여 피라미드를 지나 마천루에 이르는, 자본이 집적되고 더 큰 규모의 투자가 이뤄지는 발전된 현대의 사회시스템에 이르기까지, 우리 종의 협력 시스템에서 가장 큰 힘이 되는 원동력은 동족으로부터의 인정이라는 보상체계임을 이 책은 주목합니다. 심리학자 마크 리어리 역시 자존감 또한 사회 집단 속의 인정과 중요도에 대한 지표일 뿐이라 이야기합니다.

"우리가 정의 내린 성공에 따르면, 성공은 집단이 만들어내는 현상이다. 우리 모두가 성공을 만들어내는 데 책임이 있다. 특히 재능, 품질, 성과를 가늠할 방법이 없는 분야에서는 대중의 현명한 판단에 의존할 가능성이 높다. 그런 행위가 낳는 결과는 파장이 매우 크며, 안 그래도 고르지 않게 분포된 성공의 격차를 더욱더 증폭시킨다."

산업혁명 이후 200년간 7배나 늘어난 인구와 초연결의 시대 지구촌이 현실화된 지금, 거대한 집단에서의 경쟁은 더욱 치열해집니다. 일정 수준 이상의 실력을 쌓은 경쟁자들은 모두 탁월한 기량을 가지고 있기에, 그 우열은 더욱 가르기 힘듭니다. 결국 같은 종의 집단 지성을 통해 우리는 모호한 선택의 효율적인 거름망을 형성하고 싶어 하므로, 네트워크와 어떻게 관계 맺음을 할 것인가가 성취의 주요한 요건이 됩니다.

이제 기술의 발전으로 우리 각자의 행위와 결과가 채록되어 성취의 과정을 추적하고 그 동인을 이해할 수 있는 시대가 왔습니다. 물리의 법칙이 우리 인간이 모인 사회의 법칙으로 증명될 수 있는 시대에, 사회과학social science이라 불리우는 집단의 과학적 이해를 통해 우리는 타자의 삶으로부터 무엇인가를 배울 수 있게 됐습니다. 다시 말해 타산지석과 반면교사가 집단의 규모로 확장되고, 개인의 단위로 확대되어 이해할 수 있는 시대가 온 것입니다. 이 시점에서 성공의 방법에 대한 고수의 무공이 집대성된 비전의 책이 나온 만큼, 기법이 아닌 정도로서 길잡이가 되기를 바랍니다.

이 글을 쓰기 전 저의 아이들에게 먼저 이 책의 내용을 상세히 설명해주었다는 이야기가 그 모든 추천의 말보다 가장 강력할 것이라 생각하며, 자신의 인생을 시작하는 모든 분들에게 일독을 권합니다.

차례

추천사   004

추천 서문 / 정재승 | 사회적 성취는 어떻게 이루어지는가   008

추천 서문 / 송길영 | 성공의 비전秘典   012

들어가는 말 | 성공은 혼자가 아닌 함께 해내는 것   018

1   레드 배런과 잊힌 에이스   039

제1 공식
성과는 성공의 원동력이지만,
성과를 측정할 수 없을 때는 연결망이 성공의 원동력이다.

2   그랜드슬램과 대학 졸업장   064
     노력이 (이따금) 진가를 발휘하는 이유

3   200만 달러짜리 소변기   082
     열심히 노력해도 소용없는 이유

제2 공식
성과를 내는 데는 한계가 있지만,
성공은 무한하다.

4   와인 한 병의 가치   110
     결정을 내리기가 불가능할 때는 어떻게 결정하는가

5   슈퍼스타와 멱 법칙   137
     보상은 무한하다

제3 공식
과거의 성공 × 적합성 = 미래의 성공

6 폭발하는 새끼 고양이와 양말 인형 166
성공에 시동을 걸다

7 제 눈에 보청기 196
품질은 사회적 영향을 묵살해버린다

제4 공식
팀이 성공하려면 다양성과 균형이 필요하지만,
팀이 성과를 올리면 오직 한 사람만이 공을 독차지한다.

8 관행적인 듯, 혁신적인 듯, 우울한 듯 230
균형, 다양성, 지도력의 중요성

9 간과된 과학자를 발견한 알고리즘 257
성과가 아니라 인식의 문제다

제5 공식
부단히 노력하면
성공은 언제든 찾아올 가능성이 있다.

10 아인슈타인의 실수 290
재능과 노력이 만나면 결국 이긴다

맺는말 316

감사의 말 334
주 340

성공은 혼자가 아닌 함께 해내는 것

아내가 나를 사랑하게 된 이유는 내가 태양이 몇 도인지 알았기 때문이었다. 나는 커피숍에서 열역학 기초에 관한 강의를 준비하다가 아내를 만났다.

"우리 인간들이 그런 걸 어떻게 알죠?"

아내가 물었다. 그토록 지구에서 멀리 떨어져 있고 손댈 엄두조차 낼 수 없을 정도로 맹렬히 타오르며 무엇이든 순식간에 재로 만들어버릴 수 있는 대상에 대해, 그것도 아주 정확히 5,778켈빈Kelvin(열역학적 온도 또는 절대온도의 단위로 기호는 K다-옮긴이)이라고 숫자를 콕 집어 말할 수 있다는 게 무슨 마술 트릭처럼 보였던 듯하다.

그건 어린아이들이 뜬금없이 해대는 질문에 부모들이 대답하고픈 그런 답이었다. 하지만 어른들은 대개 "모르겠는데?" 또는

"태양은 뜨거워. 무지무지 뜨겁지…"라고 애매모호하게 얼버무리곤 한다. 생명의 원천이자 우리의 삶을 비춰주는 타오르는 구球, 그토록 크고 빛나는 것에 대해 어른들이 잘 모르고 있다는 사실이 어린 시절 내게는 황당하게 느껴졌었다.

할아버지는 루마니아 북서부 트란실바니아에 있는 작은 마을에서 트럭을 여러 대 운영했다. 내가 태어날 무렵에는 달랑 기계 작업장밖에 남지 않았지만, 동굴 같은 나무 오두막인 그 작업장에서 나는 방학 때마다 살다시피 했다. 내 마음에 쏙 든 그곳은 어떻게 보면 태어나서 처음으로 가져본 실험실이었다. 기계를 부품 하나하나까지 완전히 해체하고 기어를 살펴보면서 그것이 어떻게 작동하는지 정확히 파악할 수 있는 장소였다. 어떤 사물이 어떻게 작동하는지 이해하는 일은 지금도 그렇지만 정말 환상적이다.

기계를 만지작거리는 취미는 집안 내력이다. 할아버지는 트럭을 공산주의 정권에 빼앗긴 후에는 온 마을을 돌아다니면서 고장 난 가전제품을 수리해주며 살았다. 다리미나 라디오 등 아무리 고치기 힘든 물건도 일일이 분해해서 고치고야 말았다. 그런 할아버지 밑에서 열 살 때부터 가업에 뛰어들어 트럭 운전을 했던 아버지는 늘상 고장 난 자동차 밑으로 기어들어가 몇 분 동안 만지작거린 후 다 고쳤다며 손이 시커멓게 되어 기어 나오곤 했다. 아버지는 학교든 기념관이든 회사든 늘 뭔가를 경영했고, 무슨 일이든 기계를 고치듯 임했다. 어떤 상황에 처해도 일단 소매를 걷어붙이고 직접 나서서 문제를 해결했다.

어쩌면 대대로 내려오는 기계 수리공의 호기심 덕분에 내가 과학자가 되었는지도 모른다. 어린 시절부터 나는 물리학을 통해 우주의 구성 요소들과 인간의 삶을 좌우하는 힘들을 탐색했다. 나이가 들면서는 새로운 것에 도전하기 위해 네트워크와 데이터의 복잡성으로 관심을 돌렸다.

늘 질문을 던지는 게 생활이었기에, 나는 과학에서 나의 안식처를 찾았다. 머릿속에 떠오르는 질문이 숫자에 관한 것이기만 하면(숫자가 많을수록 좋다) 집요하게 그 숫자를 추적했고, 오늘날 초연결된hyperconnected 첨단기술의 세계에서 수없이 쌓인 데이터의 미로를 이리저리 헤쳐나갔다. 하나의 의문에 대한 해답은 필연적으로 더 많은 의문으로 이어졌고, 어떤 연구를 하든 그 연구 영역의 주변부에 새로운 가능성이 모기처럼 맴돌았다. 나는 손을 휘저어 그런 모기들을 쫓아버리고 지금 하고 있는 연구에 집중하려 하지만 어렸을 적 버릇이 어디로 가겠는가. 무슨 일을 하든 '왜?'라는 질문은 집요하게 나를 따라다닌다. 아침에 나를 깨우고 밤늦도록 잠 못 이루게 하는 것 또한 바로 이러한 질문에 대해 답을 찾고자 하는 갈망 때문이다.

현재 나는 복잡계연구소Center for Complex Network Research를 운영하고 있다. 보스턴에 있는 이 연구소에서 내가 하는 일은 인간에서 미분자에 이르기까지 사물들이 어떻게 상호작용하고, 어디서부터 어떻게 연결 고리가 형성되며, 이러한 상호 연결성이 인간 사회나 인간의 생물학적 기원에 대해 어떤 해답을 제시해주는지를 탐색하는 것이다. 복잡계연구소에서 지금까지 추진해온 주제는 아주 다양하다. 월드와이드웹World Wide Web의 지형을 탐색했고, 유전자에서 아주 사소한 문제가 발생해 질병으로 이어지는 과정을 발견했다. 또 인간의 뇌가 수십 억 개의 신경세포를 어떻게 관장하고, 식품의 분자들이 어떻게 단백질에 부착되어 오랜 세월 동안 건강을 유지하게 해주는지도 연구했다. 나는 이런 연구가 재미있다. 우리의 사회 구조 이면에 있는 숫자들이 서로 연결된 상태의 본질을 이해하게 해주기 때문이다. 과학적 분석 대상이 아닐 법한 주제를 모델과 도구를 이용해 파고들면 여기서 도출되는 결과는 인간의 지식에 깊이를 더해준다.

이것이 바로 우리 연구소에서 해낸 일이다. 비록 몇 년이 걸렸지만, 인간이 성취한 업적에 대해 산더미 같은 데이터를 확보한 후 특정한 개념을 구성하는 요소들과 장치들을 낱낱이 분해할 방법을 터득했다. 컴퓨터과학자와 물리학자가 한 치의 오차도 허용하지 않는 계량적인 과학 도구들을 이용해 수학 문제에 접근하듯이, 그런 방식을 이용해 '성공의 공식'을 알아내는 게 우리의 목표였다. 이는 자전거를 해체하거나 열역학을 이용해 태양의 온도를 측정하는 방법과 그리 다르지 않았다. 일단 성공을 이끌어내는 기제가 보이기 시작하자 내가 어렸을 때 부모님을 성가시게 했던, 답하기 불가능한 질문들에 대한 해답을 얻기 시작했다.

예컨대 뉴욕 현대미술관에 전시된, 초점도 흐리고 별 볼일 없는 사진이 명작이라고 판단되는 정확한 이유는 무엇일까? 역대 최고의 뮤지컬이 〈캣츠Cats〉가 아니라 〈회전목마Carousel〉인 이유는 무엇일까? 학비가 비싼 학교는 그만한 가치가 있을까? 어떤 분야든 슈퍼스타는 손에 꼽을 정도밖에 없는 이유가 뭘까?

성공, 업적, 평판에 관해 제기되는 수없이 많은 의문들에 이런 의문까지 더하면 답을 정확히 알아내기는 태양의 온도를 측정하는 일처럼 불가능해 보인다. 기업에서 승진을 거듭하는 이유는 오로지 뛰어난 성과 덕분일까? 일생에 걸쳐 나이가 들면서 창의력은 향상될까, 떨어질까? 슈퍼스타와 협력해야 할까, 경쟁해야 할까? 사회에서, 전문 분야에서 인간관계는 성공하는 데 어떤 영향을 미칠까?

믿기 어렵겠지만, 얼핏 계량화하기 불가능해 보이는 이런 의문들도 모두 계량화된 해답을 찾을 수 있다. 데이터에 나타난 유형pattern을 살펴보고 성공을 이끌어내는 기제를 규명함으로써 이런 의문들을 하나하나 정면으로 다룰 수 있다. 일단 우리 개개인의 성공과 실패의 이면에서 작동하는 보편적인 힘들을 이해하면 놀라운 결과가 나타나기 시작한다.

▲ ▲ ▲

첫 연구 대상은 재난이었는데 뜻밖의 성공을 거두었다. 당시 복잡계연구소는 휴대전화 데이터를 분석해 사람들이 재난에 어떻게 반응하는지 알아내는 작업을 하고 있었다. 직접적인 경험을 통해 배울 수 있는 좋은 기회라고 생각했기 때문에 나는 당시 박사과정에 있는 학생이었던 다슌 왕Dashun Wang을 이 프로젝트에 배정했다. 그 결과 정말로 환상적인 논문이 나왔다.[1] 장담컨대 전 세계적으로 재난 구호 활동에 큰 영향을 미칠 만한 논문이었다.

그런데 문제는, 우리 말고는 아무도 그렇게 생각하지 않았다는 점이다. 백방으로 애를 썼지만 아무도 이 논문을 실어주지 않았다. 최고의 권위를 자랑하는 학술지에서도 퇴짜를 맞고 별로 권위가 없는 학술지 몇 군데에서도 거절당했다. 제목에 '재난disaster'이 들어가서 아무 학술지에도 실리지 않는 재앙이 초래된 게 아니냐며 제목에서 '재난'이란 말을 뺄걸 그랬다는 자조 섞인 농담도 나왔다. 그럼에도 농구를 좋아하는 다슌 왕은 마치 농구 코트에서 어쩌다 실수했지만 금방 만회가 가능하다는 듯, 학술지에서 퇴짜 맞은 것을 별일 아니라고 여겼다. 그는 재난에 관한 논문이 재난을 당했다는 사실을 재밌어하기까지 했다.

어느 날 밤, 다음에 추진할 프로젝트를 의논하려고 왕을 만났는데 그는 이미 다른 프로젝트에 착수할 준비가 되어 있었다.

"어떤 일이든 할 테니 이번에는 재난과 관련된 일만은 맡기지 말아주세요."

그가 우스갯소리를 했다.

"그럼 다음 프로젝트는 성공시킵시다. 성공의 과학에 관한 프로젝트는 어때요?"

내가 말했다. 사실 말장난처럼 한 농담이었지만 그 말을 내뱉은 순간 우리는 뭔가 흥미진진한 주제를 발견했다고 직감했다. 우리의 방법을 성공을 연구하는 데 응용하지 말란 법이 있을까? 성공에 관한 연구는 재난에 관한 연구와 별로 다를 게 없어 보였다.

가령 산더미 같은 데이터 포인트를 분석해서 이를 날씨 모델에 입력하면 허리케인의 진행 방향을 정확히 예측할 수 있다. 이런 예측은 대응 방안을 마련하는 데 매우 소중하게 쓰인다. 허리케인의 진행 방향에 위치한 지역 주민들은 문을 단단히 걸어 잠그고, 주변의 다른 지역 사람들은 비가 내리기 전에 우산을 장만한다. 이들은 일기예보가 맞는지 의문을 제기하지 않는다. 한 세기 전이었다면 거대한 폭풍이 몰려올 거라는 이야기는 마치 예언이나 마법처럼 여겨졌을 테지만 말이다.

그렇다면 일기예보를 하듯 성공도 예측하지 못할 건 또 뭘까? 하지만 성공과 같은 뜻밖의 영역에서 데이터를 수집하고 정교한 수학 모델에 입력해 걸러내는 작업은 어쨌든 간에 일종의 마법처럼 보인다. 우리는 일단 범위를 좁혀서 특정 분야에 집중하기로 했다. 바로 과학 분야에서의 성공이다. 디지털 시대인 오늘날 내가 몸담고 있는 과학 분야에는 아주 자세한 내용까지 담은 기록물들이 산더미처럼 쌓여 있다. 약 1세기 전으로 거슬러 올라가는 연구논문 목록들이다.

과학 분야를 데이터 현미경으로 들여다보면 어떨까? 이 프로 젝트에서 나는 그동안 품어온 근본적인 의문들에 대한 답을 구 하고자 했다. 바로 어떻게 성공이 실현되어 왔는지, 어떻게 하면 성공을 측정할 수 있는지에 대한 답이었다. 내 삶을 풍요롭게 해 준 발견을 한, 내 영웅이기도 한 과학자들 중 어떤 이들은 거의 투명 인간으로 취급될 뿐 아니라 구글로 검색해도 나타나지 않 는데, 별로 놀랍지 않은 발견을 하거나 새로운 업적을 쌓지도 않 은 어떤 이들은 스타 대우를 받는다. 그 이유는 뭘까?

프로젝트에 착수하자마자 데이터에서 유형이 보이기 시작했 다. 우리는 이 유형들을 공식화해서 우리 자신을 비롯해 동료들, 심지어 동종 업계의 경쟁자들이 어떤 결과를 낳을지까지도 예측 할 수 있었다. 이 책 말미에 언급하겠지만 특정 과학자가 미래에 해당 분야에서 큰 영향을 미치는 거물이 될지, 아니면 극소수만 이해하는 분야에서 극소수 동료 학자들만 인정하는 공로를 세울 지도 예측할 수 있다. 또한 특정한 발견을 하는 데 기여한 수많 은 사람들 가운데 누가 대부분의 공을 차지할지 정확히 예측할 수 있는 알고리즘도 개발했다. 그런데 뜻밖에도 가장 큰 업적을 세운 사람이 가장 큰 공로자로 간주되는 경우는 거의 없었다.

우리가 얻은 가장 뜻밖의 결과는 무엇일까? 우리는 미국 앨라 배마주에 있는 토요타 자동차 대리점에서 일하는 고객 시승용 밴 운전사가 놀라운 과학적 업적을 이뤘음에도 노벨상 후보에 오르지 못했다는 사실을 발견했다. 하지만 그는 우리가 성공을 이해하기 위해 떠난 여정에서 만난 수많은 인물들 중 한 명에 불과하다. 그중에는 그라우드펀딩을 시작한 지 8분 만에 1만 달러를 모은 사람도 있다. 브로드웨이 뮤지컬이라면 사족을 못 쓰는 그는 할리데이비슨 모터사이클을 타며 성공에 관한 연구를 한다. 또 해양학자에서 와인 제조업자로 변신한 사람도 있다. 그리고 그가 발견한 탐탁지 않은 진실 덕분에 나는 그동안 와인을 구매하던 방식을 바꿨다.

성공의 과학 첫 프로젝트는 마무리하기까지 2년이 걸렸고, 그 연구 결과는 향후 추가로 탐색할 새로운 영역에 대한 의문들로 이어졌다. 다슌 왕이 처음 주 저자로 이름을 올린 이 논문은 과학계에서 최고의 권위를 자랑하는 〈사이언스〉에 실렸다. 왕과 나는 좀 놀랐다. 재난을 피해 달아나다 성공과 마주쳤으니 말이다.

▲ ▲ ▲

성공과 관련해 내 전문 분야에서 얻은 연구 결과는 나를 사로잡았고, 똑같은 접근 방식으로 다른 분야의 성공도 살펴볼 수 있다는 확신이 생겼다. 스포츠계의 업적, 예술 분야의 성과, 판매 분야의 높은 매출에도 똑같은 유형이 적용될까? 새로운 과학적 발견의 성공 여부를 예측하듯 특정 TV 프로그램이나 책의 성공도 예측할 수 있을까? 학계에서 성공할 것인지를 예측하듯 기업에서 특정인이 성공할지도 예측할 수 있을까? 과학자들의 성패에서 나타난 유형과 규칙성은 모든 인간에게 적용되는 보다 심오한 진실을 반영하는 것은 아닐까? 우리가 사용한 수학적 도구로 모든 영역에서 성공의 보편적 법칙이 존재함을 증명할 수 있다면 어떨까?

솔직히 말하면 이는 매우 위험천만한 가정이다. 내가 가장 좋아하는 서점의 한 벽면을 가득 채운, 성공을 다룬 책들을 보면 대부분 용기를 북돋우는 내용이며 일회성 사례를 증거로 내세우는 경우가 많다. 고정불변의 원리와는 거리가 멀고 과학 서적 진열대에 놓이기에는 경험적인 데이터가 일천하다.

그러나 이런 책들이 시중에 나오는 이유는 그만큼 사람들이 성공에 기여하는 요소들이 무엇인지 알고 싶어 하기 때문이다. 성공은 많은 이들이 집착하는 주제로서 사람들이 알고 싶어 하는 게 당연하다. 성공은 인간이 할 수 있는 실제적이고 실존적인 경험의 가장 근본적인 측면일 뿐만 아니라 우리의 삶을 측정하는 가장 근본적인 척도일 경우가 종종 있다.

우리가 선택한 직업이나 취미 활동에서 성공할지 실패할지 여부는 매우 중요하다. 인간은 자신이 한 발견, 창작한 예술 작품, 설계한 새로운 장치가 세계에 영향을 미치기 바란다. 인간은 미래를 모색하거나 자녀를 양육하면서 무엇이 성공과 실패를 가르는지 날마다 고민한다. 여러 분야에서 성공의 유형을 발견하기만 한다면, 우리는 흔히 운으로 돌리곤 했던 성공 비결을 더 정확히 파악할지도 모른다.

이런 가능성에 고무된 나는 복잡계연구소 동료들에게 성공을 관장하는 계량적인 법칙을 발견해달라고 주문했다. 어떤 성공 사례든 데이터 포인트의 자취를 남기기 마련이다. 이런 자취를 포착하고 성공에 나타난 유형과 그 동인을 규명하고 싶었다. 그리고 우리는 원하는 바를 얻었다.

우리는 예술계, 학계, 스포츠계, 재계 등 다양한 분야에서 데이터를 주도면밀하게 수집했고 대규모로 분석했다. 그동안 발표된 모든 연구논문을 수록한 데이터베이스를 구매해 1세기 이상 거슬러 올라가 논문을 발표한 과학자 하나하나의 경력을 재구축했다. 그리고 미국에서 판매된 모든 책의 주간 판매 유형 데이터에 접근해서 장르에 관계없이 각 저자가 상업적으로 이룬 성공을 조사했다. 또 세계 도처의 화랑과 미술관 전시 정보에 대해 접근해서 당대 모든 예술가의 이력을 조사했고 그중 일부의 성공을 보장해준 눈에 보이지 않는 인맥을 규명했다.

우리는 스포츠, 사업, 혁신 분야의 성공과 관련된 데이터를 살살이 조사한 뒤 지난 20년에 걸친 모든 데이터를 복잡계연구소를 비롯해 여러 곳에서 개발한 계량적인 평가 공식에 입력했다. 우주의 신비를 밝히고 유전병을 치료하고 수십 억 페이지의 웹페이지 중 몇백만 분의 일에 불과한 가치 있는 정보를 찾아내기 위해 컴퓨터과학자, 물리학자, 수학자들이 수십 년에 걸쳐 갈고 닦은 바로 그 도구와 그런 도구를 뒷받침하는 수학 공식을, 인간이 성공과 조우하고 성공을 경험하는 방식을 포착한 방대한 데이터에 응용했다.

2013년 5월 하버드대학교에서는 이 새로운 분야가 지닌 잠재력을 보다 잘 조망하기 위해 성공의 과학에 대한 심포지엄을 열었다.[2] 사회학자에서 경영학 교수에 이르기까지 수백 명의 학자들이 우리의 연구 결과를 들으러 왔다. 그렇게 수많은 이들이 머리를 맞대고 연구한 결과, 인간이 관여하는 거의 모든 영역에서 성공을 부르는 일련의 반복적인 유형이 보이기 시작했다.

이런 유형들은 대단히 보편적이어서 우리는 이것을 '성공의 공식'이라고 불렀다. 공식과 같은 과학적 법칙은 불변이기 때문에 이런 시도는 다른 분야 학자들의 귀에 거슬릴지도 모르겠다. 그러나 이 공식들을 적용해 살펴보면 살펴볼수록 점점 더 확고하고 보편적인 법칙인 것으로 나타났다. 결정적으로, 중력의 법칙이나 운동의 법칙과 마찬가지로 성공의 법칙은 인간의 믿음이 아무리 정당하거나 강력해도 그 믿음이나 필요에 적합하게 고칠 수가 없다. 게다가 여기에 대놓고 저항해봤자 팔을 아래위로 휘저어 하늘을 날아보려고 하는 행동처럼 헛수고다. 그러나 공학자들이 유체역학에 대한 지식을 이모저모로 응용해 비행기 설계 기술을 발전시키듯이, 우리도 성공의 공식을 이용해 우리의 미래를 만들어낼 수 있다.

이 책에서는 이런 각 공식을 뒷받침하는 과학적인 의문들을 심층적으로 파고들고자 한다. 우리가 발견한 내용을 소개하고,

성공에서 나타나는 복잡하지만 일관성 있는 기제를 이해하며, 이런 지식을 일상생활에서 사용하도록 하는 게 이 책의 목표다. 그러나 이 책은 자기계발서는 아니다. 그보다는 '삶에 도움이 되는 과학서'에 가깝다. 과학을 이용해 결과를 이해하고 만들어내는 틀 말이다.

우리는 과학적 분석을 통해 우리의 선입견을 뒤집고, 겉보기에 매우 비합리적인 퍼즐을 해결한다. 다시 말해 과학은 인간세계에 존재하는 무작위적 특성을 이해하는 데 도움이 된다. 일자리에 응모했다가 떨어졌을 때 작동한 기제가 무엇인지 밝혀주고, 어떤 예술가는 성공하고 어떤 예술가는 실패하는 이유를 설명해주며, 성공에는 단순한 재능 이상의 그 뭔가가 작동한다는 육감이 존재하는 이유를 알려준다. 그리고 얼마나 일을 잘 수행할 수 있을지도 예측해준다.

결론에서 다루겠지만, 아인슈타인은 천재임에는 틀림없지만 그의 성공은 당연한 귀결이 아니다. 그가 널리 인정받은 까닭은 그가 과학 분야에 기여한 바와 전혀 상관없는 사건들 덕분이다. 분야를 막론하고 성과를 인정받고, 업적이 주목받고, 시간이 흘러도 변함없이 승승장구하려면 순전한 직관이나 대단한 능력이나 진부한 격려성 문구들만으로는 부족하다.

우리는 이런 사고를 바탕으로 성공을 규정하고자 한다. 성공이란 우리가 속한 공동체에서 얻는 '보상'이다. 〈타임Time〉에서 '세기의 인물Man of the Century'로 불린 아인슈타인이 얻은 보상은 명성이다. 그러나 공동 연구자라면 인정을 받는 게 보상이 될 수도 있고, 브랜드는 지명도가, 예술가라면 명성이, 음악가라면 앨범이나 공연 티켓 판매가, 사업을 하거나 판매업에 종사한다면 매출이, 금융가라면 수익이, 극작가라면 청중이, 과학자라면 논문 인용 횟수가, 운동선수라면 스포츠 상품 모델 계약이, 변화를 일궈내고 싶다면 영향력이 보상이 될 수 있다. 이런 성공의 척도들은 한 가지 공통점이 있다. 내적이 아니라 외적이고, 개인적이 아니라 집단적인 척도라는 점이다.

그렇다고 해서 성공이 개인적인 차원의 경험이 아니라는 뜻은 아니다. 개인적인 성장, 만족감, 경험은 매우 중요하고 의미가 깊다. 우리가 제시하는 성공의 틀은 그런 척도를 배제하지 않으며 개인적 성취는 내가 규정하는 성공과 상호 배타적이지 않다. 이 둘은 보통 병행한다. 영향을 미칠수록 만족감도 높아진다. 그러나 과학자로서 행복에 수치를 매길 수 없듯이, 개인적으로 느끼는 성취감을 측정할 방법은 없다.

사람들이 생각하는 성공이란 저마다 다 다르다. 따라서 빅데이터에 대한 우리의 접근 방식에서는 고려되지 않는다. 완벽주의자라면 아무리 찬사가 쏟아지는 공연도 실패라고 여기고 본인이 자신의 노력에 진정으로 만족해야만 비로소 진정한 성공이라고 주장할지도 모른다. 그런 사람의 주장이 틀렸다고 할 순 없다. 소설을 출간하지는 못했지만 완성하겠다는 목표를 달성한 것만으로도 성공이라 여긴다고 해서 틀린 건 아니다. 이런 사례들도 매우 본질적이며 날마다 아침에 자리를 박차고 일어나야 할 이유가 되는 소중한 성과다.

내 삶도 개인적으로 달성하고자 하는 목표로 가득하다. 훌륭한 아버지가 되고 싶고, 영감을 주는 멘토가 되고 싶고, 무엇보다도 탁월한 강연자가 되고 싶다. 아주 사적인 렌즈를 통해서 성공을 탐색할 방법을 찾고 싶다. 하지만 유감스럽게도 아직은 그 방법을 찾아내지 못했다. 개개인이 지닌 목표는 우리가 사용하는 연구 방법으로는 아직 접근하지 못하기 때문이다. 아직까지는 측정 불가능하다.

당신이 무릎 부상에서 회복 중인 재능 있는 스케이트 선수라고 치자. 물리치료를 받고 있다. 죽어라고 물리치료를 반복한다. 목표를 정하고 고통스럽지만 아주 조금씩 나아진다. 그러다 어느 날 목발을 짚지 않아도 되고, 며칠 후 세 걸음을 뗀다. 그 후 열 걸음을 뗀다. 마침내 스케이트를 신고 링크에 다시 서게 된다. 승리의 순간이다. 바로 이 순간 승리를 알리는 음악이 울려 퍼진다. 할리우드 영화라면 당신이 역경을 극복한 이야기를 이렇게 풀어내리라. 일생 최대의 성공이라고 할 만하다. 나도 전적으로 동의한다.

그러나 이 책에서는 이런 사례를 성공이라고 하지 않겠다. 이런 사례를 무시하는 게 아니다. 우리는 이것을 성과라고 부른다. 열심히 노력해서 중요한 목표를 달성했지만 그로 인해 얻는 보상은 내적인 것, 즉 개인적인 만족과 성취다. 물론 이런 보상도 아주 중요하다. 당신, 그리고 당신과 함께한 물리치료사에게 아주 중요하다. 당신의 코치와 가족에게도 중요하다. 직장에서 설정한 목표를 달성하는 게 당신과 당신의 상사에게 중요하듯 말이다. 이런 만족과 성취감은 미래에 더 나은 기량으로 이어질지 모른다. 그러나 개인적인 성공이 아니라 집단적인 성공을 가늠할 때는 공동체의 반응이 있어야 한다. 당신의 행위가 당신 주변의 사람들과 환경에 미치는 영향을 관찰할 수 있어야 한다는 뜻이다.

고색창연한 철학적 경구로 설명하자면, 숲속에서 나무가 쓰러지며 소리를 내도 주위에 아무도 없으면 나무가 소리를 냈다고 봐야 할까? 우리가 새롭게 터득한 성공의 공식에 따르면 이 질문에 대한 대답은 단호하게 '아니다'이다. 세상이 놀라 쓰러질 업적을 세운다고 해도 그 업적이 미치는 영향을 다른 사람들이 목격하지 못한다면 아무도 찬사를 보내지 않는다. 인간의 행동을 거의 오차 없이 추적할 수 있는 이 시대에서는 빅데이터를 이용해 당신이 수행한 업무에 집단이 어떤 반응을 보이는지 측정함으로써 성공의 법칙을 구축할 수 있다. 플러그를 꽂기만 하면 되는 첨단 기술로, 성공이 발현되는 여건뿐만 아니라 그 성공이 머나먼 지역사회까지 어떻게 전파되는지도 살펴볼 수 있다.

따라서 사적인 성취감이 중요하다는 사실을 잘 알고 있지만, 내가 학자로서 수행하는 연구에는 포함시키지 않았다. 이런 구분을 존중하면 야릇한 해방감이 느껴진다. 사람들이 흔히 내리는 성공의 정의는 '사랑'이라는 개념만큼이나 모호하다. 그런 모호함 때문에 과학자들의 관심 밖이었다. 과학자들은 성공을 연구하기란 불가능하다고 생각했다. 성공은 집단적인 현상이라는 점 때문에 연구 대상으로 여기지도 않았다. 그러나 일단 성공을 규정하는 외적인 경계선을 긋자 전혀 새로운 가능성이 열렸다. 과학적 탐구 도구들을 이용해 성공을 측정하고 계량화했고, 그런 뒤 성공을 관장하는 법칙을 공식으로 밝혀냈다.

이런 법칙들은 베스트셀러와 대폭 할인 도서를 가르고 억만장자와 파산자를 가른다. 이 법칙들은 승리를 가늠하는 척도들이 얼마나 결함이 많은지 보여준다. 로또 당첨자를 예측하는 일 못지않게 무용지물이다. 이런 법칙들을 적용하면 이른바 전문가라는 사람들, 예컨대 와인 시음, 클래식 공연, 피겨스케이팅 대회에서 평가를 담당하는 전문가들을 비롯해 수많은 분야의 심판들이 사실은 그런 분야에 문외한인 당신이나 나보다 별로 나을 게 없다는 점이 드러난다.

이런 법칙들은 회의를 할 때마다 항상 늦게 나타난 사람이 회의 분위기를 휘어잡고, 아무 준비 없이 회의에 임한 사람이 어찌된 일인지 당신보다 빨리 승진해 상사가 되는 이유를 설명해준다. 또한 약자를 응원하는 위험을 감수하면 엄청난 영향을 미치게 된다거나, 단 한 차례의 기부가 기금 모금 캠페인의 성패를 가르기도 한다는 점을 보여준다. 끔찍할 정도로 형편없는 노래 (당신이 생각하기에 형편없는 아무 노래나 생각해보라)가 대히트를 치는 불가해한 사례도 명확히 설명해준다. 이런 성공의 법칙들은 우리의 삶과 직장 경력을 관장한다. 마치 오래전부터 중력이 변함없이 작용해왔지만 최근에 와서야 그 존재를 알게 되었듯이 말이다.

빅데이터와 성공의 과학이 등장하기 전까지 우리는 운과 노력, 재능이 알 수 없는 비율로 버무려져서 성공을 낳는다고 생각했다. 나도 그렇게 생각했다. 트란실바니아를 탈출해 정치적 난민으로 미국에 온 이민자로서, 한편으로는 희망으로 가득 찬 학생으로서 나는 노력만으로도 성공할 수 있다고 생각했다. 그래서 미국에서 성공할 수 있음을 증명하는 데 온 힘을 쏟았다. 과학계에서 성공하기 위해 내가 세웠던 단 한 가지 계획은 월등한 성과를 내는 것이었다. 길이 남을 과학적 발견을 해서 커다란 영향을 미치고 누구도 무시하지 못할 파격적인 연구에 착수하는 것이었다. 오죽하면 연구실 동료들이 에너자이저 Energizer 광고에 등장하는, 지치지 않는 토끼의 털북숭이 얼굴에 내 얼굴을 합성한 사진을 연구실 문에 붙여놓을 정도였다.

지금도 나는 쉼 없이 일한다. 나와 가장 가까운 사람들이 열 받을 정도로 일에 몰두한다. 나도 어쩔 수가 없다. 바꾸려고 애써봤지만 소용없다. 어렸을 때부터 열심히 노력하면 성공한다고 믿었고 지금도 마찬가지다. 그러나 성공의 법칙이 내 눈앞에서 펼쳐지기 시작하면서, 개별적인 사례들에서는 무작위로 작동하는 듯 보였던 법칙들이 대규모 차원에서 일정한 유형으로 나타나자 나는 내가 얼마나 무지했는지 깨닫고 충격을 받았다.

일에서 성과를 내는 건 여전히 중요하지만 성공의 공식에 포함된 하나의 변인에 불과하다는 사실을 이제는 알게 되었다. 앞으로 이 책에서 다룰 다른 변인들도 마찬가지로 필요 불가결하다. 성공 요소들을 규명하고 신비의 장막을 벗겨내면 삶에서 무엇이 통제 가능하고 무엇이 통제 불가능한지 파악하게 된다.

자연의 법칙과 마찬가지로 성공의 법칙도 항상 모든 이에게 적용되지는 않는다. 그러나 우리가 특정한 활동에 관여할 때 성공의 법칙은 진가를 발휘한다. 공기역학은 하늘을 날 때 필수적이고, 운전할 때는 마찰이, 배를 탈 때는 유체역학이 필수적이다. 어떤 운송 수단을 선택하느냐에 따라 적용되는 법칙과 공식은 달라진다. 성공의 법칙도 마찬가지다. 집단의 성공에 대한 우리의 이론은 홀로 작업하는 예술가의 개가를 명백히 설명해주지 못한다.

그러나 우리가 밝혀낸 성공의 공식들을 이용해 눈에 보이지 않는 힘들이 인간이 하는 활동의 성패에 어떤 영향을 미치는지는 이해할 수 있다. 정말로 새롭게 눈을 뜨게 해주는 지식이다. 어렸을 적 나는 과학보다는 예술에 심취했다. 그런데 고등학교에서 처음으로 물리학 수업을 듣기 시작한 지 몇 주 만에 선생님이 예고 없이 낸 시험에서 열 문제 중 여덟 문제를 맞혔다. 다른 학생들은 다 낙제 점수를 받았다. 선생님은 나를 칭찬했고 나는 놀라면서도 자랑스러웠다. 내가 특별히 물리학에 재능이 있었다고 생각하지는 않는다. 당시 나는 물리학에 심취하지도 않았다. 그런데도 80점이라는 점수를 받은 건 시험 전날 부모님의 친구인 공학자가 마침 우리 집에 머무르고 있었고 내 숙제를 도와주었기 때문이다.

내 성적을 올려준 힘이 무엇이었는지 까맣게 모른 채 나는 의기양양하게 물리학 수업을 마쳤다. 과학 분야에서 처음으로 맛본 성공이었고, 그 기분은 고등학교를 졸업한 후에도 오랫동안 사라지지 않았다. 그 후 나의 삶은 바로 그 순간을 기점으로 펼쳐졌다고 해도 과언이 아니다. 부지불식간에 나의 이력을 형성하는 데 영향을 미친 수많은 복잡한 기제들 가운데 하나와 마주친 순간이기 때문이다. 성공의 공식은 그런 경험, 그리고 훗날 개인적으로 개가를 올리게 된 모든 순간의 저변에 깔린 원동력들을 포착해낸다.

THE FORMULA

1.
레드 배런과 잊힌 에이스

1915년 독일군 지휘관들은 만프레드 폰 리히트호펜Manfred von Richthofen이라는 젊은 기병으로부터 불만을 접수했다. 그는 서신에 "나는 고작 치즈와 달걀을 확보하려고 참전한 게 아니다"라고 썼다.[1] 프러시아 명망가의 아들로 군사학교를 졸업했고 사냥에 심취했던 그는 육군에서 군수물자 공급이나 하면서 시간을 허비하고 싶지 않았다. 그는 전투에 참가하고 싶었다. 명망가 아들이라 그랬는지, 그의 열정에 지휘관들이 탄복해서였는지는 모르지만, 어쨌든 그는 원하는 대로 되었고 공군으로 전보발령 났다.

확실히, 달걀이나 확보하러 다녔다면 폰 리히트호펜은 재능을 낭비했을 터였다. 그는 겨우 24시간 훈련을 받고 나서 최신 복엽기 알바트로스를 몰고 첫 단독 비행을 했다. 개방형 조종석에 두 개의 가느다란 바퀴로 균형을 잡는 깡마른 몸통의 이 비행기는 오늘날의 기준으로 보면 허술하기 그지없었다. 그런데도 겨우 한 달 만에 폰 리히트호펜은 연합군 전투기 여섯 대를 격추시켰다.

그에겐 두려움이 없었다. 그는 전투로 초토화된 프랑스의 농지 위를 날며 하루에 네 차례나 출격해 연합군 전투기를 향해 무자비하게 공중폭격을 쏟아부었다. 그는 1917년 4월 한 달에만 22대의 전투기를 박살냈는데, 공군 비행 역사에서 '피투성이 4월Bloody April'이라고 불릴 정도로 연합군에게 엄청난 손실을 안겨주었다. 조종사로 참전한 3년 동안 폰 리히트호펜은 전투기 80대를 격추시켰다. 공식적인 기록에 따르면 제1차 세계대전에 참전한 그 어떤 에이스 조종사보다도 높은 기록이었다.

한편 적에게 보이지 않는 전투기를 만들려고 수백 억 달러를 쏟아붓는 요즘 기준에서 보면 폰 리히트호펜은 정말 무모한 짓을 했다. 그는 말벌처럼 생긴 전투기를 새빨간 색으로 칠해서, 그가 전투기를 몰고 하늘을 날 때마다 마치 정육점 주인이 앞치마에 피를 쓱 문지른 것처럼 보이게 했다. 전투기 색깔 덕분에 그는 레드 배런('붉은 남작'이라는 뜻—옮긴이)이라는 선명한 애칭을 얻었다. 이는 적을 격추시킬 때마다 베를린에 있는 고급 보석상에 원하는 문구가 새겨진 맞춤형 트로피를 주문했던, 그의 귀족적인 과시욕과도 잘 맞아떨어지는 별명이었다.

폰 리히트호펜은 독일이 전쟁으로 형편이 쪼들리고 은이 동나기 전까지 무려 60개의 트로피를 주문 제작했다. 그 후에는 계속 전투에 참가했지만 트로피 수집은 중단했다. 일반 금속으로 만든 트로피는 성에 차지 않았기 때문일지도 모른다.

레드 배런의 일화는 한 세기가 지난 오늘날에도 여전히 사람들 입에 오르내린다.[2] 심지어 독일 밖에서도 그렇다. 그를 주제로 한 책만 30권이 넘는데 그중에는 그가 쓴 자서전도 있다. 이 자서전은 그가 머리 부상으로 야전병원에 입원했을 때 쓴 것이다. 그를 다룬 할리우드 영화, 그래픽 노블, 만화도 숱하게 제작되었다. 수십 편의 다큐멘터리에서 그의 공중 전투를 재현했고 그가 이룬 업적을 분석하며 경의를 표했다.

그의 명성은 전쟁사에 열광하는 이들이 찾는 서점에 머무르지 않고 식료품 가게의 냉동식품 코너까지 이어졌다. 폰 리히트호펜을 제대로 만끽하려면 '레드 배런' 3D 비행 시뮬레이터로 훈련을 받으면서 '레드 배런' 냉동 피자를 간식으로 먹으면 된다. 하지만 레드 배런은 그 무엇보다 만화 주인공인 강아지를 통해 불멸의 영웅으로 각인되었다. 애니메이션에서 레드 배런과 대결하는 이 강아지는 미국인이라면 누구나 어린 시절에 열광했던 캐릭터로, 로열 가즈멘Royal Guardsmen의 히트송 〈스누피 대 레드 배런Snoopy vs. Red Baron〉에도 등장한다.

동유럽에 살면서 스누피를 본 적이 없었던 나는 레드 배런에 대해서도 들어본 적이 없었다. 그러다 2003년 별 볼일 없는 한 학술지에 실린 논문에서 레드 배런을 처음 만났다. 이 논문은 제 1차 세계대전 당시 독일 에이스 조종사들의 전투 성과를 분석한 내용이었다.[3] 전투기 조종사들의 전투 성과는 비교적 해석의 여지가 없을 정도로 단순명료하다. 총 몇 차례나 전투에서 이겼는지 기록된 수치 하나로 판가름 난다. 80회 승리한 폰 리히트호펜이 단연 1위에 올랐다. 다섯 차례 승리한 한스-헬무트 폰 보디엔Hans-Helmut von Boddien 같은 조종사들은 거의 최하위권에 머물렀다.

그 논문에서 저자들은 전투기 조종사들의 업적에 대한 정확한 기록을 통해 명성이 성과와 어떤 관계가 있는지 알아보고자 했다. 그러나 명성은 일반적으로 성과보다 훨씬 측정하기 어렵다. 성과를 올린 결과로써 이 조종사들이 훈장을 받았거나 진급했는지 여부를 알 수는 없다. 대부분이 전쟁이 끝나기 전에 세상을 떠났기 때문이다.

그래서 저자들은 간단하지만 아주 영리한 해결책을 제시했다. 사람들이 구글에서 이들의 이름을 몇 번이나 검색했는지 조사하는 것이다. 이들은 조종사들이 활약한 지 거의 1세기 후에 실행된 구글 검색 횟수로 각 조종사들을 세계가 얼마나 기억하고 있는지 측정했다. 만일 독일 에이스 조종사들의 이름이 연합군 조종사였던 로버트 홀Robert Hall같이 흔한 이름이었다면 이 방법을 사용하기 어려웠을지도 모른다. 평생 비행기를 격추시켜본 적이 없는 로버트 홀이라는 이름을 가진 사람이 수없이 많을 테니 말이다. 저자들이 독일 조종사들을 선택한 이유는 바로 그들의 이름이 독특했기 때문이다. 오토 폰 브라이텐-란덴부르크라든가 게롤트 첸첼처럼 말이다. 이는 연구를 수행할 때 자주 맞닥뜨리는 문제, 즉 연구 대상과 무관한 대상들 쪽으로 기울어지는 문제를 피해 갈 수 있는 방법이다.

조사 결과 모두 392명의 독일 에이스 조종사들이 5,050회의 승전보를 울렸다. 폰 리히트호펜이 혼자서 80대의 연합군 전투기를 격추시킨 업적은 개인으로서는 놀라운 기록이다. 그러나 전체의 1.6퍼센트에 불과해 큰 그림으로 보면 보잘것없는 수치다. 그렇지만 구글에서 사람들이 독일 에이스 조종사들을 검색한 총 횟수 중 폰 리히트호펜을 검색한 횟수는 27퍼센트를 차지했다. 그는 그의 동지들 중 그 누구보다도 우리의 집단의식 속에 큰 자리를 차지하고 있다.

얼핏 보면 레드 배런의 업적은 그의 엄청난 전투 성과가 성공으로 이어졌다는 일반적인 평가를 확인해주는 듯하다. 간단하다. 출격 임무를 흠잡을 데 없이 수행하고 공중에서 극적인 전투력을 발휘해 무자비할 정도로 정확하게 목표물을 명중시키면, 즉 최고의 성과를 내면 시간과 공간을 초월해 길이길이 기억된다. 초등학교 때부터 우리는 실력을 갈고닦는 게 남들보다 돋보이는 최선의 전략이라고 배웠다. 사람들이 존경하는 운동선수, 예술가, 작가, 과학자, 기업가들의 사례는 똑같은 패러다임을 지속하게 만든다. 자기계발 전문가들뿐 아니라 풋볼 코치, 교육자,

열성적인 부모들, 자수성가한 정치가들, 심지어 독일 에이스 조종사를 연구한 학자들까지도 모두 성과를 성공과 동일시한다.

그런데 예외적인 사례가 있다. 바로 르네 퐁크Renè Fonck다.⁴ "르네 누구라고?" 하며 머리를 긁적일지도 모르겠다. 거의 아무도 읽지 않은 글을 읽다가 우연히 그를 접했을 때 나도 어리둥절했다. 그가 이토록 주목을 못 받는다는 사실이 해괴할 지경이었다. 레드 배런과 같은 전장에서 싸운 연합군 소속의 퐁크는 노련한 프랑스 조종사로, 독일 전투기를 무려 127대나 격추시켰다. 그중 75건은 독자적으로 확인되었으므로 그는 제1차 세계대전 중 적어도 두 번째로 큰 업적을 이룬 조종사다. 게다가 증명되지는 않았지만 개연성이 높은 업적까지 더하면 격추 횟수는 100회 이상이 된다. 그러면 퐁크는 공중전에서 레드 배런과 동급이거나 그보다 상위일 가능성이 높다.

그는 분명히 레드 배런보다 기량이 뛰어난 명사수로서 전투기한 대를 격추시키는 데 다섯 발 이상 쏘는 법이 거의 없었다. 게다가 능수능란한 조종술의 대가였다. 한 조종사는 빗발치는 총탄을 헤치고 날아가는 퐁크의 비행술을 아래위로 민첩하게 날면서 포식자를 따돌리는 나비에 비유하기도 했다. 폰 리히트호펜은 세 차례 전투에서 패배했지만(마지막 전투에서 그는 스물다섯 살의 나이에 생을 마감했다), 퐁크와 그가 조종한 전투기는 적의 포화에 긁힌 자국도 나지 않았다. 그는 함께 출격한 비행 중대 가운데 홀로 살아 돌아온 경우도 많았는데, 그 이유는 탈출 경로를 주도

면밀하게 계산해 방어적으로 조종하면서 적기를 격추시켰기 때문이다. 그의 전술은 적기의 위에서 집중적으로 퍼붓는 폰 리히트호펜의 전술보다 월등했다.

그런데도 사람들이 르네 퐁크에 대해 아는 바라고는 구하기도 힘든 자서전이나 여기저기 짧게 언급된 자료들뿐이다. 그는 사람들의 기억에서 사라지다시피 했다. 레드 배런의 명성은 그가 격추시켜 땅위에 곤두박질치면서 움푹 파인 자국을 남긴 적기들처럼 집단의 기억에 선명한 자국을 남겼지만, 퐁크는 레드 배런보다 많은 적기를 격추시켰음에도 마치 격추된 적기들이 소리도 내지 않고 지상에 추락한 듯 그의 명성도 집단의 기억에 존재하지 않는다.

왜일까? 바로 이 의문이 나를 사로잡았다. 다른 사례들도 살펴보자. 1955년 앨라배마주 몽고메리에서 버스를 탄 흑인 청소년 클로데트 콜빈Claudette Colvin은[5] 백인 승객에게 자리를 양보하지 않았다. 로자 파크스Rosa Parks보다 아홉 달 앞서 이런 행동을 했다. 똑같은 행동이 똑같은 도시에서 비슷한 시기에 일어났다. 하지만 학생들이 미국 인권운동의 영웅들에 대해 배울 때 콜빈의 이름은 아무도 언급하지 않는다.

토머스 에디슨은 엑스레이 사진과[6] 영화와 녹음기, 전구를 발명했다고 알려져 있지만 사실 이 모든 발명품을 만든 과학자와 발명가는 따로 있다. 교과서에 최초로 비행기를 발명한 주인공으로 등장하는 라이트 형제도 마찬가지다. 그들보다 아홉 달 앞서 리처드 피어스Richard Pearse라는 뉴질랜드인이 최초로 엔진을 장착한 비행기를 타고 비행을 했다. 최초로 발견한 사람이 아니라 마지막으로 발견한 사람이 더 중요해 보이는 것일까?

자신의 꿈에 생명을 불어넣지 못했지만 제대로 인정을 받아야 할 사람들에 대한 이야기들이 우리의 코앞에 차고 넘친다. 자주 가는 식당이 성수기인 한여름에 문을 닫고, 재주가 뛰어난 아저씨가 만든 장치들이 교외에 있는 그의 집 지하실에 얼기설기 조립된 원형 그대로 방치된다. 건반을 아무렇게나 두드리는 우리 아이들에게 피아노를 가르치는 강사는 진짜 재능이 있지만 그 재능을 인정받을 기회를 얻지 못했다.

이렇게 재능은 있으나 무명으로 남은 이들에 대해 우리는 운이 따라주지 않아서, 억세게 재수가 없어서 그렇다고 치부하는 경향이 있다. 그러나 당신이 나와 생각이 같다면 그런 해답이 만족스럽지 않을 것이다. 도대체 말이 안 된다.

그런데 데이터를 살펴보면 생각이 달라진다. 비슷한 성과를 올렸지만 명성은 하늘과 땅 차이인 레드 배런과 르네 퐁크의 사례는 성공의 과학을 관장하는 가장 원칙적인 공식과 앞으로 우리가 '성공'이라는 용어를 어떻게 규정할지를 잘 보여준다.

당신의 성공은 당신 혼자서 이룬 업적이 아니다. 그것은 우리가 함께 이룬 성공이며, 당신의 성공을 우리가 어떻게 인식하는지의 문제다.

간단히 말하면 당신의 성공은 당신 혼자서가 아니라 우리가 함께 이룬 성공이라는 뜻이다. 성공에 대한 이런 정의는 이 책에서 설명하는 성공 연구의 바탕이 되는 전제조건이자 출발점, 또는 원칙이다. 일의 성과는(자전거 경주 기록이든, 판매한 자동차 대수든, 사지선다 시험에서 얻은 점수든) 당신이 어느 정도 통제 가능한 변인임에 틀림없다. 기술을 연마하고, 연습하고, 준비하고, 전략을 짜면 성과를 향상시킬 수 있다. 당신의 성과를 남들과 비교해 자신이 어느 정도 위치에 있는지 가늠할 수도 있다.

그러나 성공은 전혀 다른 문제다. 성공은 사람들이 당신의 성과에 어떻게 반응하는지를 측정하는 집단적인 척도다. 다시 말해서 당신의 성공을 측정하거나 나중에 어떤 보상을 받을지 파악하려면, 성과나 업적만 따로 봐서는 안 된다는 뜻이다. 당신이 속한 공동체와 당신이 기여한 바에 대해 그 공동체가 어떻게 반응하는지를 살펴봐야 한다. 내가 다니는 복잡계연구소는 성공과 성과를 이처럼 명확히 구분함으로써 이 책에서 소개할 개개의 공식들이 나타내는 보편적인 유형을 규명했다.

성공의 집단적 특성을 이해하면 세계적인 명사수 조종사 르네 퐁크가 왜 인정받지 못했는지 알 수 있다. 물론 인정을 받으려면 대단한 업적을 세워야 한다. 레드 배런이 그저 그런 조종사였다면 사람들이 기억했을 리가 없다. 그러나 그게 유일한 요인은 아니다. 적어도 장기적으로 볼 때는 말이다. 뛰어난 성과를 내고도 인정받지 못하는 경우가 있다.

유감스러운 사실이지만, 우리 모두 겪어봐서 잘 안다. 당신보다 업무 성과가 저조한데도 잘했다고 인정받는 동료들을 지켜보며 울화통이 치민 적이 어디 한두 번인가. 뛰어난 예술가 또는 사상가였으나 당대 사람들이 그들의 천재성을 간파하지 못했기 때문에 인류의 역사에서 잊힌 사례들이 얼마나 많은가. 최고의 코드code를 만들어 회사 돈을 엄청나게 절약하거나, 대박을 터뜨릴 상품을 서랍에 쟁여두고 있다고 해도 다른 사람들이 당신이 이룬 업적을 알지 못한다면 어떻게 당신의 성과를 보상받을 수 있을까? 우리(여기서 '우리'는 몇몇 사람의 의견을 말하는 게 아니다)가 당신의 성과를 알고 받아들이고 보상을 하지 않는다면, 우리가 당신의 프로젝트를 가치 있게 여기지 않으면 그 일은 무산되거나 지지부진해지거나 애초에 착수하기도 어려워질 가능성이 높다.

▲ ▲ ▲

이 책은 성공에 대한 새로운 정의에서 시작하고자 한다. 성공은 개인적인 현상이라기보다 집단적인 현상이다. 개인이 속한 공동체가 그 개인의 성공을 좌우한다면 개인의 성과에 집단적으로 반응하는 사회적, 전문적 연결망network을 살펴볼 필요가 있다. 처음 무대에 올라 수천 명의 갈채를 받는 경우는 거의 없다. 처음에는 미치는 효과가 국지적일 수밖에 없다. 가족, 동료, 친구,

이웃, 협력한 사람들이나 고객들만이 당신의 성과를 목격한다. 그러나 이따금 우리와 직접적으로 관련 있는 사람들의 테두리를 넘어 파장을 일으키면서 보다 폭넓은 공동체로부터 반응을 얻을 때가 있다. 성공한 사람들은 이런 연결망을 터득하고 이를 이용해 집단의식 속에 자리 잡아 뜻밖의 사람들이 두고두고 기억하게 만든다.

이런 성공을 가능케 하는 연결망을 인간의 뇌와 비교해 생각해보자. 우리는 뇌를 기억하고 감각하고 생각하는 단일 주체로 여긴다. 그러나 사실 뇌는 수많은 신경세포들이 긴밀하게 엮여 있는 연결망이다. 우리가 경험하는 생각, 느낌, 감각 하나하나가 이 신경망을 통과하면서 세포를 흥분시켜 발생하므로 단 하나의 신경세포가 일으키는 현상은 아니다.

성공을 규정하는 연결망들도 마찬가지로 복잡하다. 페이스북 같은 소셜 플랫폼조차 우리가 엮여 있는 촘촘한 사회적 연결망에 깊이 침투하지 못한다. 흔히 인맥을 쌓는 모임에 참가해 명함이나 돌리는 행동은 전문 분야 연결망을 이용하는 가장 기초적인 방법일 뿐이다.

연결망의 언어로 표현하자면 우리는 모두 수십 억 개의 노드node(네트워크 또는 그래프에서 나타나는 교차점-옮긴이)가 상호 연결된 망을 구성하는 일개 노드일 뿐이다. 당신이 집단 환경에 미치는 영향을 가늠하려면 당신이 엮여 있는 연결망을 구성하는 다른 노드들을 살펴보고 그들이 당신의 성과에 어떤 반응을 보이는지 보면 된다. 앞서 정의했듯이 성공은 집단적인 현상이므로 우리가 속한 연결망을 살펴보고 이를 미래에 어떻게 이용할지 전략을 짜야 한다. 연결망이 만들어내는 풍경과 고속도로와 오솔길, 미개척지와 협곡을 살펴보면 우리의 목표를 실현하기 위해 어떤 경로를 택할지가 보인다.

이게 무슨 뜻인지 설명하기 위해 내 사례를 하나 소개하겠다. 과학자인 나의 성과는 단 하나로 평가된다. '발견'이다. 하지만 성과를 인정받으려면 기회를 포착해야 한다. 나는 트란실바니아에서 자랐다. 헝가리 출신으로 외부와 단절된 공산주의 국가인 루마니아에서 자랐고, 해외여행은 다른 공산국가로 가는 여행만 허용되었다. 국제회의 참석은 꿈도 꾸지 못했다. 과학 학술지에 대한 접근도 매우 제한되었다. 영어를 배워야 할 이유도 없었다. 내가 루마니아를 떠날 확률은 거의 없었기 때문이다. 그래서 신출내기 과학자로서 얼마나 전도유망한지와는 상관없이, 과학자에게는 생명 줄과도 같은 전문가 집단의 연결망에 접근할 기회는 지극히 제약되었다.

그런데 1989년 여름, 부쿠레슈티에 있는 기숙사에서 받은 전화 한 통이 나를 루마니아에서 끌어냈다. 시험을 절반 정도 치른 상태였지만 곧바로 짐을 싸서 트란실바니아에 있는 고향 마을로 향했다. 당시 꽤 명성 있는 박물관장이었던 아버지는 루마니아 정계에서 지도층 자리에 있는 몇 안 되는 헝가리인이었다. 그러나 민족주의 광풍이 불면서 통치 계급에 있는 소수 인종들이 숙

청을 당하자 아버지도 지위와 일자리를 갑자기 박탈당했다. 여러 박물관들을 관리하던 아버지는 하루아침에 마을버스 승차권을 확인하는 신세가 되었다. 너무 눈에 띄는 급격한 변화여서 아버지의 추락을 모의한 사람들의 체면이 서지 않을 정도였다. 그래서 그들은 다시 한번 음모를 꾸며 아버지를 시야에서 완전히 사라지게 하려고 했다. 그렇게 아버지와 나는 정치적 난민이 되어 헝가리로 이주했다.

결코 내가 선택한 삶이 아니었다. 어머니와 여동생과 떨어져 살게 된 나는 그때만큼 외로웠던 적이 없었다. 그러나 친구도, 아는 사람도 하나 없는 나라에서 새로운 삶에 적응하고 나자 그 치졸하고 편협한 공직자들이 오히려 나를 도왔다는 사실을 깨달았다. 그들이 우리를 추방했기 때문에 나는 루마니아에서는 접근 불가능했던 전문가들의 연결망에 접근할 수 있었다.

석 달 만에 나는 세계적 수준의 과학자 터마시 비체크Tamás Vicsek 밑에서 공부하게 되었다. 그가 수년 동안 미국에서 연구학자로 체류하다 귀국한 직후였다. 그는 내 전문 분야에서 가장 명성이 높은 진 스탠리Gene Stanley를 헝가리에서 열리는 회의에 초청했다. 부다페스트에 있는 비체크의 자택에서 열린 리셉션에 스탠리가 참석했을 때, 나는 어설픈 영어로 그에게 인사를 건넬 기회를 얻었다. 스탠리는 박사학위 준비 중이던 나를 보스턴으로 초청했고 내가 합격하도록 자기 인맥을 동원해주었다. 그럼에도 나는 영어능력평가 시험에서 떨어졌다. 합격에 필요한 최소한의 요건이었는데 말이다. 그렇지만 우여곡절 끝에 보스턴에 정착했다. 이집트에 알렉산드리아가 있었듯이 보스턴은 현대 과학의 중심지이자 기회가 넘치는 땅이었다.

이게 다 내가 전도유망한 과학자였기에 벌어진 일이고 훗날 내가 성공한 것도 오직 내 능력 덕분이라고 말하고 싶지만 그렇지 않다. 부쿠레슈티에 있는 대학에 함께 다녔던 친구들이 떠오른다. 그중에는 나는 참가할 자격도 되지 않았던 물리학경진대회에서 금상을 탄 이들도 있다. 중학교 3학년 때 국제물리학올림피아드에서 수상한 댄이라는 친구가 있었다. 그는 고등학교 때까지 내가 배우지도 않은 주제와 관련해 전 세계에서 모여든 인재들을 물리쳤다. 덩치는 산만 하지만 성격은 온순한 크리스티안도 있었다. 그는 부드럽고 듣기 좋은 목소리로 어떤 문제에 대한 해법도 자분자분 설명하는 탁월한 능력이 있었다.

둘 다 나보다 훨씬 뛰어난 친구들이었다. 하지만 두 사람 모두 과학자로서 성공하지 못했다. 내가 아무리 전도유망한 과학사였더라도 부쿠레슈티에 남았다면 아무도 내 성과에 관심을 보이지 않았을지 모른다. 연결망이 우리를 소외시키기도 하고 포용하기도 하면서 어떻게 우리의 앞날을 만들어가는지에 대해서는 나중에 설명하겠다. 공산주의 루마니아에서의 삶을 통해 나는 직접 경험을 바탕으로 한 연구 사례를 얻었고, 연결망과 집단이 내 성공에 어떤 역할을 했는지 일별할 기회를 얻었다. 그 뒤에 숨은 과학의 법칙을 터득하기 훨씬 전에 말이다.

레드 배런과 르네 퐁크는 분명하고 수치화된 군사적 기준, 즉 격추시킨 적기의 수로 따지면 둘 다 나름대로 성공한 사람들이다. 전투에 가담한 양 진영의 조종사들과 비교할 때 두 사람은 맡은 임무에서 최고의 기량을 보였다. 그러나 레드 배런과 르네 퐁크가 대중에게 기억되는 정도가 크게 다른 이유는 그들의 성과와는 거의 관련이 없다. 그 격차는 성공의 집단적 특성 때문이다. 그리고 업적을 찾아내고 인정하고 더 넓은 세상에 확산시키는 연결망 때문이다.

기록에 따르면 레드 배런은 감정이 없는 듯 매우 차가운 눈빛을 한, 허영심 많고 무자비한 사람으로 묘사되곤 한다. 그의 자서전을 보면 다양한 폭력적 행위를 자화자찬하는 어투로 묘사하고 있어 거부감이 들 정도다. 그러나 전쟁이라는 잔혹함에 직면한 그의 동지들은 그런 허세에서 용기를 얻었다. 자기가 조종하는 전투기를 시뻘건 색으로 화려하게 칠한 그는 동지들의 사기를 드높인 독일 선전선동의 상징이었다.

그 때문에 날렵하고 뾰족한 군모 그림자에 가려진 자부심 가득한 그의 얼굴은 아이들이 가지고 노는 딱지에도 등장했다. 신문들은 영국군이 오로지 레드 배런을 처단하기 위한 특수 중대까지 구성했다고 주장했다. 바로 이런 여러 가지 이유로 레드 배런은 유일무이한 영웅이 되었다. 전투에서 새파란 나이에 생을 마감한 점도(그가 사망한 정황을 둘러싸고 음모론도 난무한다) 단순히 전쟁 상황에 국한되지 않은 신화를 창조하는 데 일조했다.

귀족 집안에서 태어나 전사로 생을 마감한 그는 변함없는 애국심과 영웅 숭배를 상징하는 인물로서 대중의 뇌리에 강렬하게 각인되었다.

　전선의 반대편에서도 똑같은 요인들이 퐁크의 명성을 드높였다. 여러 가지 면에서, 적어도 처음에는 그랬다. 전쟁이 한창일 때 그는 에이스 조종사라면 꿈꿀 만한 훈장이라는 훈장은 모조리 받았다. 그런 명성 덕분에 프랑스 의회에 진출하기까지 했다. 그러나 그가 저지른 첫 번째 실수는 전사하지 않았다는 점이다. 제1차 세계대전에서 살아남은 그는 제2차 세계대전이 발발해 나치가 프랑스를 점령한 시기에 혼탁한 정치판에 뛰어들었다. 또 파리에서 뉴욕까지 최초의 비행을 시도하다가 이륙하자마자 경착륙하는 바람에 시범조종사로서 실패했다.

　구체적인 사항은 논외로 하고, 두 사람의 핵심적인 차이는 한 사람은 그가 속한 연결망에서 쓸모가 있었고 다른 한 사람은 그렇지 않았다는 점이다. 레드 배런의 성공은 전쟁 중에 정치적, 사회적으로 어떤 현상이 벌어지는지 보여준다. 적기 몇 대를 격추시켰고, 얼마나 허영심이 강했으며, 자기 업적에 대해 어떻게 생각했는지가 중요한 게 아니다. 우리가 오늘날 그를 기억하는 까닭은 그가 한때 독일의 선전선동에 요긴한 인물이었기 때문이다. 그의 명성은 사기를 진작시키기 위해 영웅이 절실히 필요했던 사람들의 손에서 만들어졌다. 레드 배런의 성과에 열광한 대중은 그런 목적에 부합한 신화를 창조했다. 다시 말해 그가 속한 연결망은 그가 쓸모 있다는 사실을 깨닫고 그의 성공을 과장하기로 했다.

성공의 공식을 적용하면 이런 공동체의 이익이 어떻게 작동되고 우리의 성과가 어떻게 널리 알려지는지 파악할 수 있다. 당신의 업적을 다른 사람들이 중요하게 여기도록 만드는 게 목표라면(그걸 원치 않는 사람이 어디 있을까?), 당신의 업적에 대한 집단적 관심이 당신이 속한 복잡한 연결망을 통해 어떻게 형성되는지 들여다볼 필요가 있다.

레드 배런의 경우, 그가 속한 연결망은 탁월한 전설을 만들어내 신속하게 전선 너머로 확산시켰다. 만화 〈피넛Peanuts〉에서 스누피가 개집 지붕에서 비행기를 타고 이륙한 뒤 추락하면서 레드 배런에게 경례를 붙이는 장면을 기억하는가? 패배에 직면하고도 경의를 표하는 이런 스포츠맨 정신은 시사하는 바가 크다. 공중전에서 레드 배런의 명성이 워낙 자자했기에 상상이라는 무한한 영역에서 혈투를 벌이는 만화 주인공 스누피까지도 그와 싸워서는 승산이 없다는 사실을 알고 있다.

성공의 결정권자로 스누피를 들긴 했지만 여기서 분명히 하고 싶은 점이 있다. 레드 배런은 단순히 성공하는 데 그치지 않고 유명해지기도 했다는 점이다. 그가 사망한 지 수십 년이 지난 오늘날 미국의 유명 만화에 등장했다는 믿기 어려운 사실이 이를 방증한다. 이는 아주 중요한 의문을 제기한다. 성공을 명성과 분리할 수 있을까? 그래야 할까?

▲ ▲ ▲

해마다 스톡홀름에서는 노벨상 심사위원회가 생리학이나 의학상 수상자를 결정하는 노벨 포럼을 개최한다. 나는 이 포럼에 한번 참석했었는데, 그곳에서 지금까지 본 적이 없는 넓은 원탁을 봤다. 원탁이 있는 방으로 이어지는 복도에는 지금까지 수상한 인물들의 초상화가 줄지어 걸려 있었다. 공간에 감도는 평온함을 만끽하면서 나는 초상화들이 가득한 통로에 잠시 머물렀다.

마치 교회에 있는 듯한 느낌이었다. 의학 발전에 공헌한 속세의 성인들을 모신 성전 같았다. 뛰어난 능력을 발휘한 과학자 한 사람 한 사람의 초상화가 걸려 있었고, 한 사람 한 사람 모두 뛰어난 성공을 거두었다. 동료 학자들은 그들이 이룩한 업적의 중요성을 인정했고, 과학자라면 누구나 염원하는 최고의 영예를 수여함으로써 그들이 미친 영향을 인정했다. 사람들은 보통 명성과 과학을 연관 지어 생각하지는 않지만 과학계에 명성이 있다면 그들이야말로 명성을 얻은 셈이다.

그러나 초상화를 하나하나, 이름을 하나하나 살펴보면서(열정과 노력으로 수천만 명의 생명을 구한 이들의 초상화를 보면서) 문득 단 한 사람의 얼굴도 알아보지 못했다는 사실을 깨닫고는 놀랐다. 단 한 사람도 말이다. 나는 멈칫했다. 이 엄연한 진실을 그동안 깨닫지 못했다는 사실 앞에서 부끄러웠고 겸허해졌다.

성공과 명성은 그 속성이 매우 다른 별개의 것이다. 예컨대 작

가 블라디미르 나보코프Vladimir Nabokov가 작가로서 성공했다는 데
는 의심의 여지가 없다. 그의 걸작 《롤리타Lolita》 말고도 수천수
만 쪽에 이르는 글에서 그의 복잡하고도 화려한 글솜씨를 엿볼
수 있다. 그러나 영어영문학 전공자가 아닌 사람에게 블라디미
르 나보코프가 누군지 아느냐고 물으면 아마도 그는 멍한 표정
으로 당신을 쳐다보거나, 기껏해야 "아동성애자에 대한 소설을
쓴 사람"이라는 대답을 들을 가능성이 높다.

아인슈타인이 성공한 물리학자라는 데는 이견이 없다. 그의
명성은 과학이라는 작고 고립된 세계 너머에까지 퍼져 있다. 사
실 과학자가 자기 분야를 넘어 유명해지는 건 드문 일이다. 거리
에서 아무에게나 그의 사진을 보여주면 십중팔구 "아인슈타인
이지, 누구예요!"라는 대답이 돌아온다. 그러나 그가 유명한 이
유를 물어보면 머뭇거리며 "천재니까요, 그렇지 않나요?"라고
의문문으로 대답하는 경우가 다반사다.

세상에는 나보코프 같은 사람과 아인슈타인 같은 사람이 한둘
이 아니다. 그들은 과업을 수행함으로써 성공 사례를 차곡차곡
쌓고 축적한 성공을 인정받음으로써 전문 분야 연결망 너머까지
확산되는 명성을 얻었다. 자기 전문 분야의 인맥 연결망 바깥에
서도 명성을 얻으면 이후 발휘하는 능력이나 이룬 업적은 부차
적인 문제가 되며, 대중은 그를 명예의 전당에 모신다. 그렇게
명성은 뛰어난 성공을 하면 얻는, 희귀한 부작용이다. 명성을 면
밀히 살펴보는 게 이 책의 목적은 아니지만 그렇다고 해서 명성

을 다루지 않을 수도 없다.

어쨌든 명성이라는 야릇한 영역을 공유하는 사람들을 살펴보는 일은 흥미진진하다. 예수보다 유명한 사람이 누군지 알고 싶은가?[7] (힌트: 비틀즈는 아니다.) 궁금하다면 내 뛰어난 제자였고 지금은 MIT 미디어랩Media Lab 교수인 세자르 이달고César Hidalgo가 제작한 온라인 도구 판테온 프로젝트Pantheon Project를 검색해보면 된다. 이달고의 주장에 따르면 자기가 속한 지역사회 바깥에도 알려진 사람이 진정으로 유명한 사람이다. 이달고는 에이스 조종사 연구 사례처럼 구글 조회 수를 이용해 명성을 측정하지 않고 위키피디아Wikipedia 페이지를 이용한다(정확히 말하면 특정인에 관한 위키피디아 정보가 몇 개 국어로 번역되어 있는지를 척도로 삼는다).

판테온에 수록되려면 국경과 언어 장벽을 초월하는 명성이 있어야 하고 적어도 25개 언어로 위키피디아에 등록되어 있어야 한다. 이 한 가지 요구 조건을 적용하면 시시한 유명인이나 겨우 알아볼 만한 유명인은 배제되고 1만 1,341명이라는 환상적인 소수정예로 급격히 줄어든다.

이 웹사이트에서는 여러 가지 다양한 기준을 이용해 전설적인 인물들을 검색할 수 있다. 1644년에 태어난 사람들 중 누가 가장 유명한가? 일본 하이쿠 장인인 마쓰오 바쇼松尾芭蕉다. 바르셀로나에서 태어난 사람들 중 가장 유명한 사람은? 17명이 목록에 올랐지만 화가 호안 미로가 정상을 차지했다. 역대 최고로 유명한 음악인은? 지미 헨드릭스다. 세계에서 가장 악명 높은 범죄자는 누굴까? 잭 더 리퍼의 뒤를 이어 찰스 맨슨이 3위를 차지했고, 대망의 1위는 나처럼 트란실바니아 출신의 끔찍한 살인마로 알려진 엘리자베스 바토리다. 역대 최고로 유명한 미국인은 누굴까? 조지 워싱턴도 빌 게이츠도 아니다. 바로 마틴 루터 킹 주니어다.

레드 배런의 이름이 판테온에 오른다고 해서 놀랄 사람은 없다. 그는 군인들 중 44번째로 유명하고, 1892년에 태어난 사람들 중 다섯 번째로 유명하며, 폴란드에서 태어난 사람들 중 네 번째로 유명하다. 그를 소개한 위키피디아 페이지는 43개 언어로 번역되어 있고 800만 회 이상 조회되었다. 그가 조종한 선홍색 전투기는 시공을 초월하고 물리학의 법칙마저 무시하는 듯 고공행진을 하고 있다. 그는 (판테온에 등록조차 되지 못한) 뛰어난 업적을 이룬 영웅 르네 퐁크를 먼지가 켜켜이 쌓인 무명의 역사 속에 파묻어버렸다.

역사상 가장 유명한 인물은 누굴까? 판테온 프로젝트에 따르면 바로 아리스토텔레스다. 레드 배런보다 주목을 끌지는 못하지만, 그는 수많은 지역에서 중요한 인물로 인정받고 있고 위키피디아에서 여러 언어로 번역되었으며 시대를 초월한 명성을 누린다. 철학의 거장이자 오랜 세월 명성을 누리는 그가 밝힌 성공에 관한 견해가 수천 년이 지난 지금도 울림이 있는 건 우연이 아니지 싶다. "그러나 이 영예는[8] 우리가 추구하는 바라고 하기에는 너무나도 피상적이다. 명성을 얻는 이보다 명성을 부여하는 이들에 의해 더 좌우되기 때문이다." 다시 말해 명성은 행복을 얻는 믿을 만한 수단이 아니다. 명성을 얻는 사람보다 명성을 부여하는 사람이 그가 유명해질지 여부를 좌우하기 때문이다. 우리가 정의한 성공과 그다지 다르지 않은 정의다.

아리스토텔레스는 판테온에 오른 인물들이 대부분 의미 있고 널리 영향을 미치는 공헌을 한 사람들이며, 오랜 세월이 흘러도 성공한 인물로 여겨지려면 업적이 매우 중요한 요소라는 개념을 강화해주는 대표적인 사례다. 그러나 이 프로젝트의 '유명인' 부류에는 21명이 올라 있는데, 모두 흥미로운 인물들이다. 정상에 오른 인물은 가장 어린 나이에 출산을 한 리나 메디나Lina Medina다 (그녀는 출산 당시 겨우 다섯 살이었다. 생각만 해도 끔찍하다). 미녀선발대회 우승자도 몇 명 있고, 사교계의 유명인들과 상속인들도 있다. 어쩌면 명성이란 우리가 성취나 업적이라고 여기는 성과와 전혀 무관한 걸지도 모른다.

리얼리티 쇼의 스타 킴 카다시안은 역대 유명 인사 중 14위에 올랐고 위키피디아에서 44개 언어로 번역되어 있다. 르네 퐁크가 뛰어난 기량을 보여주었지만 성공하지 못한 사례라면, 카다시안은 정반대다. 딱히 분명한 업적을 쌓지 않아도 성공할 수 있다는 사실을 보여주는 좋은 사례다. 뛰어난 업적을 쌓아도 보상을 받기가 얼마나 어려운지 우리는 경험을 통해 알고 있다. 그런데 그런 성과도 없이 어떻게 성공이 가능할까?

바로 이 의문이 늘 나를 괴롭혔다. 우리 모두 어린 시절 노력해야 한다고 귀에 못이 박히게 들었던 말과는 상충되기 때문이다. 이 점을 염두에 두고 이 책의 핵심적 내용으로 들어가도록 하겠다. 우선 중요한 의문으로 시작하고자 한다. 성공과 성과는 서로 어떤 관계가 있을까? 둘 사이에는 분명 관련이 있는데 킴 카다시안의 경우를 보면 꼭 그렇지만도 않은 듯하다.

제
1
공
식

성과 + 연결망 = 개인의 성공

THE FORMULA

THE
FIRST
LAW

성과는 성공의 원동력이지만,
성과를 측정할 수 없을 때는
연결망이 성공의 원동력이다.

테니스 코트에서 화랑에 이르기까지 성공한 사례들의 면면을 살
펴보면, 명문 학교 졸업장이 우리의 성공에 기여한다기보다 우
리가 이룬 성공이 학교의 명성을 드높이는 데 기여한다는 사실
을 깨닫는다. 무엇보다 우리를 성공으로 이끄는 것은 대체로 눈
에 보이지 않는 연결망이라는 중요한 사실을 깨닫게 된다.

2.
그랜드슬램과 대학 졸업장
노력이 (이따금) 진가를 발휘하는 이유

——— —

내 전처와 나는 우리가 운이 좋다고 생각했다. 아들 다니엘(똑똑하고 호감을 주는 아이다)은 말썽을 부리는 법이 없었다. 고등학교 2학년 때 대학 수준의 강의를 네 과목이나 들었고, 학교 신문을 창간하는 데 참여하면서 밤늦도록 주말도 쉬지 않고 신문을 편집했다. 학교 수영팀에도 들어갔다. 평소 호기심이 많고 관심사도 다양했으며 성적도 우수했다. 선생님과 친구들이 모두 아들을 좋아했고 아들은 행복해 보였다. 그리고 모두가 행복하니 우리도 행복했다.

그러다 다니엘이 대학에 입학 원서를 내기 시작하고서야 커다란 바윗덩이가 아이의 앞길을 가로막고 있다는 사실을 깨달았다. 바윗덩이는 바로 외국에서 태어난 아이의 부모인 우리였다.

우리 둘 다 유럽에서 교육을 받았고(전처는 스웨덴에서, 나는 루마니아에서 학교를 다녔다) 성공하려면 오직 숫자, 즉 점수만이 중요하다고 생각했다. 공부만 잘하면 성공한다는 생각 말이다.

루마니아에서 내가 다닌 고등학교는 명문 학교로 알려져 있었고, 아이들이 열세 살 때 치르는 시험 한 가지를 가지고 합격을 결정했다. 합격할 확률은 세 명 중 한 명이다. 고등학교 1학년을 마치고 나는 경쟁이 치열한 시험을 또 한 번 봤다. 이 시험으로 같은 학년 친구들 절반이 떨어져나갔다. 마지막으로 대학 합격 여부도 비슷한 요인이 좌우했는데, 물리학과 수학 시험에서 얻은 점수였다. 그 외에는 아무것도 중요하지 않았다. 과외활동도, 조각가를 꿈꾸며 화실에서 몇 시간을 보냈는지도, 루마니아에서 권위 있는 물리학 학술지에 연구논문이 실렸다는 사실도, 학점도 중요하지 않았다. 오로지 시험 성적이 대변하는 나의 성과가 내 운명을 결정했다. 미국에서의 대학 입학은 다르리라는 생각을 할 수조차 없었다.

다니엘은 내가 교수로 있었던 노터데임대학교Notre Dame University를 제2의 고향으로 여겼고 수년 동안 그곳으로 다시 돌아가고 싶어 했다. 그러나 보스턴으로 이사한 후 아들의 세상은 활짝 열렸다. 아들은 여름을 MIT에서 보냈고 또 한 차례 여름은 하버드에서 보냈다. 나와 함께 베이 에리어Bay Area를 여행하면서 마음을 빼앗겼던 스탠퍼드도 있었다. 아들의 성적은 우수했으므로(평균 학점GPA이 아들의 학업 능력을 뒷받침해주었다), 이 중 어느 학교든 거뜬히 합격하리라고 확신했다.

그런데 아이의 응시 서류를 살펴보고서야 이 대학들이 응시자들에게 요구하는 게 뭔지 깨달았다. 살면서 겪은 독특한 경험에 대한 에세이, 교사의 추천서, 대학 행정직원과의 인터뷰, 폭넓은 과외활동, 특화된 한 분야에서 탁월한 기량을 발휘했다는 기록, 게다가 상위 성적과 SAT 점수 같은 측정 가능한 요인들은 부차적인 고려 사항이라고 끊임없이 환기시키는 지침들. 가슴이 철렁 내려앉았다. 미국의 유수한 몇 개 대학교에서 20년 동안 학생들을 가르친 내가, 학생들이 내 강의실에 들어올 자격을 얻기 위해 무엇을, 어떻게 했어야 했는지 전혀 모르고 있었다. 대학 합격 심사라는 중요한 절차가 왜 그리도 애매모호하고 주관적이고 예측 불가능한 것일까?

태어나서 처음으로 나는 이 의문과 마주했다. 성과를 측정하는 분명한 척도가 없는 세상에서 우리 아이들이 성공하려면 무엇이 필요할까? 먼저 성과를 측정하는 척도가 확실히 존재하는 스포츠 분야부터 살펴보도록 하자.

▲ ▲ ▲

〈용 문신을 한 소녀The Girl with the Dragon Tattoo〉가 세계적으로 대히트를 치고 있을 때 버쿠 유세소이Burcu Yucesoy가 내 연구실의 연구원 모집에 응모했다. 나는 어딜 가든 문신을 한 사람들이 눈에 띄었는데, 그녀의 왼쪽 팔에 새겨진 문신은 정말 마음에 쏙 드는 제대로 된 문신이었다. 그녀는 자신의 박사논문에서 중요한 공식, 아이징 해밀턴 함수Ising Hamiltonian Function를 먹으로 새겨 넣었다. 물리학에서도 잘 알려지지 않은 분야를 오랜 세월 연구해온 그녀는 자신의 전공을 애정 섞인 표현으로 "까탈스럽고, 변덕스럽고, 짜증스러운" 분야라며 이제 뭔가 다른 연구를 해보고 싶다고 했다. 그녀는 말솜씨도 뛰어났고 과학자로서의 능력도 인상적이었다. 그런데도 나는 자꾸 그 문신에만 관심이 쏠렸다. '완전 또라이네!' 라고 생각하면서 말이다. 마음에 쏙 들었다. 합격.

면접을 보고 몇 달 후 드디어 그녀가 우리 연구실에 출근했다. 당시 우리는 이미 과학 분야에서 성공이 어떻게 나타나는지 조사하고 있었다.[1] 그런데 본격적인 분석에 들어가기 전에 중요한 문제에 부딪혔다. 성공에 필요한 핵심적인 전제조건으로 보이는 성과를 측정하는 데 사용할 데이터를 구하기가 하늘의 별 따기였다.

다행히도 부다페스트에서 살 때 내 이웃이자 전직 테니스 프로 선수인 터마시 하모리Tamás Hámori가 테니스선수협회가 수집한 방대한 데이터가 있다고 알려주었다.[2] 그의 설명에 따르면 이 데이터는 각 프로 경기의 점수를 정확하게 기록하고 이를 바탕으로 선수들의 점수를 매기는 등 아주 자세하게 성과를 추적한다. 예컨대 그랜드 슬램 우승자는 2,000점을 얻는 반면, 이 토너먼트에서 두 번째 경기에서 탈락한 선수는 겨우 10점을 얻는다. 이 점수는 매주 업데이트되고 각 선수의 상대적인 순위를 결정한다. 제1차 세계대전에 참전한 에이스 조종사들을 그들이 격추한 적기 대수를 바탕으로 평가했듯이, 이 점수로 테니스 선수들을 매우 정확하게 비교 평가할 수 있었다. 유세소이가 해야 할 일은 간단했다. 테니스 점수를 통해 성과와 성공 간의 관계를 밝혀내는 일이었다.

유세소이가 우리 연구실에 합류할 당시 테니스는 그녀의 안중에 없었던 게 분명했다. 그녀는 사실 스포츠를 연구하게 되리라고는 꿈에도 생각한 적이 없었다. 이스탄불에서 중학교를 다닐 때 여름 캠프에 참가해 테니스를 쳐본 게 전부였다. 안경을 쓰고 자기 몸집보다 큰 라켓을 들고 찍은 사진이 지역 신문에 실리기도 했지만 말이다.

"실력이 엉망이어서 라켓에 구멍이 났나 했다니까요."

그녀는 네트를 넘어오는 공을 힘겹게 쳐내면서 코트를 우왕좌왕하느라 운동화가 흙먼지로 벌겋게 변하고 나중에는 얼굴도 벌겋게 달아올랐던 기억을 떠올리며 웃었다. 테니스 여름 캠프에 대한 신문 기사는 그녀의 모친 집 어딘가에서 상자에 담긴 채 잊혀졌고, 곧 과학 경진대회에서 받은 상과 자격증들이 가족의 자랑이 되었다.

자신에게 유리한 과학이라는 각도에서 테니스를 격파할 기회가 오자 그녀는 기꺼이 달려들었다. 그러나 간단한 문제가 아니라는 사실이 곧 드러났다. 선수의 성과를 측정할 도구는 거의 완벽했지만 성공을 계량화할 척도가 없었다. 우리 연구의 기본적인 전제에 따르면 성공은 당신과 당신이 올린 성과만으로 규정되지 않는다. 우리와 우리가 당신의 성과를 어떻게 인식하는지에 따라 결정된다. 따라서 테니스 경기에서 이기는 것은 명백한 성과지만 성공은 뭔가 다른 것을 뜻한다. 즉 인정을 받고 소득을 올려야 한다.

최고의 운동선수들은 코트에서 발휘한 기량을 바탕으로 큰 보상을 받지만, 대부분의 뛰어난 운동선수들은 광고에서 소득을 올린다. 테니스 스타 로저 페더러는[3] 여러 가지 브랜드 광고를 찍고 한 해에만 5,800만 달러를 벌었다. 광고주들은 그가 거느린 대규모 팬들에게 접근하고 싶어 한다. 페더러가 받는 이례적인 금전적 보상은 그가 올리는 성과와는 관계없다. 그의 승패를 통해 만들어지고 축적된 지명도visibility를 반영할 뿐이다.[4]

유세소이는 기업의 막후에서 어떤 결정이 내려지고, 그것이 어떤 거액의 후원으로 이어지는지에 대한 데이터를 구하고자 했다. 그러나 최상위 선수들에 대한 정보만 겨우 입수할 수 있었고, 소액 후원이나 중간 수준의 선수들에 대한 자료는 거의 찾지 못했다. 그래서 그녀는 애초에 광고를 따내도록 해주는 요인, 즉 선수의 팬에게 집중하기로 했다. 팬의 규모가 바로 거래액의 규모에 결정적인 영향을 미치기 때문이다.

대중이 특정 선수에 대해 얼마나 열광하는지 알아보려면 구글로 검색했을 수도 있다. 우리가 독일 조종사들에 대한 연구를 할 때 그랬듯이 말이다. 그러나 테니스 선수들의 이름은 한스-헬무트 폰 보디엔이나 오토 폰 브라이텐-란덴부르크같이 독특하지 않기 때문에 구글 검색 자료는 해석하기가 까다로웠다. 그래서 유세소이는 위키피디아로 눈을 돌렸다. 특정 인물에 대한 개인적, 직업적 자료가 풍부했고, 구글로 어떤 테니스 선수를 검색하든지 바로 위키피디아 페이지로 연결되었기 때문이다.

유세소이는 위키피디아 편집자들이 인기 있는 선수들의 결혼과 이혼, 경기장 밖에서의 독특한 행동 등에 대해 정성스럽게 만들어놓은 사소한 정보들을 걷어내고 위키피디아 독자들의 사이트 방문 패턴에 대한 단서를 제공하는 데이터 층을 살펴봤다. 그리고 이것으로 일정한 기간 동안 얼마나 많은 사람들이 인기 있는 선수의 위키피디아 페이지를 클릭했는지 재구성했다.

위키피디아 조회 수를 대중성의 척도로 삼은 그녀는 우리가 달성하려는 진짜 목적, 즉 기량과 우승이 우리가 규정한 성공으로 어떻게 전환되는지를 살펴볼 수 있었다. 그녀는 2008년부터 2015년까지 각 선수가 올린 성과를 그 선수가 참가한 모든 경기의 승패와 점수를 자세히 기록한 자료를 통해 수집했다. 그리고 이런 성과를 측정하는 척도들을 모두 고려한 공식을 만들었다.[5] 승패를 바탕으로 각 테니스 선수가 얻어야 할 지명도를 예측하는 게 목표였다. 시간이 많이 드는 과정이었고, 완성하는 데 거의 2년이 걸렸지만 보람이 있었다.

유세소이가 공식에 수치를 입력하자 유형이 나타났다.[6] 로저 페더러, 노박 조코비치, 앤디 머레이, 라파엘 나달같이 최상위 선수든, 전도유망한 신참내기든 상관없이 그녀의 예측과 선수의 진짜 지명도는 놀라울 정도로 맞아떨어졌다. 성과는 성공과 매우 밀접하게 관련되어 있어서 유세소이는 그 선수의 경기가 끝난 후 위키피디아 페이지의 조회 수가 얼마나 나올지 정확하게 예측했다. 좋은 성과를 내지 못한 선수들의 조회 수가 저조한 기간도, 부상으로 인한 급격한 조회 수 감소도 예측 가능했다. 뛰어난 선수와 대결해 뜻밖에 이긴 선수에 대한 관심이 얼마나 치솟을지도 예측했다.

유세소이의 연구 결과를 해석할 방법은 단 한 가지다. 테니스에서의 성공은 단 한 가지 요인이 결정한다. 선수로서의 막강한 기량이다. 적어도 코트에서는 노력하면 보상을 받는다는 진부하고 경직된 전략이 먹힌다. 성과가 성공을 견인한다. 이게 출발점이다. 당신이 테니스 선수라면 공에서 눈을 떼지 말고 경기를 완벽하게 치러내라. (어떤 상투적인 문구라도 좋으니 아무거나 골라 좌우명으로 삼아라. 그러고 나서 어린 시절 코치에게 연락해서 지혜로운 말씀을 주셔서 감사하다고 하라.) 하지만 비단 스포츠에서만 그런 것은 아니다. 고객을 유인하는 탄탄한 법률 지식 없이는 변호사로 성공하지 못한다. 건축공학에 대한 지식과 디자인 감각이 없다면 건축가로 명성을 얻지 못한다. 모두가 열광하는 기술 제품은 오작동이 많으면 안 된다.

유세소이의 공식은 그녀의 팔에 새겨진 문신처럼 우아하게 설계되었다. 그런데도 우리가 얻은 결과는 조금 실망스러웠다. 명백한 사실을 넘어 새로운 깨달음을 얻기를 바랐으나, 우리의 발견은 가장 기본적인 전제를 강화해주는 데 그쳤다. 성과는 성공의 핵심이라는 사실 말이다. 성과와 성공 사이에 극적이고 계량화 가능한 상관관계가 존재한다는 사실을 발견하기는 했다. 하지만 얼마나 극적일까?

유세소이의 연구 결과에서 그나마 얻은 희망이라고 한다면 내 아들 다니엘이 원하는 대학에 합격할 수 있다는 희망이었다. 테니스는 루마니아 학제와 아주 비슷했다. 오로지 시험 점수가 측정 가능한 결과를 결정한다. 그러나 이런 믿음은 아들이 응시한 대학교에서 연락이 오기 시작하면서 무산되었고 엄연한 현실을 직시해야 했다. 다니엘이 가장 가고 싶어 한 스탠퍼드는 불합격이었다. 하버드도 마찬가지였다. 브라운, 시카고, 펜실베이니아 대학교까지 불합격 통지서를 받고 나니 여기는 루마니아가 아니라는 사실이 뼈저리게 느껴졌다. 학업 성과에만 매달린 전략은 완전히 빗나갔다. 가슴이 아팠다. 아들 앞으로 통지서가 오면 결과를 묻기가 두려운 지경에까지 이르렀다.

다행히 희소식도 있었다. 다니엘은 노터데임에 합격했다. 본래 가고 싶어 했던 대학교다. 10여 년 동안 그 학교에서 강의를 했기에 아들이 그곳에서 훌륭한 교육을 받으리라는 사실을 믿어 의심치 않았다. 그 후로는 우편함에 불합격 통지서가 도착해도 아들과 나는 이제 든든히 기댈 곳이 있다는 사실을 서로 상기시키곤 했다.

그러다 더 고무적인 소식을 접했다. 그 때문에 딜레마에 빠지기는 했지만. 노스이스턴대학교에서 합격 통지서를 받았다. 노터데임은 학비가 상당히 비싼 반면, 노스이스턴은 후한 학비 지원 제도가 있어서 거의 학비가 들지 않았다. 학습 능력만 인정받으면 교직원 자녀들에게는 학비가 무료였다. 무엇이 노터데임과 노스이스턴의 이런 차이를 정당화할까?

이를 보여주는 데이터가 있다. 일단 여기서 출발하자. 명문 대학 졸업생들은[7] 그보다 서열이 낮은 대학 졸업생들보다 유리하다. 아이비리그 출신이 졸업한 지 10년 후 받는 연봉의 중앙값은 7만 달러 이상인 반면, 다른 학교 출신은 그 절반인 3만 4,000달러를 번다. 이런 소득 격차는 소득 스펙트럼에서 최상위 쪽으로 가면 특히 높다. 아이비리그 출신의 소득 상위 10퍼센트는 졸업한 지 10년 만에 평균 20만 달러 이상을 버는 반면, 다른 학교 출신의 소득 최상위는 7만 달러에 못 미친다.

2012년 다니엘이 대학에 원서를 제출할 당시 나는 아들이 열심히 공부한 보람이 있으리라고 기대했다. 노터데임은 미국 내 대학 순위에서 19위였다. 당시 노스이스턴은 69위였다. 노터데임은 아이비리그 수준에 버금가는 명문 대학이었고, 노스이스턴은 학비가 무료였다.

대부분의 부모와 학생들은 합격 통지서가 속속 도착하기 시작하면 어려운 결단을 내려야 한다. 나 역시 그랬다. 노후를 저당

잡히더라도 아이들에게 최고의 교육을 받게 해줘야 할까? 감정이 깊이 결부되는 결정이다. 그러나 그런 결정을 내리는 데 도움을 줄 데이터가 마련되자 내 생각은 완전히 바뀌었다. 통계 수치는 명확하지만 노스이스턴을 포기하고 노터데임을 선택한다고 해도 미래 소득에는 아무런 영향을 미치지 못한다. 스탠퍼드나 하버드에 간다고 해도 아무 차이가 없다. 야망을 품고 성과를 보이면 미래에 성공할 수 있다.

▲ ▲ ▲

미국 최초의 고등학교인 보스턴 라틴Boston Latin은 보스턴 학제에서 여전히 선망의 대상이다. 미국 내 상위 20개 고등학교에 속하는 이 학교는 공립이지만 학생들을 매우 까다롭게 선발하는데, 내가 루마니아에서 학교 다닐 때 그랬듯이 시험 점수가 좋아야 합격한다. 이 학교에서 불합격하면 시험 점수를 근거로 자동으로 보스턴 라틴 아카데미Boston Latin Academy에 등록된다. 이름은 비슷하지만 2등급에 속하는 학교다. 여기서도 불합격하면 오브라이언트 수학과학고등학교O'Bryant High School of Math and Science에 입학 가능하다. 여기도 떨어지면 시험을 보지 않고 입학하는 공립학교에 다녀야 한다.

부모들이 자녀를 보스턴 라틴에 보내려고 혈안이 되어 있는 이유가 있다. 이 학교 졸업생들의 평균 SAT 점수가 매사추세츠

주에서 4위를 자랑하기 때문에 일단 여기에 들어가면 명문 대학 입학은 보장된 바와 다름없었다. 물론 라틴 아카데미도 주에서 상위 20퍼센트 안에 들 정도로 우수하다. 오브라이언트의 평균 점수는 상위 60퍼센트에 불과하지만, 보스턴 시내에 있는 무시험 공립학교의 형편없는 평균 점수보다는 훨씬 낫다. 따라서 보스턴에 사는 부모라면 시험으로 학생을 선발하는 학교에 자녀를 입학시키려고 무슨 짓이든 한다. 불합격하면 그 사실만으로 자녀의 장래를 망쳤다고 생각하기도 한다.

하지만 진짜 그럴까? 몇 년 전 경제학자 세 명이 바로 이 의문을 파헤쳤다.[8] 그들은 보스턴 라틴에 합격한 학생들과 성적이 하한선에 못 미쳐 안타깝게 탈락한 학생들을 비교했다. 지극히 근소한 점수 차로 당락이 결정되었다. 합격선을 사이에 두고 양쪽으로 갈라진 두 부류 학생들은 입학 초에 보인 학업성취도나 학업 전망에서 별 차이를 보이지 않았다. 다만 아주 중요한 차이점이 하나 있었다. 합격생들은 향후 몇 년 동안 명문 학교에 다니게 되었고 불합격한 학생들은 이들 못지않게 똑똑하지만 다른 학교에 다녀야 했다는 점이다.

명문 학교에서 뛰어난 교사들의 가르침을 받고 명석한 동급생들에게 자극을 받으면 졸업할 무렵엔 학업성취도가 월등하리라고 우리는 생각한다. 그런데 그렇지 않다. 그것도 전혀. 진학적성예비시험PSAT, SAT, 또는 다른 어떤 상급교육기관 진학 시험 결과를 봐도 마찬가지다. 보스턴 라틴 졸업생과 안타깝게 탈락해 라틴 아카데미에 진학했던 학생 사이에는 아무런 차이도 없다. 훨씬 순위가 떨어지는 오브라이언트에 다니게 된 학생의 경우도 마찬가지다. 그들도 라틴 아카데미에 합격한 학생들 못지 않은 학업성취도를 보였다. 마지막 희망인 오브라이언트에도 불합격하고 무시험 공립학교에 다니게 된 학생들은 어떨까? 그들 또한 졸업할 즈음에는 오브라이언트에 합격한 학생들 못지않은 학업성취도를 보였다.

이런 조사 결과가 무엇을 의미하는지 살펴보자. 보스턴 라틴 학생들은 라틴 아카데미 학생보다 학업성취도가 높다. SAT 점수가 훨씬 높으니 아무도 이를 부인하지 않는다. 그러나 데이터를 보면 이 차이는(부모의 생각이 어떻든, 교사들이 뭐라고 주장하든, 교장이 뭐라고 우기든 상관없이) 학교가 학업성취도를 향상시키기 때문이 아니다. 학교 교육의 질이 어떻든 상관없이 학업성취도가 높은 학생들이 계속 승승장구하기 때문이다.

보스턴 라틴 학생들은 졸업할 무렵 전체적으로 월등한 SAT 점수를 보이는데, 그 까닭은 애초에 이 학교가 입학시험에서 학업성취도가 높은 학생들을 선발했기 때문이다. 그리고 학생들은 그런 학업 능력을 그대로 유지하며 고등학교에 입학했을 뿐이다. 다시 말해 보스턴 라틴이 자녀를 더 훌륭한 학생으로 만들어주지는 않는다. 뛰어난 학생이 보스턴 라틴을 명문 학교로 만들어주는 셈이다.

이것이 시사하는 바는 명백하다. 결국 어느 학교에 다니는지는 중요하지 않다. 그 학교에 다니는 학생이 중요하다. 그렇다고 해서 보스턴의 학제를 비판하는 게 아니다. 데이터가 있는 모든 고등학교 학제에 일관성 있게 적용되는 결론이다. 학자들은 뉴욕시에서 루마니아를 거쳐 내 아이들이 어릴 적 5년 동안 학교를 다닌 헝가리에 이르기까지 똑같은 결과를 얻었다.[9] 연구 결과에 따르면 전처와 내가 다니엘을 노스이스턴에 보냈든, 노터데임에 보냈든 상관없다. 일단 졸업하고 나면 아이가 다닌 학교가 아니라 아이의 능력이 성공을 결정한다.

그런데 이런 고등학교 데이터를 내 아들이 대학교를 선택하는 지침으로 이용할 수 있을까? 그럴 필요도 없었다. 프린스턴대학교의 경제학자 두 명이[10] 각고의 노력 끝에 대학 졸업생들의 장기적인 성공을 결정하는 요인들을 규명했다. 그들은 우선 명문 대학에 응시했지만 여러 가지 이유로 그보다 명성이 떨어지는 학교에 다니게 된 학생들을 살펴봤다. 이 점에서 데이터가 보여주는 결론은 명백하다. 아이비리그 졸업생의 연봉 중앙값은 졸업한 지 10년 후 7만 달러 정도였다. 그런데 놀랍게도, 아이비리그에 합격했지만 진학을 포기하고 그보다 못한 학교를 졸업한 학생들도 아이비리그 졸업생들 못지않은 소득을 올리고 있었다. 다시 말해 프린스턴에 합격했지만 노스이스턴에 입학하기로 결정한 학생은 프린스턴 졸업생에 준하는 소득을 올릴 능력이 있다는 뜻이다. 이는 보스턴 라틴 학교 연구 결과와 똑같다. 학교가 훌륭한 학생을 배출하는 게 아니라 애초에 훌륭한 학생으로서 그 학교에 입학했다는 뜻이다.

유세소이의 테니스 연구 결과가 여기서도 깜짝 출연을 한다. 성과는 성공의 원동력이다. 대학생의 측정 가능한 학업 성과, 즉 대학에 응시할 당시 SAT 점수와 학급 등수는 미래의 소득 수준을 결정한다.

그러나 프린스턴 경제학자들의 연구에서 가장 뜻밖의 결과는 아이비리그에 합격하지 못한 이들을 살펴보고서야 나왔다. SAT 점수, 같은 학년의 등수 등 측정 가능한 모든 학업성취도 측정치를 모두 고려하고 나자, 졸업한 지 10년 후 소득을 결정하는 핵심적인 요인은 졸업한 대학교가 아니었다. 장기적인 성공을 판가름하는 단 한 가지 결정 요인은 해당 학생이 응시했지만 불합격한 학교들 중 가장 좋은 학교에서 파생되었다. 하버드에 응시했지만 탈락하고 노스이스턴에 다닌 학생은, SAT 점수와 고등학교 학점이 비슷하지만 하버드를 졸업한 학생 못지않게 성공했다. 다시 말해 학생의 학업 성적과 야망(스스로에 대한 평가)이 그 학생의 성공을 결정한다는 뜻이다.

여기서 조심스럽게 몇 가지 덧붙이고 싶다. 장래에 고소득이 보장된다는 생각으로 자녀를 하버드에 억지로 응시하게 한다고 해서 목표가 달성되지는 않는다. 야망은 본인에게 있는 것이다. 확신과 자신감은 성공하는 데 큰 역할을 하지만 강력한 성취도가 수반되어야 한다.

물론 명문 대학에 다녀도 엄청난 혜택을 누리지 못한다는 뜻은 아니다.[11] 흑인, 라티노, 그리고 사회문화적 소수집단은 이민 1세대 대학생과 더불어 이런 명문 대학에 다님으로써 엄청난 혜택을 누린다. 그러나 명문 대학에 입학하지 못해도 (부모가 너무 순진하긴 하지만, 고학력 중산층 가정 출신에 학업성취도가 높은 다니엘 같은 아이라면) 충분히 희망이 있다. 기득권층의 간택을 받지는 못했어도 큰 야심과 경쟁할 능력이 있으니 말이다.

▲ ▲ ▲

결국 다니엘은 노터데임에 다녔다. 여기서 모순을 감지했을지도 모르겠다. 숫자에 예민한 나 같은 사람이 돈을 낭비하기로 결정한 이유가 뭘까? 2012년으로 거슬러 올라가보자. 당시 나는 결정을 내리는 데 지침이 되어줄 데이터가 없었다. 몇 년 만에 노스이스턴이 대학 순위를 절반이나 껑충 뛰어올라 노터데임과 비슷해지리라는 생각도 전혀 하지 못했다.

그러나 이 장에서 다룬 데이터는 이론의 여지가 없이 대학의 순위보다 학생이 갖춘 자질이 그 학생의 미래에 더 큰 영향을 미친다는 사실을 보여준다. 야심과 학업성취도가 우리의 예측을 깨고 경쟁할 여건을 평평하게 만든다는 결론은 설득력 있는 주장이다. 테니스 코트에 관한 유세소이의 연구 결과는 테니스 코치라면 누구나 내놓는 격려의 메시지가 사실임을 명명백백하게 입증한다. 즉 성공은 오직 성과가 결정한다는 사실 말이다.

그렇지만 아들이 대학에 입학하는 과정에서 겪은 일은 매우 혼란스러웠다. 성과를 측정할 수 있는 극히 드문 두 개의 영역, 즉 테니스와 학업성취도에서는 탁월함이 무엇인지에 대해 이견의 여지가 없다. 이 두 영역에서는 공히 장기적인 성공이 성과를 바탕으로 한 순위와 일치한다는 점은 부인하기 어렵다.

우리는 뛰어난 성과가 늘 보상을 받는다고 일반화하고 싶은 유혹을 느낀다. 그러나 그게 사실이려면 성과를 측정할 수 있어야 한다. SAT 점수와 테니스 순위가 그런 척도지만 대부분의 분야에서는 성과를 정확히 측정할 수 있는 척도를 만들기란 거의 불가능하다. 멀리 갈 것도 없다. 축구 같은 팀 스포츠를 보면[12] 그런 척도를 만들기가 얼마나 어려운지 알 것이다. 각 선수마다 몇 골을 넣었고 어시스트는 몇 개 했는지 계산할 수는 있지만, 과학이라는 기준을 충족시킬 만한 척도로 그의 기량을 다른 선수들의 기량과 따로 떼어내 측정하기는 힘들다.

최근에 이런 상황을 목격했다. 이탈리아 축구 리그에서 심판들이 경기 후 각 선수에게 지정한 등급을 분석했다.[13] 이탈리아의 세 일간지가 고용한 이 전문가들은 경기장에서 각 선수의 기량을 분석했는데, 한 심판이 높은 등급을 매긴 선수에게 다른 심판들은 형편없는 평가를 내린 경우가 족히 20퍼센트는 되었다. 심층 분석을 해보니 심판들은 대부분의 선수들이 어떤 기량을 발휘했는지 전혀 감을 잡지 못했다. 예컨대 수비수들은 팀 전체의 기량과 골 득점수와 골 득점 차이를 바탕으로 평가를 받았는

데, 90분이라는 경기 시간 동안 수비수가 실행한 수없이 많은 동작과 선택(태클, 성공적으로 따돌린 패스, 어시스트, 공중 부양해서 맞대결하기)을 심판들은 기억하지도 못했다.

이 심판들은, 그리고 우리 모두는 기량이 아무리 뛰어나도 팀이 약체인 선수는 경기에서 이기지 못한다는 사실을 잊고 있는 듯하다. 그 선수는 동료들이 "제대로 받쳐주지 못했기 때문에" 골을 더 넣지 못했는지도 모른다. 또 기량이 뛰어난 팀의 스타 선수라고 해도 그의 팀이 경기에서 이긴 까닭이 오로지 그 자신의 기량 덕분인지, 아니면 팀 전체의 노력 덕분인지 판단하기는 어렵다. 기량이 뛰어난 팀에서 약체 팀으로 옮기면 그 선수의 성과도 떨어질 수 있다.

성공할 만한 팀을 꾸리는 일은 매우 복잡하고 힘든 일이다. 팀으로 경기를 치르는 상황에서 선수 개개인의 성취도를 측정하고 보상을 하기는 일대일로 대결하는 스포츠의 경우보다 훨씬 까다롭다. 이에 대해서는 나중에 다시 살펴보겠다.

본질은 바로 이것이다. 개인의 성과를 측정하기란 스포츠에서도 어렵다. 승자와 패자가 분명히 규정되는 스포츠에서도 말이다. 그렇다면 고득점자와 저득점자를 정확히 구분할 방법이 없는 경우에는 어떤 일이 벌어질까? 그런 경우 누가 승자와 패자를 결정할까? 해답을 얻기 위해 성과를 측정하기 불가능한 영역으로 넘어가겠다. 이 영역에서는 인맥, 즉 연결망이 무대 중앙에 등장한다.

3.

200만 달러짜리 소변기
열심히 노력해도 소용없는 이유

'세이모SAMO는 바보와 멍청이들을 구제한다.'

맨해튼 뒷골목 어느 집 문에 누군가 대문자로 휘갈겨 썼다. 해괴한 낙서임에는 틀림이 없지만 이는 1977년 맨해튼 전역에 갑자기 나타나기 시작한 시적인 말장난이었다.

'세이모는 면책 조항이다'라는 선언이 나오기도 했다. '세이모는 놀이 예술의 종말이다'라고 공표가 되기도 했다. 누군가는 '세이모는 실험용 동물에게 암을 유발하지 않는다'라는 주장을 하기도 했다. 그러더니 1979년에 최종적인 일목요연한 선언이 나왔다. '세이모는 죽었다.'

그리고 세이모는 정말로 죽었다. 진짜로 죽은 게 아니라 예술적인 협업을 하던 두 사람이 각자 제 갈 길을 가면서 끝이 났다.

세이모를 탄생시킨 두 예술가 가운데 더 잘 알려진 사람은[1] 알 디아즈Al Diaz였는데, 그는 상당히 젊은 나이임에도 그래피티graffiti 경력은 꽤 오래된 인물이었다. 그로부터 3년 전 그의 작품은 노먼 메일러Norman Mailer가 쓴 그래피티에 대한 책에 소개되었었다. 메일러는 언더그라운드 그래피티 화가가 갈구했을 법한 악명 못지않게 악명이 높았다.

디아즈는 홀로 작업하기도 하고 친구와 협업을 해서 만든 작품을 한 사람의 이름으로 발표하기도 했는데, 그 이름의 기원이 노골적으로 유치했다. 대마초를 피웠던 두 사람은 대마초를 'Same Old Shit('늘 똑같은 염병할 것'이라는 뜻-옮긴이)'이라고 불렀고, 이 구절은 'Same Old'로 줄어들었다가 마침내 'SAMO'가 되었다. 정체를 숨긴 채 두 사람은 페인트 깡통을 들고 거리로 나가 도시를 돌아다니며 낙서를 휘갈겼다. 그러던 어느 날 둘은 사이가 틀어졌다.

과학자들은 통제하기를 좋아한다. 그 덕분에 위 경우처럼 비슷한 출발점에서 시작한 두 사람이 시간이 흐르면서 어떻게 달라지는지 측정할 수 있다. 타고나느냐 길러지느냐, 유전이냐 환경이냐 같은 주제에 대해서는 똑같은 유전자를 지닌 형제자매의 삶을 추적한 쌍둥이 연구를 통해 심층적으로 이해할 수 있다. 앞 장에서도 학습 능력에 대한 일종의 쌍둥이 연구(명문 학교에 가까스로 입학한 학생과 그만큼 운이 따라주지 않은 학생)를 통해 우리가 연구하는 성공에서 학교가 하는 역할을 추출해낼 수 있었다. 세이모는 예술 분야의 쌍둥이 연구인 셈이다. 동갑에 똑같은 환경에서 자란 두 학생이 서로 구분하기 불가능한 작품을 창작한다. 그러다 갑자기 두 사람은 갈라서고 각자의 갈 길을 간다. 그 뒤에는 어떻게 될까?

알 디아즈는 여전히 뉴욕 예술계에서 활약하지만, 그의 이름을 들어본 적이 없다면 당신만 그런 게 아니다. 지금까지 그가 얻은 가장 큰 명성은 여전히 세이모 프로젝트다. 이 프로젝트는 거의 40년 전 그의 협력자가 혼자 거리로 나선 이후 이미 사망했다. 그리고 디아즈의 협력자도 오래전, 불과 스물일곱 살 때 약물 과용으로 사망했다. 그러나 그의 작품은 여전히 살아 숨 쉰다. '세이모는 죽었다'가 뉴욕시 소호 지역 담벼락에 휘갈겨지고 2년만에 디아즈의 협력자는[2] 스프레이 페인트와 오일 스틱으로 해골 그림을 그렸다. 제목이 없는 이 그림은 최근 1억 1,050만 달러에 팔리면서 기록을 경신했다. 그의 이름은 장-미셸 바스키아 Jean-Michel Basquiat다.

성공이라는 관점에서 볼 때 바스키아와 디아즈는 시작은 같았던 사람들이 어떻게 전혀 딴판인 결과를 얻게 되는지 보여주는 전형적인 사례다. 두 사람은 똑같은 시기와 장소에서 경력을 쌓기 시작했다. 그들의 작품은 처음에는 구분하기 힘들 정도로 비슷했다. 그러나 디아즈가 한 예술 활동은 세이모 이후로는 잘 알려지지 않았다. 반면 바스키아는 생존 당시에도 예술가로서 대단한 화제를 불러일으켰고 심지어 사망한 후에도 엄청난 성공을 거두었다.

그렇다면 디아즈와 바스키아가 전혀 다른 경로를 걷게 된 이유를 어떻게 설명해야 할까? 두 사람은 한 가지 본질적으로 다른 면이 있었다. 디아즈는 외톨이였던 반면, 바스키아는 뻔뻔스러울 정도로 많은 사람들과 인맥을 쌓았다. 두 사람이 아주 어렸던 세이모 시대에조차 그런 차이는 분명했다. 디아즈는 두 사람이 공유한 정체를 숨기자고 주장했지만, 바스키아는 100달러를 받고 〈빌리지 보이스Village Voice〉에 둘의 협력 관계를 발설했다.

이런 차이는 계속해서 나타난다.[3] 실제로 바스키아는 주도면밀하게 화랑 전시회를 준비하듯이 예술계에서 인맥을 쌓았다. 무모하고 건방진 10대였던 그는 당시 뉴욕 미술계의 제왕이었던 앤디 워홀에게 접근했고, 감언이설로 꼬드겨 자신이 직접 그려 길거리에서 팔던 엽서 한 장을 그에게 팔았다. 그리고 이 거래를 십분 활용해 워홀과 평생 교분을 맺었다.

또한 바스키아는 스쿨 오브 비주얼 아트School of Visual Arts, SVA 근처에도 얼쩡거렸다. 그 학교에 다니지도 않으면서 말이다. 결국 키스 해링Keith Haring을 만나고 사귀기까지 했는데, 그는 당시에 미술계에서 가장 주목받는 인물로 손꼽혔다. 바스키아는 유선방송 프로그램 〈TV 파티TV Party〉 프로듀서와도 친분을 맺어 그 쇼에 출연했고, 거기서 맡은 역할 덕분에 그 지역에서 꽤 잘 알려지게 되었다.

어쩌면 바스키아가 쌓은 인맥 중에서도 가장 중요한 인물은 이스트 빌리지의 예술가이자 마당발인 디에고 코테즈Diego Cortez 일지도 모른다. 그룹 전시회를 열면서 바스키아의 작품을 자그마치 20여 점이나 포함시킨 주인공이 바로 코테즈다. 바스키아의 작품들은 로버트 메이플소프Robert Mapplethorpe, 키스 해링, 앤디 워홀의 작품들과 나란히 전시되었다. 뉴욕 예술계를 쥐락펴락하는 딜러 몇 명이 이를 눈여겨봤다. 전시회 개막일 다음 날 아침 바스키아는 부친이 사는 브루클린 아파트에 들이닥쳐 외쳤다. "아빠, 나 해냈어!" 맞는 말이었다. 그가 출품한 작품들 가운데 일부는 개막일 밤 2만 5,000달러에 팔렸다. 1980년대 초에는 어마어마한 금액이었다.

적극적으로 영향력 있는 인맥을 쌓음으로써 바스키아는 2년 만에 집도 절도 없는 10대에서 A급 예술가로 변신했다. 한편 디아즈는 여전히 언더그라운드 거리예술 활동을 이어갔다. 바스키아가 열정적이고 추진력 있고 젊은 나이에 헤로인 과다 복용으로 사망했다는 사실도 도움이 되었다. 그러나 정말 놀라운 점은 그의 성공이 탁월한 예술성과 전혀 관계가 없다는 점이다. 그와 디아즈는 똑같은 예술적 DNA를 갖고 있었고, 두 사람의 작품은 일부러 구분하지 않는 지경에까지 이르렀다. 그의 1982년 작이자 짙고 화려한 배경에 검은색 해골을 스프레이 페인트한 〈무제 Untitled〉는 순전히 예술성 때문에 경매 사상 최고가를 경신한 게 아니다.

사실 아무도 걸작에 가치를 부여할 수는 없으며 예술 작품을 보기만 해서는 그 가치를 산정할 수 없다. 큐레이터, 미술사학자, 화랑 주인, 딜러, 에이전트, 경매 회사, 수집가들로 구성된 보이지 않는 인맥, 즉 연결망을 살펴봐야 한다. 이들이 어떤 작품이 미술관에 걸릴지 결정하고 작품에 가격을 매기기 때문이다. 이런 인맥은 미술관 벽에 어떤 작품을 전시할지 결정할 뿐만 아니라 우리 같은 보통 사람이 줄 서서 볼 그림들을 정한다.

여기서 성공에 대한 책이라면 피해 갈 수 없는 주제에 도달한다. 성공은 집단적인 현상으로서 공동체가 개인의 성과에 보이는 반응으로 측정되기 때문에, 그런 현상이 일어나는 연결망 내부를 관찰하지 않고는 성공이라는 현상을 이해하기란 불가능하다. 연결망은 예술 같은 분야에서 특히 중요하다. 성과와 품질을 측정하기 어려운 분야이기 때문이다. 사실 탄탄한 인맥이 예술계에서의 성공을 결정하는 정도는 연결망을 연구하는 과학자인 내가 보기에도 놀랍다. 연결망은 어떻게 그 마법의 힘을 발휘할까? 우리는 어떻게 무가치에서 가치를 창출할까?

▲ ▲ ▲

1917년 마르셀 뒤샹은 뉴욕시에 있는 배관용품점에 들어가 욕실용품 판매대에 놓인 베드퍼드셔풍 소변기를 집어 들었다.[4] 반들반들한 사기 소변기를 사서 작업실로 돌아온 그는 소변기 뒤

쪽에 'R. 머트R. Mutt'라고 서명한 후 '분수Fountain'라는 제목을 붙여 예술 작품이라고 선언했다.

있어야 할 장소에서 벗어나 삐딱하게 전시된 그 소변기는 야릇하게 아름다웠지만, 심미적인 측면이 초점이 아니었다. 뒤샹은 서명한 소변기를 자신이 설립한 독립예술가협회Society of Independent Artists의 전시에 출품했다. 이 협회는 진보적인 사고를 표방하는 조직으로서 격조 있는 척하는 고리타분한 미술관의 엄격함을 타파하는 게 설립 목적임을 분명히 밝히고 있었다. 큐레이터들은 소정의 회비만 내면 전시에 참가하고자 하는 그 누구의 작품도 받겠다고 공언했다. 이 전시회는 역대 최대 규모였고, 예술성에 대한 어떤 평가도 배제한 채 거장의 작품과 무명 예술가의 작품을 같은 공간에 나란히 전시했다.

그러나 〈분수〉는 생각이 열려 있는 협회 큐레이터들도 감당하기 버거웠다. 뒤샹은 용도가 있는, 이미 만들어진 사물을 미술 전시회에 익명으로 출품했다. 당시에는 듣도 보도 못한 사건이었다. 뿐만 아니라 정말 무례하게도 소변기를 출품했다. 협회는 주저했고, 작품을 전시하지 않겠다고 했다. 그래서 〈분수〉는 시시한 종말을 맞았다. 알프레드 스티글리츠Alfred Stieglitz가 찍은 소변기 사진 한 장만이 남았을 뿐이다. 아마도 이 소변기는 20세기 초 쓰레기장에 던져져 온갖 잡동사니와 함께 산더미 같은 쓰레기에 파묻혀버렸을지 모른다.

그러나 뒤샹이 전하고자 한 메시지는 여전히 살아 있다. 그 소변기는 고상한 미술계의 면전에 들이대고 도발하는 행위였고, 이런 행위는 예술계 전체를 뒤흔들었다. 오늘날 많은 미술사학자들이 〈분수〉를 현대미술에서 가장 중요한 작품으로 손꼽는다. 얼마나 중요하게 여겼는지, 1997년 그리스 출신 수집가인 디미트리 다스칼로풀로스Dimitri Daskalopoulos가 이 작품에 무려 200만 달러를 지불할 정도였다.[5] 폐기 처분된 원작도 아니고, 50년 후에 뒤샹의 딜러가 선보인 17개 복제품 가운데 하나를 사는 데 말이다. 다스칼로풀로스는 "내 생각에 이 작품은 현대미술의 기원을 보여준다"고 말했다.

나도 그의 생각과 같다. 사람들은 〈분수〉가 아주 진지하고 짓궂은 농담이라고, 또는 엄숙한 예술에 대한 무례한 태도라고 주장한다. 아마 둘 다일지도 모른다. 물론 공장에서 대량생산한 그저 평범한 소변기에 불과하기도 하다. 그 이상도 그 이하도 아니다. 사물이 예술 작품이 되는 이유는 손으로 만들어서도, 심미적으로 보기 좋아서도 아니고 그 사물이 하나의 개념을 표방하기 때문이다. 감히 이런 진부한 얘기를 해도 될지 모르지만 '어떤 사람에게는 쓰레기가 또 다른 사람에게는 보물이다', '제 눈에 안경이다' 라는 말도 있다. 뒤샹은 바로 이런 개념을 행동으로 보여준 최초의 예술가다.

그는 또 다른 문제도 깊이 인식하고 있었다. 장엄한 미술관과 화랑들이 있지만 미술 세계는 작고 편협하며 끊임없이 변하는, 그들 나름의 가치를 지니고 있다는 사실 말이다. 소변기는 욕실용품에 불과할지 모르지만, 예술가의 서명과 타이틀을 달고 찬사를 받는 걸작들과 함께 나란히 화랑에 전시될 경우 갑자기 엄청난 의미가 부여된다. 가치를 평가할 때는 맥락이 중요하다.

〈분수〉는 품질과 성과가 본질적으로 존재하지 않는 분야에서 성공을 가늠하기가 얼마나 어려운지를 보여준다. 나도 미술품을 수집하는 사람으로서 표현에 신중을 기하고 있다. 그러나 예술에서 품질이란 존재하지 않는다는 말은 진심이다. 폄하하는 게 아니다. 나는 어느 도시를 여행하든 현대미술관을 둘러보고 화랑에 들른다. 그런데도 여전히 전시된 작품들에 붙은 엄청난 가격표를 보면 멈칫한다. 이런 가격표가 그 작품에 내재된 가치를 반영하지 않는데도 말이다. 예술 작품의 가치나 예술가의 성과를 객관적으로 판단할 방법이 없다는 게 엄연한 현실이다. 모든 형태의 예술, 즉 시, 조각, 소설, 심지어 엉망진창인 무용 공연도 본질적으로 가치를 매길 수 없다. 그렇다면 최근 수십 년 동안 수천만 달러 이상을 호가한 바스키아의 〈무제〉를 비롯해 수많은 다른 걸작들은 어떻게 봐야 할까?[6]

이 질문에 답하려면 렘브란트의 〈황금 투구를 쓴 사나이Man with the Golden Helmet〉를 보면 된다. 1980년대 중반까지만 해도 베를린에 있는 보데 박물관Bode Museum에 전시된 이 작품을 보러 미술 애호가들의 발길이 끊임없이 이어졌다. 박물관 바깥에서는 깃털로 장식한 번쩍번쩍 빛나는 투구를 쓰고 사색에 잠긴 남자가 그려진 엽서를 팔았다. 남자는 생각에 몰두한 듯 시선을 내리깔고 있다. 이 그림은 박물관에서 가장 인기 있는 작품이었고 이론의 여지없이 아름다웠다. 그런데 학자들이 〈황금 투구를 쓴 사나이〉가 렘브란트의 작품이 아니라 그의 주변에서 활동했던 무명의 네덜란드 미술가의 작품이라고 발표하자, 이 그림을 보려고 몰려들던 관중은 싹 사라졌다. 그림은 바뀐 게 아무것도 없다. 황금 투구를 쓴 남자는 여전히 화폭 위에 생생하게 그려져 있고, 눈길은 여전히 아래를 향하고 있다. 그런데 하룻밤 사이에 이 그림에 대한 관심이 사라지고 가치가 폭락했다. 이 난리법석을 기억하는 사람도 이제는 거의 없다.[7]

이와는 정반대 현상이 일어나기도 한다.[8] 레오나르도 다빈치가 그린 그리스도 그림은 그가 그렸다고 알려진 20점 남짓한 그림 중 하나로써, 2017년에 4억 5,000만 달러에 팔리면서 기록을 경신했다. 앞서 2005년에 아트 딜러들로 구성된 컨소시엄이 이 작품을 1만 달러에 못 미치는 가격에 구매하면서 소유주가 바뀌었다. 그런데 무엇 때문에 이렇게 가격이 치솟았을까? 2005년 당시에는 이 작품이 거장 다빈치가 아니라 그의 제자들 중 한 사람이 그린 것으로 알려졌었다. 걸작이든 졸작이든 똑같은 그림이다. 변한 것이라고는 맥락뿐이다.

역사상 가장 유명한 작품, 삼척동자도 아는 그 유명한 〈모나리자Mona Lisa〉도 허름한 사무실 벽에 걸렸던 시절이 있었다.[9] 모나리자는 루이 15세가 군림하던 때 왕실 소유 건물 관리자를 내려다보며 수줍게 미소를 띠고 있다. 어떤 미술사 책이든 펼쳐보면 이 그림이 미술계의 제왕으로 군림하는 이유를 정당화하는 내용이 실려 있다. 수수께끼같이 신비로운 미소, 다빈치의 독특한 기법, 역동적인 구도 등. 그런데 사실 한 세기 전까지만 해도 〈모나리자〉는 루브르 박물관에 전시된 수많은 고가의 그림들 중 하나일 뿐이었다. 1911년 벌건 대낮에 이 그림이 도난당했고, 이 그림을 훔친 도둑을 잡으려고 온 세상이 발칵 뒤집히고 나서야 누구나 알 만큼 유명해졌다. 뉴욕, 파리, 로마 등 세계 주요 도시에서 괴담이 퍼졌고 소설보다 더 소설 같은 일화들이 뒤를 이었다. 피카소가 공범으로 몰려 체포된 적도 있었다.

어느 날 자취를 감춘 후 2년 동안 벌어진 소동 덕분에 〈모나리자〉는 명실상부한 보물이 되었다. 이 그림이 나타나 판매된다면 15억 달러를 호가할 것으로 예상된다. 예술에 내재된 가치가 없다면 15억 달러라는 가격표는 어디서 오는 것일까? 바로 연결망이다. 예술 세계는 '성공의 제1 공식'을 그대로 보여준다.

성과는 성공의 원동력이지만, 성과를 측정할 수 없을 때는 연결망이 성공의 원동력이다.

앞 장에서 봤듯이 테니스 코트나 기업의 분기별 보고서 같은 척도가 있으면 성공의 원동력은 성과다. 프로 선수와 아마추어 선수를 나란히 놓고 비교해보면 금방 차이가 드러난다. 대중은 뛰어난 기량을 입증한 선수들에게는 사회적, 금전적 보상을 아끼지 않는다. 이따금 지나치다 싶을 정도로 말이다. 그러나 현대 미술 작품을 어린아이가 손가락으로 그린 그림 옆에 나란히 전시하면 어떤 이들은 두 그림이 똑같다고 투덜거릴지 모른다. 물론 나는 그 말에 동의하지는 않지만 일리가 있다. 어느 작품이 더 나은지 판단하기란 매우 까다로울 때가 있다.

우리는 맥락에서 단서를 포착하고 자신의 식견을 바탕으로 어림짐작한다. 어떤 그림은 주방 냉장고에 붙고 어떤 그림은 화랑의 벽에 전시된다. 작은 마을의 화랑에 걸리는 그림도 있고 뉴욕현대미술관에 걸리는 그림도 있다. 50달러에 팔리는 그림이 있는 반면, 500만 달러를 호가하는 그림도 있다. 뒤샹이 보여준 현실은 이렇다. 이런 단서들이 우리 인식을 규정하고 이해의 틀을 만들며 시장가격을 결정한다. 이제 연결망도 한몫한다는 점을 보여주겠다.

▲　▲　▲

지난 20년 동안 나는 유전학에서 경영에 이르기까지 수많은 영역에서 연결망이 작동하는 방식에 대한 자료를 축적해왔지만 최근까지만 해도 미술은 다루지 않았다. 미술 세계는 스위스 은행만큼이나 비밀스럽기 때문이다. 얼마나 비밀스러운지 심지어 미술계 내부자들, 한 미술가가 성공 가도를 달리도록 도와주는 일을 하는 바로 그 사람들조차도 특정한 작품이 주요 미술관에 전시되는 이유나 경매에서 아찔한 가격에 낙찰되는 이유를 잘 알지 못한다.

다행히도 비밀을 풀어줄 데이터라는 병기가 있다. 나는 노스이스턴대학교 네트워크 과학연구소Network Science Institute의 젊은 교수 크리스 리들Chris Riedl과 그의 밑에서 박사 후 과정 연구원으로 일하는 샘 프레이버거Sam Fraiberger의 연구실에 들러, 티셔츠 판매에 대한 크리스의 연구에 대해 자세히 들을 기회가 있었다. 그런데 대화가 끝나갈 무렵 그가 한 말을 듣고 귀가 쫑긋해졌다. 샘이 미술 세계와 관련된 방대한 데이터에 접근할 수 있다고 했기 때문이다.

조각가가 되고 싶었던 나는 고등학교 때부터 미술에 심취했다. 열네 살 때는 트란실바니아의 카르파티아산맥에 자리 잡은 르네상스 시대의 유적인 라자르 성Lazar Castle에서 한 달 동안 예술가의 보조로도 일했다. 그렇게 오래전부터 나는 연결망과 빅데이터를 통해 예술을 탐구해보고 싶었는데, 샘에 따르면 정말로 그런 데이터가 있었다.

1980~2016년 사이에 활동한 대략 50만 명 미술가들의 경력을 담은, 말 그대로 엄청나게 방대한 빅데이터였다. 35년이라는 기간에 걸쳐 세계 1만 4,000개 화랑과 8,000개에 이르는 미술관에서 개최된 수십만 건의 전시회에 대한 자세한 내용이 담겨 있었다. 같은 기간 동안 경매에서 낙찰된 300만 점의 미술품에 대

한 정보도 포함되어 있었다. 이 데이터는 뉴욕에 사는 독일인 미술사학자 마그누스 레슈Magnus Resch가 제공해주었다. 그는 미술 애호가들이 화랑과 미술관에 전시된 작품들을 식별하고 가격을 매기는 데 도움을 주는 애플리케이션 '마그누스'를 개발했다.

마그누스 데이터를 이용하면 미술가를 검색해서 그의 일대기를 살펴볼 수 있다. 나는 마크 그로찬Mark Grotjahn에 대해 알고 싶었다.[10] 그는 미술계에서는 이례적인 일을 함으로써 최근 〈뉴욕타임스〉에 이름을 올린 추상화가다. 그는 아트 딜러들을 통하지 않고 직접 자기 경력을 쌓는 데 적극적으로 나섰고 자기 작품의 가격도 직접 매겼다. 미술계에서는 금기였지만 적어도 그의 경우에는 매우 효과적인 전략이었다.

마그누스의 데이터를 이용해 나는 그로찬만 따로 살펴봤는데, 그가 채택한 전략을 통해 가격이 급격히 상승하는 광경을 목격했다. 그로찬은 두 번째 개인 전시회에서 겨우 그림 한 점을 팔았다. 그것도 1,750달러에. 첫 개인 전시회에서는 한 점도 팔지 못했다. 그러나 2000년대 중반에 들어 그는 매우 공격적으로 전시회를 열기 시작했고, 이는 판매 급증으로 이어졌다. 그리고 현재 최고가에 낙찰된 그의 그림은 2017년 뉴욕 크리스티 경매회사가 주최한 경매 행사에서 1,700만 달러에 팔린 그림이다.

이런 내용은 마크 그로찬에게 관심이 있고 그의 작품의 가치가 어느 정도인지 궁금한 사람에게는 아주 유용한 정보다. 그러나 오늘날의 그를 있게 한 요인들을 알고 싶다면 개인적인 경력을 넘어 그의 성공에 기여한 보이지 않는 연결망에 주목해야 한다. 이 연결망은 그로찬에게만 중요한 게 아니다. 미술가라면 성공하기 위해 연결망의 도움을 받아야 한다.

미술계에서 특정한 작품에 가치를 부여하는 일에는 여러 가지 요인들이 관여한다. 미술가는 특정한 화랑이나 미술관과 맺고 있는 관계에서 권위를 얻고,[11] 이런 기관들의 권위는 그들이 대표로 내세우거나 전시하는 미술가가 얼마나 중요한 인물인지를 바탕으로 결정된다. 다시 말해 미술가와 전시 기관들은 공생 관계이고, 그 관계는 서로에 대한 신뢰를 바탕으로 한다. 미술가는 권위 있는 화랑에서 전시회를 여는 일보다 더 바라는 게 없으며, 화랑은 인정받는 미술가를 유치하는 능력에 따라 성패가 갈린다. 즉 미술계에서 권위는 그것이 가치 있는 만큼 주관적으로 결정된다는 뜻이다. 그리고 가치에는 유형, 무형의 요인들이 영향을 미친다. 상충하는 수많은 이해관계와 엄청난 거액이 오고 간다.

마그누스 데이터 덕분에 우리는 미술계에서 영향력을 발휘하는 수백만 건의 암묵적인 거래를 관찰하고 분석할 수 있었다. 약 50만 명에 이르는 미술가들의 전시 경력을 재구성함으로써 우리는 누구나 탐내는 기관에서 전시회를 열게 해주는 연결망을 밝혀냈다. 미술가들이 화랑과 미술관들 사이에서 이동하는 경로들을 추적하면 보이지 않는 연결 고리를 발견할 수 있는데, 예를 들어 한 미술가가 A 미술관에서 전시회를 한 다음 B 화랑으로 옮기면 두 기관은 서로 연결되는 식이다.

기관들 간의 연결망을 살펴보는 게 중요한 이유는 큐레이터들은 자기가 내린 판단을 남들이 인정해주길 바라기 때문이다. 한 화랑이 보기에 직관이 뛰어나다고 생각하는 다른 기관들이 어떤 미술가의 작품을 전시하면 그 화랑은 그 미술가의 작품을 사들일 가능성이 훨씬 높다. 따라서 작품이 A에서 B로 팔리는 현상은 단순한 거래가 아니다. 팔리기 전에 화랑 주인과 큐레이터들이 수없이 조사하고 심사숙고하고 가치를 평가하는 작업이 선행된다.

분석 결과 우리는 미술 작품이 어떻게 이동하는지를 포착한 지도를 그려냈다.[12] 몇 개의 주요 중심축이 소수 기관을 대표했고 이 기관들은 엄청나게 많은 기관들과 연결되어 있었다. 연결망의 중심축은 예외 없이 미술계의 큰손인 화랑과 미술관들이었다. 뉴욕에 있는 현대미술관MoMA, Museum of Modern Art, 구겐하임 미술관Guggenheim Museum과 가고시언 갤러리Gagosian Gallery가 큰 축을 형성하고 그 뒤를 페이스 갤러리Pace Gallery, 메트로폴리탄 미술관Metropolitan Museum of Art, 시카고 미술연구소Art Institute of Chicago, 워싱턴 D.C.에 있는 내셔널 갤러리 오브 아트National Gallery of Art가 바싹 추격하고 있었다. 모두가 미국에 있는 전시 공간들이다. 이 기관들은 테이트Tate, 퐁피두 센터Centre Pompidou, 레이나 소피아Reina Sofia 같은 유럽의 기관들과 밀접하게 연결되어 있다.

당신의 작품이 이런 중심축을 구성하는 기관들 중 한 곳에 전시되면 돌고 도는 성공의 회전목마에 올라탄 셈으로, 다른 주요 기관들을 순회하며 순탄하게 전시회를 열게 된다. 하늘 높은 줄 모르는 가격에 작품을 파는 것도 따놓은 당상이다. 이런 중심축들을 관통해야 미술가로 성공한다. 즉 주요 화랑이나 미술관에 작품을 전시하면 미술계에서 슈퍼스타 지위를 보장받는다.

그런데 미술가들이 성공하기까지의 경로를 면밀히 추적해보니 미술가를 스타덤에 오르게 한 화랑들은 소수였다. 대부분의 화랑과 미술관은 구성원들의 관계가 아주 밀접한 공동체의 일부로서 자기들끼리 인맥을 쌓느라 바빴지, 중심축과는 거의 연결되어 있지 않았다. 당신이 이처럼 '외딴 섬'을 구성하는 화랑들 중 한 곳과 협업하면 이 섬에 속한 다른 기관들이 당신에게 문을 열어주고, 그렇게 되면 당신은 그 섬에 있는 다른 모든 화랑에 쉽게 접근하게 된다. 하지만 그 섬에 갇힐 수도 있다. 그 섬의 어느 화랑도 당신을 주요 거래가 성사되는 대륙으로 데려다주지는 않는다.

나는 이 지도에서 성공으로 가는 경로가 몇 군데밖에 없다는 사실을 깨닫고 참담한 기분이 들었다. 연구 결과를 살펴보면서 고립된 섬 같은 수많은 동유럽 화랑들에서 전시회를 하는 재능 있는 친구들이 떠올랐다. 문득 나는 그들이 끼리끼리 어울리는 무자비한 미술 업계로부터 소외당하고 외딴 섬에 갇혀 있다는 사실을 깨달았다.

연결망의 중심축이 어디에 있는지 알고 나면 뉴욕, 런던, 파리로 가기만 하면 성공하리라고 생각하기 쉽다. 그러나 우리가 만든 연결망 지도를 보면 성공은 단순히 지리적 위치로 결정되지 않는다. 유명한 중심축들은 주로 자기들끼리 교류한다. 거리가 아무리 멀어도 말이다. 뉴욕 현대미술관이나 가고시언 갤러리에서 엎어지면 코 닿을 거리에 있는 작은 규모의 화랑들은 이런 거물급 기관들과 연결되어 있지 않다. 게다가 주요 화랑들의 연결망 바깥에 있는 어느 화랑에서 미술가로서 첫발을 내딛는 미술가는 처음 발을 내디딘 바로 그 소규모 화랑들 사이에서 왔다 갔다 할 뿐이다. 구겐하임 미술관 바로 옆에 있는 화랑에서 작품을 전시한다고 해도 화려한 중심축으로 당신을 데려다줄 경로를 찾기는 불가능할지도 모른다.

한때 세계에서 가장 수익이 높은 미술가였던 앤디 워홀은 이런 사실을 가장 먼저 깨달았다. "미술가로 성공하려면 권위 있는 화랑에서 전시회를 열어야 한다. 크리스티앙 디오르Christian Dior가 손수 만든 명품을 대형 마트인 울워스Woolworth 판매대에서 절대로 팔지 않은 것과 똑같은 이치다."[13] 미술계에서 성공하려면 공생 관계를 잘 이용해야 한다. 앞서 살펴봤듯이 성공은 본질적으로 선순환 구조로서, 화랑들은 거물급 미술가들을 내세워 자신도 유명해지고 거물급 미술가들은 평판이 높은 화랑에 자기 작품을 선보임으로써 명성을 얻는다. 교묘하지 않은가?

미술 세계의 지저분하지만 공공연한 비밀이 있다. 일단 성공한 미술가는 계속 성공한 상태를 '유지해야' 모두에게 이득이 된다. 수집가가 어떤 미술가의 작품에 100만 달러를 지불하면 해당 작품이 앞으로도 적어도 그만큼의 가치를 유지해야 수집가, 미술가, 화랑 모두에게 이득이 된다.

화랑은 수집가 없이는 생존하지 못한다. 미술관도 마찬가지다. 수집가들은 미술관의 이사회에 이름을 올리고 중요한 작품들을 기관들에 기부해서, 개인적으로 소장한 작품을 그린 미술가가 대중에게 노출되도록 한다. 그리고 수집가들은 다른 수집가들에게도 영향을 미친다. 당신의 작품이 경매에 나왔는데 팔리지 않을 기미가 보이면 당신이 소속된 화랑이나 당신 작품을 소장한 수집가는 그 작품을 도로 사들인다. 심지어 서로 경쟁적으로 입찰해 원하는 가격에 낙찰되도록 하는 경우도 있다.

만일 아무도 당신의 작품을 사려 하지 않는다면 어떨까? 정상적인 경제 구조라면 화랑들은 손해를 만회하기 위해 작품의 가격을 내릴 것이다. 그러나 미술계는 그렇지 않다. 화랑 출입문에 '30% 세일'이나 '몽땅 세일'이라는 광고가 붙어 있는 걸 본 적이 있는가. 화랑은 팔리지 않는 작품들을 붙들고 끝까지 버틴다. 즉 가격이 오르기만 하는 피라미드 구조다. 특정 작품의 질을 가늠할 척도가 존재하지 않고 작품의 내재적인 가치를 측정할 객관적인 방법이 없기 때문에 이런 구조가 작동한다. 임금님은 벌거벗은 적이 결코 없다. 재능, 창의력, 아름다움 그런 것은 잊어라. 〈황금 투구를 쓴 사나이〉에서 아래로 내리깐 남자의 아름다운 눈길이 하룻밤 사이에 잊혔듯이, 미술계 내부자들은 이런 요소들을 경시한다. 미술에서 가치는 연결망이 만든다. 다빈치의 〈모나리자〉에서 바스키아의 〈무제〉에 이르기까지 어떤 작품이든 연결망이 없다면 여느 집 차고에서 떨이로 파는 잡동사니 세일에서나 팔릴 물건일 뿐이다.

미술계에 성과를 측정할 척도는 없지만 그렇다고 질서가 없지는 않다. 미술 시장에 나타나는 유형들을 보면서 이 프로젝트를 시작할 때는 가능하다고 생각지도 못했던 일을 하게 되었다. 우리는 마치 점쟁이처럼 어떤 미술가의 운명도 예측할 수 있었다. 그 미술가가 연결망의 주변에서 시작하든, 핵심부에서 시작하든 관계없이 말이다. 한 미술가가 처음 다섯 차례 전시회를 연 곳들을 입력하면 앞으로 수십 년 동안 그 미술가가 밟을 경로를 정확히 그려낼 수 있다. 실제 데이터에서와 마찬가지로 시뮬레이션에서도 일류 미술가들은 최고 권위를 자랑하는 기관에서 계속 작품을 전시했다. 반면에 주변부에서 시작하는 미술가들은 대체로 지역에서만 성공했고 답답할 정도로 아주 조금씩 앞으로 나아갔다.

우리가 어떻게 그런 예측을 할 수 있었을까? 미술에서는 성과를 측정할 수 없다는 바로 그 이유 때문이다. 작품 자체로는 우열을 가릴 방법이 없기 때문에 연결망이 그 역할을 맡아 가치를 매긴다. 어찌 보면 이는 1장에서 제시한 전제조건을 잘 보여준다. 성공은 당신 혼자만의 성과가 아니라 우리가 함께 이루는 성과라는 조건 말이다. 연결망은 당신의 성과에 대해 집단이 보이는 반응을 널리 전파한다.

이 모두를 염두에 두고 내가 좋아하는 젊은 미술가들에 대해 생각해보니 정말 걱정스러웠다. 특히 10년 넘게 알고 지낸 트란실바니아의 미술가인 내 친구 보톤드 레세흐Botond Részegh는 더욱 그렇다. 그는 내 책《버스트Bursts》에 수록된, 과학과 역사 이야기를 엮은 환상적인 삽화를 그려주었다.[14] 나는 예전부터 그의 그림을 정말 좋아했고 몇 점은 우리 집에도 걸려 있다. 그의 경력을 지도에 입력하면 암울한 전망이 나와야 한다. 그의 전시회는 대부분 연결망의 주변부에 있는 화랑에서 열렸기 때문이다.

그런데 이는 그가 일부러 선택한 길이었다. 수년 전 그는 루마니아 최고 명문 미술학교에서 가르칠 기회를 제안받았다. 그러나 그는 그와 내가 태어난 고향인 트란실바니아의 마을 시크세레다로 돌아가 작품 활동에 여생을 바치겠다는, 어처구니없어 보이는 선택을 했다. 그가 미술 세계의 휘황찬란한 중심부에서 더할 나위 없이 멀어진 까닭은 바로 이런 선택 때문이었다.

내 친구 같은 미술가도 성공할 수 있을까? 우리는 다시 데이터를 살펴봤다. 그처럼 연결망 주변부에서 출발했지만 그럼에도 불구하고 성공한 미술가가 있는지 말이다. 결과는 있었다. 약 50만 명 중 227명이 3류 기관에서 미술가로서 첫발을 내디뎠지만 최고 권위를 자랑하는 회전목마에 올라탔다. 그들은 밑바닥에서 시작했지만 철옹성을 뚫고 정상에 올랐다. 그들의 성공에 기여한 요인들이 궁금했던 우리는 몇 주에 걸쳐 샅샅이 자료를 살펴보면서 그들의 이력이 미술 세계의 규범과 어떻게 다른지 파악하려고 애썼다.

그들 하나하나의 여정은 독특했지만, 집단으로 살펴보니 이 227명 미술가들의 이력에는 이례적인 유형 몇 가지가 공통적으로 나타났다. 그들은 초창기에 급부상했다. 뛰어난 테니스 선수들이 순위가 급상승한 현상과 똑같았다. 최상위에 오른 선수들은 보통 첫 20차례 토너먼트에서 두각을 나타냈다. 테니스에서의 최고 기량은 천천히, 점진적으로 향상됨으로써 달성되지 않았다. 테니스에서 최상위에 도달하고자 하는 젊은 선수들은 이미 뛰어난 기량을 갖춘 상태에서 입문해 경기에 참가하는 족족 이겼다.

미술에서의 기량은 측정할 도리가 없으므로 이 227명의 미술가들이 급부상하리라고 예측할 수 있는 요인을 찾아내는 게 문제였다. 한 가지 요인이 있긴 했다. 그들은 쉬지 않고 집요하게 전시장을 찾아 헤맸다. 데이터를 보니 그들은 똑같은 화랑에서 되풀이해 전시하는 편안하고 쉬운 길을 거부했다. 그 대신 그물을 멀리 던져 다양한 장소에서 평판도 제각각인 기관들에서 작품을 전시했다.

우연인지 의도한 바인지는 모르지만, 그들이 손을 뻗은 화랑들 중에는 미술 세계의 중심부로 가는 경로에 있는 중간 기착지인 화랑들이 있었다. 다시 말해 그들이 미술계에서 성공한 비결은 야심이 대단했고 열성적으로 전시관을 찾아 헤맸기 때문이었다. 그들은 몇몇 전시 공간에만 고집스럽게 매달리지 않고 어떤 선택지가 있는지 샅샅이 훑었고 폭넓게 주어진 기회를 십분 활용했다.

이 사실을 알고 나니 갑자기 내 친구의 미래가 밝아지는 듯했다. 그는 화폭에 붓질을 하는 재능과 더불어 만나면 금방 호감이 가고 믿음직한 인상을 주는 사람이었다. 그래서 한번 만나면 금방 친해질 뿐만 아니라 자기 집 열쇠를 건네줄 만큼 믿게 된다.

실제로 그는 인맥을 쌓는 데 타고난 재능을 보였다. 그는 자기 역량을 강화하기 위해 남보다 두 배의 노력을 기울였다. 직접 비영리 화랑을 경영하면서 뛰어난 미술가들의 작품을 전시하고, 그들과 그들을 대표하는 큐레이터와 화랑 주인들과도 인맥을 구축했다. 무엇보다도 그는 재정적인 사정이 허락하는 한도 내에서 여행을 자주 다녔다. 도시에서 멀리 떨어진 오지에 사는 친구 집에서 신세를 지며 소수 정예만 소속된 사교계에 누가 드나들지 결정하는 사람들과 친분을 쌓았다.

이런 성품 덕분에 그는 불가능한 일을 해냈다. 적어도 우리가 만든 지도에서는 그렇게 보인다. 트란실바니아에 있는 외딴 마을에서 그린 그의 그림은 이제 뉴욕의 권위 있는 화랑에 전시된다. 어떻게 해냈냐고? 그가 정성스럽게 물감을 칠하는 화폭(차분한 색감으로 그린 희미하고 커다란 이미지)은 그저 관문을 통과할 입장권에 불과하다는 사실을 그는 잘 알고 있었기 때문이다. 미술계의 연결망을 돌아다니며 폭넓게 사람들과 교류하고 많은 이들과 인맥을 쌓는 일은 그의 몫이었다.

오가는 발길이 많아서 닳고 닳은 길을 따라가려고 애쓰다 절망하기 쉽지만, 사회적 연결망과 전문 분야의 연결망(단순히 지리적인 요인뿐만이 아니다)이 그 사람의 성공을 결정하는 요인임을 기억할 필요가 있다. 연결망에는 기회가 널려 있다. 막강한 중심축이 그 연결망을 틀어쥐고 있기 때문이기도 하지만 인맥 쌓는 데 탁월한 재능을 발휘하는 사람들이 있기 때문이기도 하다. 연결망을 이용하는 주체들은 그들의 인맥을 이용해 기꺼이 다른 사람들의 뒤를 봐주고, 자기가 가치 있다고 여기는 명분을 추진한다. 그들은 사회적 연결망에서 다른 사람들이 놓치는 기회를 잘 포착한다. 그런 사람들과 엮이면 된다.

명심하라. 성과를 인정받으려면 기회를 잡아야 한다. 정상에 도달하려면 밑바닥부터 악착같이 기어 올라가야 한다는, 너무나도 흔한 선입견을 버릴 필요가 있다. 모든 전문 분야가 테니스처럼 성과를 측정하기 쉽다면 그런 방법이 통할지 모른다. 그러나 기업에서 승진하려면 자기가 맡은 일에서 최고의 기량을 발휘한다는 걸 입증해야 한다. 명당자리에 있는 사무실을 얻거나 권위 있는 화랑에서 전시를 하거나 절실히 바라던 면접을 보려면 기회를 잡아야 한다.

어떻게 잡아야 할까? 회사에서 타고 오르는 사다리가 아닌, 사회를 연결하는 다리를 이용하라. 혼자서 일하는 사람은 없다.

혼자서 해냈다고 생각할 뿐이다. 우리가 집단에서 규정하는 성공을 하려면 우리가 이룬 성과가 다른 사람들에게 영향을 미치는 방식들에 대해 생각해야 한다. 저 상층부에 있는 세상을 우리집 현관으로 끌어오려면 우리를 궤도에 신속히 진입시켜줄 중심축을 찾아내 그들에게 손을 뻗어야 한다.

출발하는 시점부터 정상에 오르겠다는 야심을 품어야 한다. 아이비리그 응시자들과 기량이 뛰어난 테니스 선수들이 바로 그렇게 한다. 미술계 거물들이 바로 그렇게 한다. 인맥 쌓는 능력이 뛰어난 사람들이 그렇게 한다. 어느 분야든 상관없이 성공하려면 연결망을 이용하는 데 통달해야 한다. 성공의 제1 공식이 성과를 측정하기 어려울수록 성과는 덜 중요하다는 것임을 기억하라.

그렇다면 성과를 측정하기란 얼마나 어려울까? 제1 공식을 조사하면서 나는 일부러 성공이라는 게임 양극단에 위치한 분야에 집중했다. 성과가 흠잡을 데 없이 정확하게 측정되는 개인 스포츠와 성과를 측정하기가 불가능한 시각예술을 비교했다. 대부분의 전문 분야들은 이 양극단 사이 어디쯤 위치하므로 성공에 기여한 변수를 딱히 꼬집어낼 수 없다. 당신이 변호사, 세일즈맨, 교사, 투자은행가라면 성과와 연결망 둘 다 중요하다. 직종에 따라 정도의 차이는 있겠지만 말이다.

다음 장에서는 바로 이 중간 지대에 위치한 영역에 대해 집중적으로 논하겠다. 월등한 성과를 내는 이들을 규명하고 보상할

단일한 척도가 없을 때 우리는 무의식적으로 여러 가지 척도를 이용해 질적, 양적으로 평가한다. 한마디로, 우리는 최선을 다해 판단을 내린다. 문제는 최선을 다해 판단해도 늘 실패한다는 점이다.

제
2
공
식

성공 $+ \alpha = \infty$

THE FORMULA

THE
SECOND
LAW

성과를 내는 데는
한계가 있지만,
성공은 무한하다.

우리의 선택에 영향을 미치는 숨은 요인들을 소개한다. 전문가
가 최고의 와인이나 가장 뛰어난 바이올린 연주자를 선정하는
데 실패할 수밖에 없는 이유를 설명한다. 또한 타이거 우즈가 경
기장에 있을 때 다른 선수들이 기량을 제대로 발휘하지 못하는
이유와 마지막으로 면접을 본 사람이 항상 채용되는 이유를 알
려준다.

4.
와인 한 병의 가치
결정을 내리기가 불가능할 때는 어떻게 결정하는가

와인 시음장에 티끌 하나 없이 닦인 유리잔이 형광 불빛 아래서 반짝인다. 감정사들이 모여 있는 테이블 위에 번호를 매긴 와인들이 진열된다. 와인 병의 몸체는 검은색 플라스틱으로 감싸 수려하게 디자인된 라벨을 가렸다. 라벨을 가린 와인들이 순서대로 잔에 채워진다. 황금빛이 어른거리는 로제나 짙은 버건디 또는 옅은 호박색의 와인들이 찰랑거리며 임상실험실같이 을씨년스러운 주변 환경을 화사하게 밝힌다.

감정사들은 와인이 든 잔을 들어 올려 빙글빙글 돌려 바디body를 살펴본 후 향을 맡고 시음한다. 그들은 눈썹을 찌푸리고 특정한 품종임을 알려주는 미묘한 맛을 감지해내려 애쓴다. 그런 다음 들고 있던 평가서에 뭔가를 적어 넣기도 하고 해당 난에 표시를 하기도 한다. 이따금 한 모금 더 마시기도 한다. 그들은 마치 과학자와 같은 진지한 태도로 와인의 맛과 품질을 평가하는 일에 임한다.[1]

60대 후반의 밥 호슨Bob Hodgson은 바로 이런 세계에서 일하고 있다. 짧게 다듬은 흰 턱수염에 테가 가느다란 안경을 쓴 그는 말투가 부드러운 와인 제조업자다.[2] 그는 술의 신 디오니소스를 헌신적으로 섬기는 시종이라기보다는 연구논문을 쓰는 대학교수처럼 보인다. 실제로 그는 대학에서 교수로 일했었다. 해양학 연구에 평생을 바치고 은퇴한 후 캘리포니아에 있는 포도농장 소유주로 변신했다. 그런데 그는 경진대회에 출품한 자신의 와인들에 대한 품평이 들쭉날쭉한 데 놀랐다. 그가 제조한 1993년산 진판델Zinfandel은 한 경진대회에서는 금메달을 땄는데 다른 경진대회에서는 예선에서 탈락했다. 그가 제조한 레드와인을 완전히 무시하는 감정사도 있었고 애호하는 감정사도 있었다. 그가 가장 좋아하는 샤르도네Chardonnay가 가까스로 결승에 오르는가 하면, 그저 그런 메를로Merlot가 최고상을 거머쥐기도 했다. 왜 그런지 궁금해진 그는 직접 감정사가 되기로 했다.

그러나 결국 호슨은 감정사에서 물러나고 말았다. 매번 종잡을 수 없는 결과가 나오자 스스로 감정사로서 자질이 없다는 결론에 도달했기 때문이다. 다행히 그의 포도농장은 동료 제조업자들이 좋은 평가를 내려주었기에 성공할 수 있었지만, 그는 와인 평가 절차에 결함이 있다는 불편한 마음에서 벗어날 수가 없었다. 많은 게 걸린 문제였다. 창고에 켜켜이 쌓여 있는 와인 상자들의 운명을 좌우할 문제였다. 그러나 아무리 봐도 경진대회의 결과는 전혀 일관성이 없었다. 굳이 일관성을 찾는다면 결과가 일관성이 없다는 일관성이었다. 결국 과학자 기질이 발동한 그는 의구심을 해소하기로 했다.

캘리포니아주 와인 경진대회는 북미 지역에서 가장 오래되고 가장 권위 있는 대회로 손꼽힌다. 금메달을 딴 와인 양조장은 그들이 제조하는 와인 가격을 올릴 수 있었고 경쟁이 치열한 시장에서 생존할 가능성이 상당히 높았다. 호슨은 궁금했다. 도대체 감정사들이 얼마나 정확하고 일관성 있게 탁월한 와인을 식별해낼까? 이 경진대회의 자문이사회에서 일한 그는 동료 이사들에게 실험을 하게 해달라고 요청했다.

2005년도 감정단이 꾸려졌을 때 겉으로 보기에는 모두들 그동안 따라온 원칙을 그대로 따랐다. 각 와인의 단맛, 신맛, 떫은 맛, 과일 향, 바디 등을 평가하고 꼼꼼하게 기록한다. 향을 맡고, 홀짝거리고, 입안에서 굴려보고, 뱉어낸다. 그러나 이번에는 심사할 때 뭔가 다른 점이 있었다. 호슨의 실험을 위해 감정사들은 똑같은 와인을 반복해서 시음했는데, 시음 전 과정에 걸쳐 똑같은 와인을 무작위 순서로 세 차례 제공받았다. 그러자 호슨이 의심했던 와인 감정의 문제가 명백히 드러났다.

한 감정사는 첫 시음에서 최저 등급인 80점을 주었는데, 잠시 후 그 와인을 다시 시음했을 때는 90점이라는 우수한 점수를 주었다. 똑같은 와인을 세 번째로 제공받았을 때도 알아차리지 못하고 금상을 수상할 만한 점수인 96점을 주었다. "감정사들은 똑같은 와인에 전혀 다른 점수를 매겼다"라고 호슨은 회상했다. 그는 와인 경진대회에서의 수상 여부는 거의 운에 달렸다는 결론을 내렸다.

▲ ▲ ▲

지구상에서 가장 빠른 인간 우사인 볼트는[3] 요한 블레이크와 타이슨 게이보다 겨우 0.11초 빠르다. 이런 미세한 차이는 쟁쟁한 경기에서 사용하는 정교한 시계와 비디오 녹화로만 식별 가능하다. 만일 볼트와 내가 승부를 겨루면 내 기록은 웃음거리가 되겠지만, 그와 내가 보인 속도의 차이는 사실 그다지 크지 않다. 볼트는 나보다 두 배가 채 못 되는 속도로 달린다. 100배도 아니고 10배도 아니다. 그가 속도를 높이는 데는 물리적 한계가 있기 때문이다. 과학에서는 이를 변동폭이 무한대가 아니라는 의미로 '유계bounded'라고 한다.

 뛰어난 달리기 선수들은 대부분 상한선 가까이 있다. 어떤 이들은 상한선에 너무 근접해서 정교한 도구를 쓰지 않고는 이들 중 누가 가장 빠른지 측정하기가 불가능하다. 키가 크고 작음이나 속도가 빠르고 느림을 구분하기는 쉽지만 키가 큰 사람들, 속도가 빠른 사람들, 그랑 크뤼grand cru(최고 품질의 부르고뉴 와인-옮긴이)들의 우열을 가리기는 훨씬 어렵다.

호슨이 포착한 문제의 원인은 아주 간단하다. 감정사들이 경진대회에서 시음하는 와인들은 대체로 뛰어난 와인이다. 대부분의 경진대회는 바로 이것이 문제다. 우사인 볼트의 육상경기와 호슨의 와인 경진대회는 달성 가능한 성과에는 한계가 있다는 사실을 보여준다.

너무 추상적으로 들릴지 모르지만 내 전문 분야인 계량적 세계에서 이는 정확한 의미를 지닌다. 인간이 보이는 성과는 정규분포곡선Bell Curve 형태를 따른다는 뜻이다.[4] 신장이나 지능지수 분포를 나타낼 때 사용되는 정규분포곡선은 꼭대기가 완만한 경사를 이루고 양쪽 끝으로 갈수록 점점 얇아진다.

정규분포곡선은 인간들 간의 차이를 포착하고 확률의 분포를 보여준다. 예컨대 대부분 사람들의 신장은 평균치로서 정규분포곡선 정상 근처에 위치하고, 아주 단신이거나 아주 장신인 사람

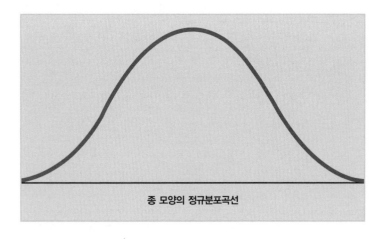

종 모양의 정규분포곡선

은 양쪽 끝에 위치한다. 정규분포곡선의 평균에서 멀어질수록 키가 작거나 큰 사람이 발생할 확률은 급격히 떨어진다. 이례적으로 키가 큰 사람은 아주 드물다는 뜻이다. 정규분포곡선은 속도에도 적용되므로 페라리와 속도 경쟁을 할 달리기 선수는 절대로 없다. 우사인 볼트, 타이슨 게이, 요한 블레이크 같은 최고 기량의 선수들도 정규분포곡선의 가장 끝부분인 최상위의 한계를 벗어나지 못한다.

믿기 어려울지 모르지만 성과에 한계가 있다는 한 가지 사실만으로도 대부분의 스포츠에서 앞으로 나올 결과를 예측할 수 있다.[5] 몇 년 전 인디애나대학교에서 성공의 과학을 연구하는 필리포 라디키Filippo Radicchi 부교수가 1896년으로 거슬러 올라가 올림픽 기록의 역사를 살펴보고 기록의 향상은 정규분포곡선 형태를 띤다는 사실을 발견했다. 이 사실만으로 그는 미래의 올림픽 기록을 예측할 수 있었다. 예를 들면 그는 2012년 올림픽 경기가 열리기 전에 남자 100미터 달리기 최고 기록은 9.63초, 오차범위를 0.13초라고 예측했다. 아니나 다를까, 우사인 볼트는 정확히 9.63초를 찍으면서 기록을 경신했다. 라디키는 여성 우승자도 예측했는데, 10.73초에 오차범위 0.2초를 예상했다. 셸리-앤 프레이저-프라이스Shelly-Anne Fraser-Price가 보인 10.75초는 라디키가 제시한 오차범위를 벗어나지 않았다.

성과의 범위는 제한되어 있기 때문에 인간의 궁극적인 한계를 상당히 정확하게 예측할 수 있다. 라디키는 100미터 달리기에서 인간이 도달할 수 있는 가장 빠른 한계치는 8.28초라고 한다. 단거리 경주에서 인간이 도달할 수 있는 상한선이다. 현재 세계기록은 그 수치에 겨우 1.5초 못 미친다. 초인적인 기량을 발휘하게 해주는 기술을 개발하거나, 유전공학적으로 새로운 선수들을 만들어내거나, 선수들에게 약물을 대량 주입하지 않는 한 그보다 더 빨리 달릴 수 있는 사람은 나오지 않는다.

성과에 한계가 없다면 매번 새로운 선수들이 나타나 기존의 기록을 다 깨버릴 것이다. 그러나 그렇지가 않다. 일정한 지점을 넘어서면 경쟁자를 물리치기가 불가능해진다. 이를 깨달으면 인간은 겸허해진다. 당신이 아무리 훌륭한 외과의사라도, 아무리 뛰어난 엔지니어라도, 아무리 건반 위를 자유자재로 오가는 천재 피아니스트라도 당신 못지않은 기량을 지닌 사람들이 있기 마련이다. 학비 수십만 달러를 들여 명문 학교에 다니고 전공 분야에서 최상층부에 도달하려고 수천 시간을 쏟아붓는다고 해도, 일단 정상에 올랐을 때 당신을 기다리고 있는 것은 전망이 탁 트인 광활한 황무지가 아니다. 당신과 비슷한 재능과 경험과 학력을 갖췄고, 당신 못지않게 동기 유발이 되어 있으며, 열심히 노력하는 사람이 적어도 몇 명은 시야에 들어온다. 당신의 성과는 다른 사람들의 성과와 비교 측정되고, 그 숫자는 당신의 전문 분야에서 달성 가능한 한계를 시사한다. 그리고 정상에 다다른 이들은 아무리 노력해도 기량이 향상되지 않고 성과의 한계치에 계속 부딪힌다.

여기서 중요한 의문이 생긴다. 주위에 온통 뛰어난 경쟁자들만 있다면 그들의 우열은 어떻게 가릴까? 측정이 불가능할 때는 어떻게 판단해야 할까?

▲　▲　▲

와인 경진대회 감정사들은 경험이 부족해서, 준비가 안 돼서, 또는 철저하지 못해서 실수하는 게 아니다. 그들이 시음하는 와인이 죄다 훌륭한 와인이기 때문이다. 장인이 경영하는 소규모 포도농장에서 만든, 한 병에 200달러짜리 피노 누아Pinot Noir와 갤런통에 든 요리용 와인을 나란히 놓고 시음한다면 와인에 문외한인 나도 쉽게 우열을 가릴지 모른다. 그러나 섣달그믐날 파티에 쓸 좋은 샴페인 한 병을 고른다면, 이런 말하기 싫지만 가격표만 보고 선택할 가능성이 높다. 내게는 막상막하의 우열을 가릴 만한 뛰어난 미각이 없기 때문이다. 그러나 호슨에 따르면 전문가들도 마찬가지다.

성과는 성공의 원동력이지만 최고 기량을 지닌 경쟁자들 간의 차이는 너무나도 미미해서 측정하기가 거의 불가능하다. 중학교 체육관에 걸려 있던 '연습하면 완벽해진다Practice Makes Perfect'라고 쓰인 포스터를 기억하는가? 진부하지만 옳다고 여겼던 이 말은 최고 기량을 보이는 이들의 우열을 가리기 어렵다는 사실 때문에 훨씬 복잡해진다. 연습은 분명 중요하지만 완벽에 가까워지는 사람들은 많이 있다. 그러나 대부분 성공과 보상을 얻지는 못한다. 따라서 상한선에 다가갈수록 성과는 성공의 결정적인 요인이 아니다.

겉으로 보기에, 와인 경진대회의 감정사들이 하는 일은 세상에서 가장 쉬운 일인 듯 보인다. 하루에 150가지 훌륭한 와인을 시음할 때도 있으니 말이다.[6] 그러나 실제로 그들이 하는 일은 엄청나게 어렵다. 와인 제조업자들은 경진대회에 최고 품질의 와인만 출품하므로, 감정사들은 구분하기 거의 불가능한 와인들을 심사해 우열을 가려야 한다. 스톱워치처럼 간단한 도구도 없고, 아무 표식도 없는 잔에 따른 말벡Malbec을 코에 들이대고 입속에서 굴려봐야 그것이 승자라고 판단을 내릴 근거는 없다. 대부분의 분야에서 인간의 성과를 측정하는 적절한 도구는 없다. 바이올린 경연대회, 대중음악 경연대회, 문학상의 수상자나 올해의 의사를 선정할 때, 화랑에 걸린 어떤 그림이 최고인지 판단할 때 사용할 만한 도구는 사실상 없다.

성과에 한계라는 특성이 있다면 와인 경진대회는 죄다 결함만 있을까? 호슨의 데이터를 보면 확실히 그렇다.[7] 4년 연속 실험을 반복하고 나서 그는 놀라운 결론에 도달했다. 감정사가 똑같은 와인에 일관성 있는 점수를 매긴 비율은 겨우 18퍼센트에 불과했다. 특정한 와인의 점수에서 일관성이 나타난 아주 드문 사례가 있었는데 거의 대부분이 낮은 점수일 때였다. 즉 감정사가 애초에 특정한 샤르도네가 맘에 들지 않았을 경우, 두 번째나 세 번째 시음에서도 낮은 점수를 주었다는 뜻이다. 품질이 엉망인 것은 쉽게 식별한다. 그러나 훌륭한 와인의 경우 감정사들의 판단이 이랬다저랬다 하는 경우는 무려 82퍼센트에 이르렀다. 동일한 와인에 대한 동일한 감정사의 판단은 금메달 수상급에서부터 아예 언급조차 하지 않은 경우까지 오르락내리락했다.

이런 결과에 대해 호슨은 걱정스럽기도 했고 한편으론 흥미롭기도 했다. 그는 자신에게 열정을 쏟을 안식처를 제공해준 업계를 폄하하려 한 게 아니라 평가 시스템을 이해하고 개선하고 싶었다. 그래서 색다른 관점에서 데이터를 살펴보기 시작했다. 훌륭한 감정사와 형편없는 감정사를 식별하게 되기를 바라면서.

훌륭한 와인을 식별해내느라 고군분투하는 감정사들과는 달리 금메달감인 와인을 믿음직스럽게 식별해내는, 말 그대로 '금메달감'의 미각을 지닌 감정사들이 있을까? 호슨은 그런 감정사들을 몇 명 찾아냈다. 해마다 감정사의 10퍼센트는 상당히 일관성 있는 판단을 했다. 이들은 첫 번째 시음에서 금메달감이라고 평가한 와인을 두 번째, 세 번째 시음에서도 금메달감이라고 평가했다. 애초에 흡족하지 않은 와인은 두 번째, 세 번째 시음에서도 탈락시켰다. 고무적인 결과였다. 해마다 이처럼 신뢰할 만한 감정사들을 찾아내 심사를 맡길 수만 있다면 와인 감정을 신뢰할 만한 과학으로 바꿀 가능성이 있었다.

그러나 이 금메달감인 감정사들이 보여준 성과를 그들이 다른 해에 보여준 성과와 비교하는 테스트에서 호슨은 또다시 실망했다. 이 감정사들이 과거에 보여준 성과와 현재의 신뢰도 사이에는 아무런 상관관계가 없었다. 한 해 동안에는 놀라울 정도로 일관성 있는 판단을 했던 감정사가 다른 해에는 전혀 신뢰할 수 없는 판단을 했다. 훌륭한 감정사가 되기 위해 배우거나 갈고닦아야 할 특별한 기술 같은 것은 없어 보였다. 전문가들로 꾸려진 심사단들을 아무리 살펴봐도 믿을 만한 월등한 미각을 지닌 감정사는 하나도 없었다.

"싫지만 이를 악물고, 와인 감정은 전혀 일관성이 없다고까지 말하지는 않겠다. 그렇지는 않다고 생각한다"라고 호슨은 결론을 내렸지만 "그러나 연구 결과는 그렇게 나왔다". 한때 감정사이기도 했던 호슨은 인정하고 싶지 않겠지만 나는 인정한다. 데이터는 분명하다. 상점에 진열된 와인에 붙은 금메달 딱지는 쓰레기 과학을 바탕으로 결정되었다. 경진대회에서 상을 탄 와인이 형편없다는 뜻이 아니다. 오히려 정반대다. 상을 탄 와인은 모두 훌륭하다. 바로 그 때문에 와인 경진대회에서의 수상은 거의 운이 결정한다.

▲ ▲ ▲

몇 년 전 나는 피아니스트 랑랑郎朗의 연주를 직접 관람할 기회가 있었다. 연주할 때 현혹적인 몸짓과 풍부한 표정으로 유명한 그는 세계 최고의 피아니스트로 손꼽힌다. 생전 처음 그의 연주를 보게 된 나는 공연이 시작되고 나서 연주를 따라가기가 점점 힘들어졌다. 랑랑의 몸짓에만 온 정신이 집중되었기 때문이다. 그는 높은 음을 칠 때 과장되게 몸을 뒤로 젖혔고, 손가락을 건반 위 공중으로 띄워 마구 꼼지락거렸다. 그의 재능에 감탄했지만 그의 몸짓은 곤혹스러웠다.

알고 보니 그가 이런 허세를 부리는 데는 이유가 있었다.[8] 유니버시티 칼리지 런던의 챠줭차이蔡佳蓉가 프로 음악가와 초보자들을 대상으로 클래식 경연대회에서 결선에 오른 세 명 중 누가 이길지 예측하는 실험을 했다. 한 집단에게는 연주 소리만 들려주었고, 다른 집단에게는 연주 오디오와 비디오를 함께 보여주었다. 소리 없이 비디오만 보여준 집단도 있었다. 최고의 음악가를 선정하는 데 말도 안 되는 주문이었다.

차이는 이 실험에 앞서 전문가와 초보자 모두 오디오만으로도 승자를 예측할 가능성이 높다고 확신했다. 음악 경연대회이기 때문이다. 그러나 소리만 듣고 판단한 집단이 승자를 맞힐 확률은 25퍼센트에 불과하다는 결과를 얻었다. 셋 중 하나를 고르는 일임을 감안하면 사지선다 시험에서 무작위로 찍어 답을 맞힐 확률보다도 낮았다. 소리만으로 승자를 선정한 전문가와 초보자들은 실제 심판이 선정한 승자와 다른 사람을 뽑았다.

놀랍게도 승자를 맞히는 데 가장 우수한 실력을 보인 집단은 소리를 끄고 비디오만 본 사람들이었다. 이들은 소리가 들리지 않는 상황에서 화려한 몸짓을 구사하며 연주하는 연주자를 선정했다. 이 집단에 속한 초보자와 전문가 모두 승자를 맞힐 확률이 50퍼센트였다. 다시 말해 연주 소리를 듣지 않은 사람들이 들은 사람들보다 승자를 맞힐 확률이 두 배 높았다는 뜻이다. 전문가라고 해도 가장 우수한 연주자를 골라내는 데는 초보자보다 나을 게 없었다. 심지어 초보자보다 못한 경우도 있었다.

자, 잠시 숨을 돌리고 이것이 뜻하는 바를 생각해보자. 실제로 경연대회에서 심사를 한 전문가들도 연주 자체가 아니라 연주 모습을 바탕으로 승자를 선정했음이 틀림없다. 데이터를 따라가다 보면 다음과 같은 놀라운 결론에 도달한다. 음악계에서 랑랑 같은 음악가들이 찬사를 받는 이유는 표가 매진될 정도로 관객을 불러들이지 못하는 다른 경쟁자들보다 월등한 연주 실력을 보여서가 아니라, 뛰어난 음악가인 동시에 뛰어난 음악가로 보이기 때문이다.

내가 아는 어떤 사람은 직원을 뽑을 때 분홍색 양말을 신었다는 이유만으로 채용했다고 말한 적도 있었다. 하루 종일 면접을 하고 나니 선명한 색의 양말이 눈에 확 들어왔다고 했다. 이 분홍색 양말은 우리 연구소에 지원했던 버쿠 유세소이의 문신과 다르지 않다. 그녀의 뛰어난 경력 못지않게 문신이 깊은 인상을 남겼다는 사실은 나도 인정한다.

사실 내가 고용한 직원들 하나하나의 장점들을 생각해보면 강한 인상을 남긴 것은 사소한 몸짓이나 단서였던 적이 많다. 면접을 마치고 나가면서 툭 던진 농담이나 이력서에 적어 넣은 독특한 기술, 눈에 확 띄는 특이한 안경, 재미있는 웃음소리 같은 특징 말이다. 나는 면접을 볼 땐 지원자들의 가치관이라든가 인성을 제대로 파악하려고 애쓴다. 자격 있는 후보들만 면접을 하게 되므로 어쩔 수 없이 그들의 이력서보다는 그들의 언행을 읽게 된다.

이를 우리 삶에 적용하면 면접할 때는 자기 본연의 모습을 보여주는 게 중요하다. 질문에 뜻밖의 답변을 하거나 직접 경험한 재미있는 일화를 얘기하면 유리해질지도 모른다. 성과를 올리는 데는 한계가 있으므로 남들보다 두드러져 보일 뭔가를 찾아내는 건 매우 중요하다.

분명히 말하지만 기교와 꼼수를 믿으라는 말이 아니다. 자신을 돋보이게 하는 일과 다른 사람들을 갈팡질팡하게 만드는 일 사이에는 큰 차이가 없다. 믿고 의지할 만한 객관적인 데이터가 없을 때 우리의 판단에 영향을 미치는 것은, 미묘하거나 심지어 무의식적인 요인이다. 호들갑스러운 언행까지는 필요하지 않다는 뜻이다. 유세소이가 내게 강한 인상을 남기려고 일부러 문신을 하지는 않았겠지만(오래전에 한 문신이다), 그 문신은 그녀의 독특한 개성을 보여준다. 그리고 성과를 개선하는 데는 한계가 있다고 할 때 이런 사소한 것들이 엄청난 차이를 낳는다.

음악 연주에 관한 연구 결과는 우리가 자신을 드러낼 때 기량 말고도 다른 측면들이 얼마나 중요한지를 보여준다. 연주 실력만으로 우열을 가릴 능력이 없는 심사위원들은 연주의 다른 측면들을 바탕으로 결정을 내린다. 어쩌면 의상이 영향을 미칠지도 모른다. 연주하는 스타일, 화려한 몸짓이나 표정일 수도 있다. 이런 사소한 것들이 바로 계량화하기 힘든 음악이라는 혼탁한 웅덩이에서 수면 위로 떠오르는 요인들이다.

▲ ▲ ▲

아무리 권위 있는 경연대회라도 이런 편견에서 자유롭지 못하다. 퀸엘리자베스 국제음악 경연대회를 예로 들어보자.[9] 대중음악에 〈아메리칸 아이돌American Idol〉이 있다면 클래식 음악에는 이 경연대회가 있다. 이 경연대회는 1937년부터 스타들을 배출해 왔다. 처음에는 바이올린으로 시작해서 피아노, 성악, 첼로, 작곡으로 경연 분야를 넓혔다. 바이올린 경연대회 수상자는 고액의 상금을 받을 뿐만 아니라 누구나 탐내는 명기 스트라디바리우스를 4년 동안 빌려 쓰게 된다. 무엇보다도 권위 있는 상이므로 유수의 공연장에서 공연할 길이 열리고 세계 도처에서 수입이 쏠쏠한 음반 계약이 쇄도한다.

이 경연대회는 심사위원의 편견이 개입하지 않도록 많은 규칙을 만들어놓고 이를 준수하기 때문에 오래전부터 공정하다는 평판을 누려왔다. 해마다 세계 각지에서 85명의 연주자들이 초청받아 기량을 겨루는데, 브뤼셀에서 열리는 예선에서 12명의 결선 참가자가 압축되고, 결선에 진출한 연주자들은 이 경연대회를 위해 특별히 작곡된 똑같은 협주곡을 연주한다. 새로 작곡된 똑같은 곡을 연주하기 때문에 직접 선정한 곡을 연습해서 연주하는 이점을 누리지 못한다. 게다가 연주 순서를 무작위로 정하고 날짜 배정도 임의로 하기 때문에 마지막 연주를 하기 전에 연습할 시간은 딱 일주일뿐이다.

결승전이 열리는 주에는 매일 밤 두 명의 후보가 배정받은 순서에 따라 심사위원들 앞에서 연주를 하고 즉석에서 평가를 받는다. 심사위원은 일단 점수를 제출한 뒤에는 수정하지 못하고, 평가가 진행되는 동안에는 서로 의논하지 못한다. 이렇듯 세부 사항까지 치밀하게 정해놓은 이 대회는 클래식 음악계에서 가장 재능 있는 연주자를 선정하고 그들에게 보상을 주려는 최선의 시도인 셈이다.

그런데 이 절차는 사실 제대로 작동하지 않는다. 피아노 경연 대회를 보자. 1952~1991년 동안 똑같은 규정 아래서 11차례 경연이 열렸다. 연주 순서는 무작위로 배정하므로 가장 재능이 뛰어난 연주자가 몇 번째로 연주할지는 아무도 모른다. 그러나 약 40년의 기록을 살펴본 결과 아주 독특한 점들이 발견되었다. 일단 우승자 가운데 첫날 연주한 사람은 없었다. 또한 둘째 날 연주하고 우승한 사람은 겨우 두 명이었고 마지막 날 연주하고 우승한 사람은 한 명이었다. 나머지 여덟 명의 우승자 중 절반은 경연 닷새째 되는 날 연주한 것으로 나타났다. 이상하지 않은가?

물론 우연일지도 모른다. 우리는 주사위를 계속해서 던지면 연속적으로 6, 6, 6, 6, 6, 6이 나오기보다는 3, 5, 6, 3, 1, 2가 나올 확률이 훨씬 높다고 생각하는 경향이 있다. 첫 시도에 모두 6이 나오면 신의 섭리로 친다. 사실 이 두 경우가 나올 확률은 똑같다. 따라서 음악 경연대회의 결과를 우연의 일치라고 치부할 수도 있다.

그러나 이 경연대회 과정을 두 명의 경제학자가 통계학적으로 면밀히 들여다본 결과, 우연으로는 이런 현상을 설명할 수 없다는 놀라운 결론에 도달했다. 결승 첫날 연주한 이들은 우승할 확률이 훨씬 낮았으며 닷새째에 연주한 이들보다 순위가 3등급 정도 낮았다. 연주 당일 밤 연주 순서도 중요했다. 두 번째로 연주한 이들은 첫 번째로 연주한 이들보다 순위가 한 등급 높았다. 성별도 영향을 미쳤다. 다른 모든 여건들이 동등할 때 남성이 여성보다 순위가 2등급 높았다. 결승에서 첫 번째로 연주하는 여성 연주자는 닷새째 두 번째로 연주하는 똑같은 실력의 남성 연주자보다 순위가 여섯 등급이나 낮았다.

성별에 따른 편견이 경연대회에서 승자를 결정하는 데 큰 영향을 미치는 게 분명하다. 그러나 승자를 결정하는 요인은 이뿐만이 아니다. 전문가들은 두 가지 또 다른 요인도 지목했는데, 둘 다 경연대회를 조직하는 방식과 관련되어 있었다. 하나는 이 경연대회가 공정을 기하기 위해 모든 참가자들에게 똑같은 협주곡을 연주하라는 독특한 요구 조건을 원칙으로 하고 있다는 점이다. 그러나 협주곡은 바이올리니스트나 심사위원 모두에게 생소한 곡이다. 악보만 보고도 연주를 제대로 심사할 수 있는 심사위원은 극히 드물다. 작품의 미묘한 부분들은 여러 번 반복해서 듣고 나서야 비로소 파악된다.

심사위원들은 결선에서 첫 번째로 연주하는 연주자를 통해 그 곡을 처음 듣게 되고, 따라서 매우 생소하게 들린다. 그러나 결선이 무르익을수록 곡이 귀에 익숙해진다. 결선 첫날 음악의 생소함에 짓눌린 심사위원들은 연주자가 어떻게 곡을 해석하고 미묘한 접근 방식을 취하는지, 어떤 독특한 색깔이나 톤으로 연주하는지 제대로 파악할 확률이 낮다.

또 다른 요인은 심사위원들이 첫 연주자의 기량을 제대로 파악할 수 있다고 해도 이 연주자는 공정을 기하기 위해 마련된 또 다른 규정 때문에 불이익을 당한다는 점이다. 심사위원들은 한번 내린 평가를 수정하지 못한다. 당신이 심사위원인데 첫 연주자의 연주에 깜짝 놀랐다고 하자. 그 연주자에게 최고 점수를 주는 위험을 감수하겠는가? 그랬다가 나중에 더 훌륭한 연주자가 등장하면 궁지에 몰릴지 모른다. 대회가 진행되다 보면 심사위원들의 귀가 트일 뿐만 아니라 평가하는 역량도 개선된다. 시간이 흐를수록 점수도 점점 후해진다.

와인과 클래식 음악은 뭔가 고도로 정선된 분야라는 인식 때문에 우리는 전문가의 고견에 혹하는 경향이 있다.[10] 그런 '격조 있는' 분야에 대해 아는 게 없는 우리는 쉽게 주눅이 든다. 그래서 길쭉한 와인 잔을 들고 향을 맡은 뒤 '살짝 녹은 타맥tarmac' 또는 '흉측한 과일이 가득 담긴 수레'라며 해괴망측하고 구체적인 표현으로 향을 묘사하는 사람들의 평가에 크게 의존한다. 또 협주곡 중간에 있는 구절을 특정한 바이올리니스트가 살짝 강조하는 것까지 쉽게 식별해내는 듯한 이들의 말에 귀를 기울인다. 이와 같은 비전秘典의 영역에서 우리는 유구한 역사를 자랑하는 원칙에 의문을 제기하지 않는다.

아무리 살펴봐도 이런 원칙에 내재된 결함(학자들은 이를 '즉시성 편견immediacy bias'이라고 부른다)이 사실상 경진대회의 결과를 결정한다. 이는 퀸엘리자베스 경연대회에서 나타났다. 나중에 연주하는 참가자들, 즉 우리 뇌리에 가장 생생하게 기억된 연주가 유리한 고지를 점령한다. 유럽에서 오랜 역사를 자랑하는 유명한 대중음악 경연대회인 유로비전 송 컨테스트Eurovision Song Contest도 마찬가지다.[11] 대회 당일 저녁, 나중에 등장한 가수일수록 트로피를 가져갈 확률이 높다.

또 다른 예로 피겨스케이팅이 있다. 선수들은 첫 라운드에서 무작위로 정해진 순서에 따라 한 명씩 링크에 나와서 경쟁자들에 뒤지지 않는 기교와 기술을 뽐내길 바란다. 자기 차례가 되어 무대를 끝내면, 꽃다발 세례를 받고 링크 밖에서 우아하게 관중을 향해 손을 흔들어 보인 후 곧바로 심사 평가를 받는다. 긴장된 모습으로 점수가 나오기를 기다리는 선수들의 모습을 우리는 TV로 지켜본다. 각 심사위원이 매긴 점수가 인터컴을 타고 장내에 울려 퍼질 때 선수들은 긴장이 풀리면서 웃음을 터뜨리기도 하고 괴로워서 표정이 일그러지기도 한다. 카메라는 이 극적인 광경을 순간적으로 포착하고 나서 다음에 출전할 선수에게로 카메라를 돌린다. 반짝이가 달린 표범무늬 의상을 입고 아이스링크 중앙에 자세를 취하고 있는 선수에게로.

매우 투명하고 공정해 보이지만 실제로는 그렇지 않다. 선수의 출전 순서가 뒤로 갈수록 점수도 일관성 있게 상승한다. 나중에 출전하는 선수들이 (기적적으로, 일관성 있게) 훨씬 좋은 성적을 보인다. 다시 말하지만 운명은 출전 순서가 결정한다.

▲ ▲ ▲

피겨스케이터, 와인, 클래식 음악을(그리고 시시콜콜한 대상들도) 평가하는 데 그런 편견이 분명히 존재한다면, 왜 다른 영역에서는 이와 비슷한 편견이 문제가 되지 않을까? 성과에 한계가 있다면 무슨 직업이든 상관없이 최고 기량을 지닌 이들의 우열을 가리는 일은 필연적으로 매우 어려울 텐데 말이다.

내가 특히 깜짝 놀란 또 다른 사례는 스페인에서 법정판사 후보들을 평가하는 방식이다.[12] 철저하게 준비한 후보들이 청운의 뜻을 품고 노련한 판사들로 구성된 심사위원단 앞에 나와 해당 분야에 대해 질문을 받고 답한다. 일반문화, 언어, 역사·법·문화·경제 세 분야다. 존경받는 전문가들 앞에서 구두시험을 치르면 얼마나 긴장되는지 상상하기란 어렵지 않다. 더군다나 시험 결과에 자신의 직업적인 운명이 달려 있다면 말이다. 밤에 식은 땀을 흘리며 악몽을 꿀 만한 일이다. 권위 있는 인물들이 눈을 내리깔고 폭넓은 주제에 관해 날카로운 질문을 던지면 머리를 쥐어짜내 겨우 답변하고 운이 따라주기를 바라는 수밖에 없다.

그러나 이 사례에서 결과는 바로 그 자리에서 나오지 않는다. 시험 당일보다 몇 주 앞서 이미 성공 여부는 결정되어 있다. 시험이 월요일로 정해지면(무작위로 정해지므로 어느 요일이 될지는 모른다) 이미 불리한 입장에 놓이게 된다. 주초를 무릅쓰는 용맹한 개척자라고 해도 시험에 합격할 확률은 50퍼센트 정도다. 금요일에 시험을 치르면 재수 좋은 사람이다. 판사가 될 확률이 대략 75퍼센트다. 이렇게 큰 격차는 다른 후보들과 비교해서 시험을 얼마나 잘 봤는지 여부와 상관이 없다. 사실 시험 점수는 요일에 상관없이 지식과 전문성과 철저하게 준비했는지 여부에 따라 달라져야 한다. 애초에 그렇기 때문에 시험을 치르는 게 아닌가? 그러나 스페인에서는 그 어떤 사건의 판결을 내리는 판사든, 우리가 다른 맥락에서도 수없이 목격한 즉시성 편견 덕분에 판사가 되었을 가능성이 크다.

어쩌면 그리 중요한 문제가 아닐지도 모른다. 미래의 판사들 중 누구든 해당 분야에서 상한선에 근접한 최고 기량을 갖춘 이들일 테니 말이다. 결과에 결함이 없다고는 못하더라도 면접과 경진대회는 수많은 경쟁자들 중 적당한 후보를 선정하는 바람직한 방법이다. 그렇지 않은가?

그렇게 믿고 싶지만 그렇지 않다. 생각지도 않은 분야에서 또 다른 사례가 불쑥 등장했다. 바로 미국 식품의약청FDA이 의료 장비를 허가하는 방식이다.[13] 허가 여부를 결정하는 회의에서 의장은 재량으로 회의 탁자 주위에 심사위원들이 앉는 자리를 배정한다. 심사평가에서는 해당 장비를 만든 제조사 측과 두 명의 공식적인 평가자가 장비를 소개하고 나서, 의장은 심사위원회 위원들 가운데 두 명의 평가자와 가장 가까이 앉아 있는 사람부터 소견을 묻는다. 그러고 나서 앉은 자리에서 시계 방향이나 시계 반대 방향으로 한 명씩 문제점을 제기하라고 요청하고 토론을 주관한다. 이론상으로는 모두에게 공정하게 우려를 표명할 기회를 준다.

그런데 실제로는 그렇지 않다. 장비의 허가는 가장 먼저 발언할 기회를 얻은 사람에 의해 주로 결정된다. 핵심적인 질문의 틀을 짜는 사람은 처음 발언하는 사람이기 때문이다. 나중에 발언하는 이들은 새로운 문제를 효과적으로 제기할 수 없다. 처음 발언한 사람이 제기한 우려 사항이 토론의 양상을 결정해버린다. 다시 말해 여러 사람이 모여서 회의를 하면 발언하는 순서가 의료장비 사용 허가가 날지 여부에 영향을 미친다.

당신이 수술을 받게 되었다고 치자. 의료장비 심사에서 첫 발언자가 핵심적인 사항을 지적했더라면 당신의 수술을 집도하는 의사가 혁신적인 새로운 치료법으로 수술을 진행했을지도 모른다. 매우 걱정스러운 결과이긴 하지만 생각해보면 직장에서 당신이 겪는 일과 그리 다르지 않다.

대학교수인 나는 여러 위원회에 위원으로 참가한다. 탕비실에서 커피와 페이스트리를 집어 들고 회의에 참석해 토론에 관여하려고 애쓴다. 요점을 적은 노트도 가져간다. 그러나 대화가 어떤 의견에 합의하는 방향으로 흘러가면 이의를 제기하기란 물이 흐르는 방향과 반대로 헤엄치는 셈이 된다. 진행 방향을 바꾸려고 애쓸 수는 있지만, 이미 입장이 정리된 상황에서 사람들은 특정한 주장을 방어하거나 공격하는 부류로 갈라진다. 회의에 참가한 사람들이 대부분 시계를 흘끔거리거나 휴대폰 문자메시지를 훔쳐보기 시작하는 상황에서 꼬치꼬치 따지고 싶은 사람이 누가 있겠는가? 이 말만은 꼭 해야겠다는 다짐 없이 입을 다문 채 회의를 끝내고 다른 일을 하러 간다.

그러나 늘 그렇게 간단하지만은 않다. 우리가 내리는 판단으로 누군가의 목이 날아가고 학생의 앞날을 망치게 된다면 말이다. 식약청 심사위원회 사례에서처럼 판단 결과가 사람의 건강에 영향을 미친다면 말이다. 이렇게 중요한 결정이 별로 특별할 것 없는 평범한 회의실에 사람들이 어떤 순서로 앉게 되느냐에 따라 좌우된다니, 심히 걱정스럽다.

문제는 어떤 식으로든 자리를 배정하기는 해야 한다는 점이다. 경연대회 출전자들이 동시에 기량을 선보일 수는 없다. 심판은 그 명칭이 말해주듯이 심판을 내려야 한다. 그러나 위에서 살

퍼본 바와 같이 다양한 분야(식약청 허가 절차, 피겨스케이팅 심판 규정, 자격시험, 바이올린 경연대회, 와인 경진대회)에서 공정한 경쟁을 담보하기 위해 만든 규정이나 기제가 정반대의 효과를 낳는 경우가 종종 있다.

여러모로 성과의 한계 때문에 대부분의 경연대회는 제대로 치러지지 못한다. 지원자들이 우수한지 형편없는지, 느린지 빠른지, 노련한지 서투른지를 판단하는 게 아니라 해당 분야에서 가장 기량이 뛰어나 상한선에 근접한 이들 중에서 우열을 가려야 하니 말이다. 달리기에서도 정교한 시계가 없다면 아무리 눈썰미가 뛰어난 노련한 심판이라도 누가 결승선에 가장 먼저 닿았는지 확실히 알 수 없다. 음악 경연대회 우승이나 일자리를 두고 다투는 최고 기량의 후보들을 대상으로 우열을 가리기란 거의 불가능하다.

결정을 내리는 사람들이 동전을 던져서 결정하라는 뜻이 아니다. 우열을 가리기가 매우 힘들다는 사실을 인정하고 최고 기량을 갖춘 10명을 선정해 모두에게 상을 주는 게 훨씬 공정할지도 모른다는 뜻이다. 우리는 성과와 아무 상관없는 변수들을 바탕으로 결정을 내리는 위험을 감수한다. 흔히 여성보다 남성에게 상위 등급을 매기기도 하고, 청중의 뇌리에 생생하게 각인되는 과장되고 현란한 몸짓을 했다는 이유만으로 상을 주는 이상한 광경도 목격한다.

어떤 분야에서든 성공하려면 당신의 경쟁자들은 당신과 하나도 다를 바 없다는 사실을 명심하라. 준비를 철저히 했고, 성취도도 높고, 맡은 일을 해낼 준비가 되어 있는 사람이라는 사실 말이다. 처음 노터데임대학교의 교수 자리를 두고 면접을 봤을 때 나는 후보들 중에서도 가장 경력이 일천했다. 박사학위를 받은 지 겨우 여섯 달밖에 안 된 터라 학위 증서에 잉크도 가까스로 마른 상태였다. 당시 스물일곱 살이었던 나는 가장 나이 어린 후보였다. 아니나 다를까, 나중에 알게 됐는데 내가 대학 교정에 발을 들여놓기도 전에 이미 심사위원들은 누굴 뽑을지 비공식적으로 결정해놓은 상태였다. 하지만 어찌된 영문인지 내가 뽑혔다. 다른 후보들이 갖지 못한 내 장점은 뭐였을까? 면접을 마지막으로 봤다!

학생들이 취업 면접을 보러 가기 전에 조언을 해달라고 오면, 나는 내가 겪은 일들을 생각해보고 성공의 과학에 따라 맥락 속에서 이해하려고 한다. 먼저 학생에게 "면접이 언제지?"라고 물어본다. 그냥 묻는 질문이 아니다. 탁월함으로 따지면 그 학생은 충분히 자격이 있다. 하지만 성과는 본질적으로 한계가 있으므로 다른 수많은 후보들도 그 학생 못지않은 자격이 있을 게 틀림없다. 따라서 면접관들은 참으로 어려운 일을 해내야 한다. 면접에서 '어떤 질문'이 나오고 '누가' 면접장에 들어서는지보다는 면접을 보는 '시기'가 더 중요하다는 뜻이다.

"혹시 면접을 미뤄도 돼? 그럼 최대한 미뤄!"

나는 이렇게 말한다. 그 일자리에 꼭 채용되고 싶었던 학생은 당혹스러워하지만 내가 그 이유를 설명하면 곧 알아듣는다. 그리고 나는 최종적인 채용 결정을 언제 하는지 정중하게 문의해 보고 가능한 한 그 마감 시한에 가까운 시기에 면접 날짜를 잡으라고 조언한다.

채용 절차의 막바지에 다다를수록 면접을 보고 결정을 내리는 사람들은 더 똑똑해진다. 마지막으로 면접을 보는 후보가 그보다 앞선 후보보다 대답을 더 잘할 가능성은 높지 않다. 하지만 면접관들은 앞의 후보들을 면접한 뒤라 훨씬 정제된 질문을 던지게 되고, 심사위원들은 앞서 연주한 참가자들의 연주를 반복해서 들은 후라 훨씬 곡에 익숙해진 귀로 심사를 하게 된다.

대부분의 평가 절차가 얼마나 자의적인지 알게 되면 참담한 기분이 들겠지만, 그런 사실을 인식하면 홀가분해지기도 한다. 기량을 제대로만 발휘하면 누구든 바로 최종 승자가 될 수 있기 때문이다. 우리는 아무리 기량이 뛰어나도 한계가 있기 때문에 경쟁도 하고 회의도 하고 무대 위에 서기도 한다. 자기가 하는 일에 뛰어나지 않다면 선택하기가 어렵지 않을지도 모른다. 그러면 패배한 후 자신이 문제가 있어서, 뭔가를 잘못했기 때문에 실패했다고 자책하지 않아도 된다. 패배는 타이밍처럼 무작위적인 요인 때문일 가능성이 훨씬 높다.

어떤 선정 과정에든 무작위성이 내재되어 있다는 사실을 깨달으면 성공은 숫자놀이일 경우가 많다는 사실을 납득하게 된다. 경쟁에서 이기려면 여러 대회에 참가해야 한다. 일자리를 얻고 싶으면 여러 곳에 이력서를 보내라. 주역을 맡고 싶다면 쉬지 않고 끊임없이 오디션을 보라. 무대 위에 첫 순서로 오를지, 마지막 순서로 오를지는 결정할 수 없다. 하지만 복권에 당첨될 확률을 높이려면 복권을 여러 장 사야 하듯이, 여러 번 도전하면 원하는 순서에 무대에 오를 가능성이 훨씬 커진다. 어느 구름에 비가 내릴지 모르므로 여러 군데 찔러보는 게 상책이다.

희소식도 있다. 한 번 우승하면 그 후로는 계속 우승한다는 사실이다. 이는 데이터로도 증명된 사실이다. 보상은 은밀히, 무분별하게 전이되는 법이다. 성공은 성공을 낳고 시도한 횟수에 비례해 성공할 가능성도 높아진다. 한 번 이기면 다시 이기게 된다. 그것도 반복해서.

성공을 너무 신비스러운 개념으로 포장한 나머지 오직 초인적인 극소수만 달성할 수 있다고 생각하는 경향이 있다. 피노 누아 와인의 코르크 마개를 따면서 여전히 의구심을 떨쳐버리지 못하는 호슨에게 이유 여하를 막론하고 계속 이기는 사람들의 비밀을 가르쳐주겠다고 말을 건네는 상상을 해본다. 그런 막강한 힘의 비결은 대체 뭘까? 알고 보니 이런 의문을 해소해주는 데이터도 존재했다.

5.
슈퍼스타와 멱 법칙
보상은 무한하다

타이거 우즈는 생후 9개월일 때 처음으로 골프를 치기 시작했다.[1] 왼손잡이라는 점만 빼고는 클럽을 휘두르는 모습이 아버지의 스윙을 꼭 빼닮았다. 몇 주 후 그는 갑자기 자세를 교정해 오른손잡이로 바꿨다. 얼 우즈Earl Woods는 아직 기저귀를 차고 아장아장 걷는 아들이 뛰어난 재능을 지녔다는 사실을 깨달았다. "나는 그애가 세계 최고가 되리라는 사실을 알았다."

두 살 때 우즈는 10세 이하 아이들이 참가하는 미니 골프대회에서 우승했다. 네 살 때는 프로 코치 루디 듀랜Rudy Duran에게 골프를 배우기 시작했는데, 듀랜은 첫 교습 때 기계처럼 완벽한 샷을 여러 번 휘두르는 말라깽이 아이를 보고 감탄했다. 화질이 좋지 않은 옛 동영상을 보면, 우즈가 자기 머리보다 큰 빨간색 모자를 쓰고 작은 흰색 골프장갑을 낀 채 어른처럼 근엄한 표정으로 공을 쳐 반대편까지 날리는 장면이 등장한다. 곁에는 콧수염을 기른 듀랜이 무릎을 꿇고 있다. 마치 어린 왕에게 경의를 표하듯이.

여섯 살에 우즈는 세계 주니어 선수권대회 10세 이하 경기에서 8등을 했고[2] 여덟 살에는 우승을 거머쥐었다. 열다섯 살 무렵엔 미국 주니어 아마추어 챔피언십에 출전해 최연소로 우승했다. 그러더니 열여덟 살에 처음으로 미국 아마추어 챔피언십 우승을 거머쥐었다. 그 후로도 연전연승을 거두었다. 훗날 프로 선수로서 올린 성과는 가히 전설적이다. 그는 PGA 대열에 합류한 순간부터 상이란 상은 모조리 휩쓸었다.

우즈의 이력을 보면 드물게 기량에 한계가 없는 예외적인 경우라고 생각하기 쉽다. 그는 PGA 역사상 평균 스코어가 가장 낮은 선수다. 마흔한 살 생일을 맞아 그동안 쌓은 기록을 목록으로 만들었더니 놀랍게도 41개였다.[3]

이 숫자를 더 면밀히 살펴본 나는 깜짝 놀랐다. PGA는 각 선수가 낸 성과에 대해 자세한 통계 수치를 기록한다. 여기에는 드라이빙 디스턴스driving distance, 페어웨이 히트fairway hit 비율, 정해진 타수를 넘지 않은 비율, 라운드당 평균 퍼팅 횟수 등이 포함된다. 이 네 가지 기준에서 선수들이 보인 성적의 분포를 보면 실제 세계에서 이보다도 더 완벽한 정규분포곡선을 찾기는 거의 불가능하다.[4] 이 정규분포곡선은 성과에는 한계가 있다는 원칙이 얼마나 보편적으로 나타나는지 여실히 보여주는 증거다. 대부분의 선수들은 평균이고 두각을 보이는 선수들은 아주 근소한 차이로 앞설 뿐이다. 물론 타이거 우즈는 네 가지 기준 모두에서 사실상 상한선에 닿아 있다.

그러나 우즈가 이 네 가지 기준 모두에서 최고는 아니다.[5] 2013년 그가 올해의 PGA 선수에 선정되었을 때 티에서 그린까지 스트로크 게인stroke gained 평균은 1.600이었다. 헨리크 스텐손Henrik Stenson은 1.612, 저스틴 로즈Justin Rose는 1.914였다. 이 부문에서는 스텐손과 로즈가 우즈보다 우수한 성적을 기록했다. 2013년 얼마나 멀리까지 공을 날릴 수 있는지를 가늠하는 드라이브 디스턴스를 보면, 우즈는 293야드라는 놀라운 성적을 올렸지만 그 부문에서 35번째에 불과하다. 그해 드라이브 디스턴스에서 최고 성적을 보인 레이크 리스트Lake List는 305야드를 기록했다.

우즈가 아무리 재능이 있는 선수라고 해도 다른 선수들과 마찬가지로 성과를 올리는 데는 한계가 있다. 그 역시 다양한 기술을 적절하게 사용해 아주 근소한 차이로 우승한다. 어느 부문의 기술을 보든 그는 다른 경쟁자들보다 뛰어나게 우수하지는 않다. 그러나 우즈가 보이는 성적이 분명 한계가 있다고 해도 그의 성공에는 한계가 없다.[6] 2009년 우즈는 스포츠 경력을 쌓은 전 기간에 걸쳐 10억 달러 이상 순이익을 올린 최초의 선수가 되었고 오프라 윈프리에 뒤이어 흑인으로서는 두 번째 부자가 되었다. 더 이상 골프의 제왕으로 군림하지 못했던 2015년에조차 〈포브스Forbes〉가 선정한 최고 수입을 올린 선수 9위에 선정되었다.

그의 엄청난 수익은 광고 계약에서 나온다.[7] 광고는 각종 골프 용품에서 스포츠음료, 면도기, 자동차에 이르기까지 다양하다. 우즈가 2000년 1억 500만 달러에 나이키와 체결한 5년짜리 광고는 당시 운동선수가 체결한 광고 출연료 액수로서는 최고였다. 게다가 계약 조건의 일환으로 우즈는 나이키의 골프 의상과 장비 매출의 1퍼센트를 받기로 했다. 그는 수년간 로열티를 받으면서 나이키 브랜드의 성공에 중심적인 역할을 했고, 프로 용품 상점에서 역동적인 나이키 문양이 찍힌 플리스fleece 조끼를 한 벌 팔 때마다 수익을 올렸다.

경제학자들은 우즈 같은 사람을 슈퍼스타라고 부른다. 뛰어난 기량을 발휘해 이례적인 보상을 받는 사람 말이다. 슈퍼스타가 존재하는 이유는 성공이 무한하기 때문이다. 경쟁자들보다 눈곱만큼 더 나은 기량을 발휘함으로써 수백 배, 때로는 수천 배 더 큰 보상을 받는다. 경제학자 셔윈 로즌Sherwin Rosen은 슈퍼스타를 다음과 같이 정의한다.[8] "엄청난 거액을 벌어들이고 자기가 종사하는 분야에서 군림하는 비교적 소수의 사람들." 예를 들면 조지 클루니, 제니퍼 로렌스, 윌 스미스, 케이트 페리, 로드, 브루노 마스, 빌 게이츠, 리처드 브랜슨, 워런 버핏, 조지 소로스 같은 이들이 그런 사람들이다.

슈퍼스타가 이룬 업적의 가치와 성공의 관계는 불균형적이다.

업적의 가치에 비해 엄청나게 대대적인 성공을 거둔다는 뜻이다. "열등한 재능은 우월한 재능을 대체하기 어렵다"고 로즌은 말한다. 뛰어난 가수와 실력이 상당한 가수 사이에서 선택해야 한다면 사람들은 전자를 선택한다는 뜻이다. 우리가 똑같은 노래를 듣고, 똑같은 책을 읽고, 똑같은 테니스 선수들의 경기를 관람하는 이유는 바로 그들이 뛰어난 재능을 지녔기 때문이다. 따라서 유달리 재능이 뛰어난 이들 쪽으로 시장이 기울기 마련이다.

이들이 도대체 얼마나 엄청난 보상을 받는지는 가늠하기도 어렵다.[9] 성공에는 한계가 없다는 사실을 개인적으로 깨닫게 해준 사례를 하나 소개하겠다. 2009년 10월, 내 책 《버스트》가 출간되고 나는 내 경쟁 상대들이 누군지 살펴보지 않을 수 없었다. 댄 브라운Dan Brown의 《로스트 심벌The Lost Symbol》이 〈뉴욕 타임스〉 베스트셀러 목록의 정상에 올라 있었다. 그다음은 니콜라스 스파크스Nicholas Sparks의 《라스트 송The Last Song》이었다.

《다빈치 코드Da Vinci Code》의 후속작이 최고 판매 부수를 올린 사실은 놀랍지 않았지만, 2위에 오른 책이 어떤 작품인지는 궁금했다. 《로스트 심벌》은 스릴러물이었지만 《라스트 송》은 로맨스 소설이었고, 넓게 보면 두 작품은 같은 상업 소설로 분류된다. 현실에서 벗어나 긴장을 풀고 휴양지 바닷가나 공항에서 탑승을 기다릴 때 편안하게 즐기는 종류의 소설이다. 《라스트 송》이 2위에 오른 것은 사실 1위에 아주 가까이 다가간 것이다. 즉 스파크스가 브라운보다 더 열심히 작품 활동을 하든지, 에이전트가 일을 더 잘하면 브라운을 제칠지도 모른다고 결론을 내리기 쉽다. 정말로 스파크스가 뭔가를 했더라면 그렇게 됐을까?

답은…, 달리 방도가 없다. 물론 2위는 거의 1위나 마찬가지다. 판매 부수 자료에 따르면 《라스트 송》은 그 주에만 12만 부가 팔렸다. 대부분의 베스트셀러는 한 주에 3,000~5,000부 정도가 팔리며 출간되는 책의 99퍼센트는 그보다 훨씬 적게 팔린다. 어떤 기준으로 봐도 스파크스는 대단한 성공을 거두었다. 그러나 《라스트 송》보다 겨우 한 단계 위인 《로스트 심벌》은 무려 120만 부가 팔렸다. 브라운은 스파크스를 슬쩍 옆으로 밀어낸 정도가 아니었다. 10배가 넘는 부수를 팔아치웠다. 《라스트 심벌》이 《라스트 송》보다 10배는 더 뛰어난 작품일까? 아닐 게다. 판매 부수의 차이는 성과와 무관하며 성과는 본질적으로 제한되어 있다. 이 사례는 성공에는 한계가 없다는 사실을 잘 보여준다.

성과와 성공의 핵심적인 차이점은 앞서 말한 성공의 제2 공식이 잘 포착하고 있다.

성과를 내는 데는 한계가 있지만, 성공은 무한하다.

성과가 지닌 제한이라는 특징을 정규분포곡선을 통해 이해할 수 있듯이, 성공이 지닌 무제한이라는 특징은 멱 법칙幂法則, power law이라는 또 다른 수학적 관계를 통해 이해할 수 있다.[10] 정규분포곡선은 높은 가치에서 급격히 감소하는데, 아웃라이어outlier를

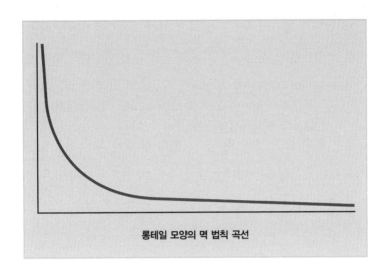

롱테일 모양의 멱 법칙 곡선

허용하지 않는다. 골프에서 스트로크 최고 점수가 10이나 100이
아니라 1,919인 게 바로 그 때문이다. 이와는 대조적으로 멱 법
칙 분포는 꼬리까지 완만한 경사를 보인다. 이례적으로 높은 결
과를 보이는 극소수의 존재를 허용한다는 뜻이다. 정규분포곡선
에서는 나타나기 불가능한 극단적인 사례다.

앞 장에서 사람의 키를 정규분포곡선으로 설명한 사실을 기억
하는가? 키에 정규분포곡선이 아니라 멱 법칙이 적용되는 세상
이라면 우리는 대부분 키가 몇 인치에 불과한 요정일 것이다. 그
러나 이따금 100피트(약 305미터) 이상 치솟은 키로 세상을 굽어
보는 거인과 마주치는 일도 생긴다. 전 세계 총인구가 70억이라
고 볼 때 키가 8,000피트(약 2,400미터) 되는 괴물 같은 사람이 한
두 명은 있을지 모른다.

멱 법칙은 성공의 척도로서 가장 널리 받아들여지는 부의 분포를 설명해준다. 세계 8대 최고 부자의 부를 합치면[11] 세계 하위 50퍼센트의 부를 합친 것보다 많은 이유가 바로 그 때문이다. 멱 법칙의 여파는 '월스트리트를 점령하라Occupy Wall Street' 운동에 등장한 플래카드와 인터넷 밈meme에도 잘 나타난다. 이름 없는 99퍼센트에 해당하는 대다수, 은하수에 떠 있는 무수히 많은 별들 같은 우리는 주목받은 소수처럼 두드러지지도 않고 힘도 없지만 은하계의 다수를 구성한다. 반면에 슈퍼스타는 눈부시게 빛나며 눈에 띄는 극소수 1퍼센트로 부익부를 달성할 열쇠를 쥐고 무한한 부로 보상을 받는다.

로즌과 같이 성공을 부라는 단 하나의 척도로 측정하는 경제학자들에게 슈퍼스타는 초특급 부자를 말한다. 경제학자들의 기준에 따르면, 당신이나 나 같은 사람이 그 부류에 속할 확률은 별로 높지 않다. 하지만 타이거 우즈 같은 경우는 대부분의 동료 선수들이 한 해에 10만 달러를 버는 분야에서 예외적인 존재라고 할 수 있다. 우리가 사업가, 대중음악가, 프로 운동선수, 미술가, 사회운동가 등 어떤 일을 한다고 해도 우리가 보여주는 성과와는 상관없이 슈퍼스타가 되기란 하늘의 별 따기다.

그런데 그렇지 않을지도 모른다. 단지 돈이 많은 게 성공은 아니다. 성공에는 여러 가지 측면이 있다. 슈퍼스타가 되면 부가 따라올지 모르지만, 부가 있어야 슈퍼스타가 되는 건 아니다. 주변 사람들이 당신이 보여준 성과에 어떻게 반응하는지 보면, 해상도 높은 신형 망원경으로 별자리를 관찰할 때처럼 슈퍼스타가 눈에 띄기 시작한다. 다시 말해 당신이 가장 인정받는 출판 에이전트, 건축가, 엔지니어라 해도 억만장자일 확률은 그리 높지 않다는 말이다.

슈퍼스타 지위를 오직 금전적인 기준으로 정의하기 쉬운데, 멱 법칙을 적용하면 성공을 보다 넓게 정의하게 된다. 이는 성공의 과학에서 도출된 가장 놀라운 결과일지도 모른다. 성공을 가늠하는 척도(영향력, 지명도, 동원하는 관중, 동경의 대상)가 무엇이든 상관없이 분포의 형태는 부와 마찬가지로 멱 법칙을 따른다. 멱 법칙 덕분에 그 누구보다 몇 곱절 성공을 거두는 극소수가 있기 마련이다. 우리는 이들을 '아웃라이어'라고 부른다. 뛰어난 기량을 보이는 이들이지만, 앞 장에서 살펴봤듯이 아웃라이어는 같은 분야의 경쟁자들보다 아주 조금 더 나을 뿐이다. 이들을 나머지 사람들과 구분 짓는 요인은 이들이 보이는 성과가 아니다. 성공이다. 다양한 분야에서 성공을 탐색해보면 슈퍼스타의 지위를 금전적인 면으로만 규정했던 지금까지의 좁은 시각을 확장할 필요가 있다는 사실을 깨닫게 된다.

▲ ▲ ▲

스티븐 와인버그Steven Weinberg는 역사상 가장 고액의 연봉을 받은 물리학 교수다.[12] 전자기학과 소립자들 간의 약한 상호작용을 통합한 이론(아인슈타인이 평생 파고들었지만 끝내 밝혀내지 못한 바로 그 개념이다)을 제시한 물리학자 와인버그는 과학에 대단한 기여를 했다. 그의 이론은 다른 학자들의 파격적인 연구 결과로 이어졌는데 '신의 입자God particle'라고 불리는 힉스 입자Higgs boson의 발견도 그중 하나다. 예상대로 그는 뛰어난 성과를 올린 보상을 톡톡히 받았다. 그는 하버드대학교 교수직을 얻었고 1979년에 노벨상을 수상했다.

알고 보니 와인버그는 천재적인 과학자일 뿐만 아니라 노련한 협상가이기도 했다. 1982년 오스틴에 있는 텍사스대학교에서 하버드에 재직하던 그를 영입하려고 당교 총장의 연봉에 맞먹는 액수를 제시했다. 그러나 와인버그는 이 제안을 거절했다. 대신 텍사스대학교 풋볼 코치의 연봉에 상응하는 액수를 요구했다. 이 학교가 텍사스에 있다는 사실을 기억하라. 와인버그는 무엇이 중요한지 잘 알고 있었다. 그가 아이비리그를 떠나 서부로 이주할 당시 그의 연봉은 코치의 연봉에 맞먹었다. 1991년 그는 25만 달러 정도를 벌었다. 당시 학계에서는 전례가 없는 수준의 연봉이었다.

와인버그의 연봉은 놀라울 정도로 고액이었지만 물리학 교수 평균 연봉의 다섯 배에 불과했다. 이를 오늘날 재계와 비교해보라.[13] 평균적인 CEO는 직원 평균 연봉의 271배를 번다. 와인버그가 경제학자의 정의에 따른 슈퍼스타라면 그의 소득은 2억 달러가 넘어야 한다. 그가 그런 소득을 벌어들이지 못했다는 사실을 통해 슈퍼스타의 핵심적인 특징을 이해할 수 있다. 예외적인 보상은 재능으로 올린 성과를 저비용으로 널리 확산시키기 쉬울 경우에만 가능하다. 로즌이 말한 바와 같이 "관중이나 책을 사는 사람이 10명이든 1,000명이든 상관없이 공연자나 저자가 기울이는 노력은 거의 똑같다."[14] 다시 말해 금전적으로 슈퍼스타가 되려면 성과를 '널리' 인정받아야 한다.

텍사스대학교의 풋볼 코치를 생각해보자. 1991년 당시 이 직업은 25만 달러를 버는 자리였다.[15] 코치의 능력은 텍사스 풋볼팀 롱혼즈Longhorns가 우승을 거머쥐는 데 기여하는데, 이 재능은 '널리' 인정받는다. 즉 수백만 명의 팬이 방송으로 경기를 시청한다. 지난 20여 년에 걸쳐 대학 풋볼의 인기가 폭발하자 코치의 소득도 폭발적으로 증가했다. 추가로 어떤 노력도 기울이지 않았는데 말이다. 오늘날 텍사스대학교의 수석 코치는 연간 500만 달러를 벌며, 이는 그 어떤 교직원의 연봉보다 많은 액수다. 1991년 와인버그가 받은 연봉의 20배 정도다. 공개된 자료에 따르면 와인버그는 현재 57만 5,000달러 정도를 번다. 텍사스대학교로 옮긴 후 연봉이 겨우 두 배가 된 셈이다.

50만 달러가 넘는 연봉이 우습게 볼 만한 액수는 결코 아니다. 그러나 와인버그의 연봉이 풋볼 코치의 연봉에 상응하지 못하는 이유가 있다. 그가 하는 일은 학생들을 가르치는 일이고 그의 연봉은 학생들이 내는 학비에서 충당된다.[16] 그가 가르치는 강의는 대규모 청중이 들을 수 없다. 2011년 그는 학부 학생들을 대상으로 물리학 역사 강의를 시작했다. 그리스 시대에서 끈 이론string theory까지 섭렵하는 이 강의를 수강함으로써 와인버그의 능력으로 혜택을 입은 학생은 기껏해야 아마 몇백 명일 터다. 그의 강의에는 화려한 유니폼을 입고 나타나는 열광적인 팬도 없고, 그가 강의하는 곳마다 따라다니는 이도 없으며, 그가 강의를 하는 동안 강의실 귀퉁이에서 응원하는 이도 없다. 와인버그의 성공을 경제적으로만 평가한다면 그가 지닌 영향력은 널리 확산되지 않는다.

그러나 와인버그의 사례는 슈퍼스타 지위를 경제적으로만 규정하는 게 얼마나 제약이 많은지를 잘 보여준다. 사실 과학계에 기여한 바를 척도로 삼으면 와인버그는 슈퍼스타가 맞다. 이는 달러처럼 실제로 측정 가능한 화폐다. 전기약상호작용electroweak interaction을 도입한 그의 논문은 발표한 지 수십 년 후 노벨상을 받았다. 그리고 이 논문에서 아이디어를 얻은 수천 편의 논문이 발표되었고, 이와 관련된 획기적인 업적들이 양산되었으며, 과학을 진일보시켰다. 이 논문을 다른 과학자들이 인용한 횟수는 1만 4,000회나 된다.[17] 1만 4,000편의 논문이 와인버그의 논문에서 영향을 받았다는 뜻이다.

과학에서 인용 횟수 또한 멱 법칙을 따르므로, 과학계에서의 성공을 측정하는 일은 재계에서의 성공을 측정하는 일과 그리 다르지 않다. 성공은 학계에서도 무한하다. 그러나 과학에서 성공을 가늠하는 척도는 금전적 보상이 아니다. 인용 횟수로 측정되는, 과학계에 미친 '영향'이다. 대부분의 봉급생활자들이 엄청난 소득을 벌어들이지 못하듯이, 대부분의 논문은 아무리 열정적으로 연구해서 쓴 논문이라고 해도 거의 인용되지 않는다. 수많은 연구 프로젝트들이 눈에 띄지 않고 사장된다는 뜻이다. 사실 와인버그의 논문 같은 경우는 아주 드문 예로서, 이례적으로 과학계의 관심을 모았고 그는 슈퍼스타의 지위를 얻었다. 이런 아웃라이어는 학계에서의 성공도 다른 분야에서의 성공과 비슷하다는 사실을 상기시킨다. 성공에는 한계가 없다.

인용 횟수는 과학계에서 화폐 역할을 한다. 비유로만 그렇다는 뜻이 아니다. 논문이 인용되는 횟수에 실제로 금전적인 가치를 부여할 수 있다. 다시 말하면 논문이 한 번 인용되는 경우 얼마나 가치가 있는지 계산할 수 있다.

그러면 실제로 얼마나 가치가 있을까? 놀랍게도 미국에서는 1회 인용이 무려 10만 달러의 가치를 지닌다.[18] 의학 분야에서 돌파구를 찾거나 혁신적인 상품을 개발하거나 우주의 기원에 대한 단서를 찾는 연구에 미국이 쏟아붓는 금액이 얼만지 보기만 해도 알 수 있다. 이런 연구 기금을 받은 논문들이 인용된 횟수를 모두 합해서 받은 기금 총액으로 나누면 1회 인용의 금전적 가치를 추산할 수 있다. 이 수치로 와인버그의 경우도 경제학자들이 이해할 수 있는 수치로 치환 가능하다. 오랜 세월에 걸쳐 1만 4,000회나 인용된 그의 논문은 과학계에서 무려 14억 달러에 이르는 가치를 지닌다. 이는 1967년 와인버그의 발견에 영감을 받은 모든 연구에 든 총비용과 맞먹는다.

와인버그의 영향은 어떻게 그처럼 널리 확산되었을까? 이는 달라이 라마가 어떻게 수십 억의 추종자를 끌어모으고, 비욘세의 노래가 어떻게 수백만 회나 다운로드되는지와 같은 답이다. 성공이 지닌 무한이라는 특성은 와인버그나 달라이 라마, 비욘세가 홀로 해낸 게 아니다. 성공은 우리가 함께 해내는 것이며, 우리가 개인의 성과에 보상을 하는 방식이다. 수년 동안 열심히 쓴 논문에 와인버그의 논문을 인용하고, 달라이 라마가 설교를 한다고 하면 우르르 몰려가서 귀를 기울이고, 비욘세의 노래를 다운로드해서 즐겨 듣는 우리가 있기 때문에 가능하다.

성공의 화폐는 다양한 형태로 나타난다. 달라이 라마는 슈퍼스타급 지위가 철저히 반자본주의적인 입장과 공존 가능함을 보여주는 좋은 사례다. 어떤 형태의 화폐로 표현되든 슈퍼스타가 받는 보상에는 한계가 없다. 성공에 따르는 보상은 무한하다.

▲ ▲ ▲

스티브 와인버그나 타이거 우즈의 경우 슈퍼스타의 지위는 뛰어난 능력에 합당한 결과로 보인다. 이들이 보일 수 있는 성과는 필연적으로 제한되어 있지만 해당 분야의 다른 이들보다 두드러지고 그에 따른 보상을 받았다. 그러나 우즈도, 와인버그도 성과를 어느 정도 측정할 수 있는 분야, 즉 골프와 과학에서 유명해졌다는 사실을 기억할 필요가 있다.

3장에서 말했듯이 미술처럼 가치와 성과를 측정하기가 불가능한 분야도 있다. 미술에 관한 자료를 얼핏 보기만 해도 가치와 성과가 들쭉날쭉하다는 사실을 알 수 있다. 대부분의 미술가들이 일생 동안 전시회를 여는 횟수는 10번이 채 되지 않는다. 수천 번 여는 사람은 손에 꼽을 정도다(앤디 워홀은 무려 1만 회 이상 열었지만 말이다).

우리 대부분이 '스타'라고 생각하는 슈퍼스타들을 살펴보자. 예컨대 대중가수가 재능이 있는지 여부는 노래를 듣는 사람의 취향에 따라 결정된다. 저스틴 팀버레이크가 지하철역 구내에서 노래하는 청년보다 훨씬 재능이 뛰어난지 판단할 방법은 없다. 그러나 팀버레이크는 마치 그 정도 재능이 있는 듯 어마어마한 보상을 받는다.[19] 그는 〈포브스〉가 선정한 세계 최고 소득 유명인 19위에 이름을 올렸고, 그의 노래는 전 세계 수많은 팬들의 사랑을 받는다.

슈퍼스타 지위를 얻으려면 세계적으로 널리 알려져야 한다. 멱 법칙 분포가 적용되려면 확산이 승수효과가 있어야 하기 때문이다. 또 엄청난 보상을 받으려면 제공하는 상품이 쉽게 재생산 가능해야 한다. 셔윈 로즌은 1981년 슈퍼스타 지위에 관한 경제이론을 개발하면서, 기술의 발전으로 소수 공연자들이 더 큰 규모의 청중에게 접근할 수 있게 됨으로써 슈퍼스타 현상이 확대재생산되리라고 예언했다. 이처럼 자기 분야에서 군림하는 인물들은 지명도가 떨어지는 다른 경쟁자들이 청중에게 도달할 수 있는 범위를 위축시킨다. 마을 술집에서 연주하는 밴드에서 TV에 출연하는 밴드까지, 안 그래도 큰 격차는 더욱더 벌어진다.

로즌의 주장이 옳았다.[20] 팀버레이크가 아기 침대에서 뒹구는 갓난쟁이에 불과했던 1982년, 팝 스타 상위 1퍼센트는 공연 티켓 판매 수익의 4분의 1을 가져갔다. 현재 팀버레이크를 비롯해 최상위 20명의 히트 제조기들은 공연 수익의 절반 이상을 가져간다. 지난 수십 년보다 지금 사람들이 오락에 더 많은 돈을 쓸 뿐만 아니라, 팀버레이크의 본격적인 활동 시기에 맞춰 음악 채널인 MTV, DVD 플레이어, MP3, 인터넷 스트리밍 서비스가 등장하면서 그의 음악을 듣는 청중과 그에 따른 금전적 보상이 대폭 확대되었다. 게다가 팀버레이크를 비롯해 그와 어깨를 겨루는 거물급 가수들, 즉 테일러 스위프트, 저스틴 비버, 레이디 가가 등이 우리의 귀를 사로잡는 동안 무명 가수들의 몫은 점점 줄어들고 있다.

'월스트리트를 점령하라' 운동 이후, 성과에 비할 수 없을 만큼 엄청난 보상이라는 불공정한 현상이 자연스럽게 자리를 잡았다. 부의 분포는 멱 법칙을 따른다. 엄연한 진실이다. 극소수의 사람들이 엄청난 부를 쌓는 한편, 수없이 많은 사람들이 말 그대로 굶주리고 있다. 성공이 지닌 무제한이라는 특성의 이면에 도사리고 있는 수치는 불평등으로 고착화된다.

우리의 집단의식 속에 슈퍼스타는 억세게 운 좋은 소수가 소속된 별세계에 사는 이들이다. 그들은 우리 위에 군림하고 우리는 감히 그들을 넘보지 못한다. 어쩌다 그들이 우리와 같은 처지에 놓여도 우리는 그들을 막 대하지 않고 살살 다룬다. 그들과 커피숍에서 맞닥뜨리거나 거리에서 마주치면 우리는 기적이라도 일어난 듯 호들갑을 떤다. 우리는 그들과의 친분을 다른 사람들에게 과시하며 그들의 관심을 끌기 위해 알게 모르게 행동을 바꾸기도 하는데, 이는 우리가 성공할 능력에 영향을 미친다.

▲ ▲ ▲

타이거 우즈가 눈을 가늘게 뜨고 먼 곳을 응시한다. 작은 흰 공과 그 공을 집어넣을 구멍 사이의 거리를 가늠하며 그는 골프장 잔디 위에 길고 선명한 그림자를 드리운다. 경쟁자들은 그의 주변을 서성이면서 전설적인 골프 선수의 움직임을 주시하고, 우리는 그가 놀라운 기량을 발휘하리라 기대한다.

우즈가 놀라운 점은 일관성 있게 성과를 보여왔다는 점이다. 프로 골프계에 입문하고 첫 10년 동안[21] 그는 279차례 PGA 경기에서 54회 우승했고, 93회 경기에서 상위 3위 안에 들었으며, 132회 경기에서 10위권에 들었다. 그가 출전한 경기들의 절반 이상에서 상위권에 들었다는 뜻이다. 그가 올릴 수 있는 성과에는 한계가 있지만, 도달 가능한 기준을 높여놓았기 때문에 다른 선수들에게 자극이 되었다. 그의 탁월함은 모두가 더 노력하게 만드는 자극제가 되었다.

적어도 그게 통념이다. 경쟁은 바람직하다. 실력을 더 갈고닦고 자기 관리를 더 철저히 하게 만든다. 막강한 경쟁자와 맞붙으면 기량도 더욱 향상된다. 그런데 경쟁자가 슈퍼스타라면 어떨까? 그의 눈부신 지위에서 우리도 득을 보는 게 있을까?

그렇지 않다. 슈퍼스타와 경쟁하면 정반대 효과를 초래하며, 성과가 훨씬 더 떨어진다. 이를 입증한 주인공은 경제학자 제니퍼 브라운Jennifer Brown이다. 그녀는 슈퍼스타가 평범한 우리에게 미치는 영향을 연구했는데, 10년 치가 넘는 PGA 토너먼트 자료는 슈퍼스타와 경쟁하는 선수들이 심리적으로 얼마나 주눅이 드는지를 보여준다. 예컨대 토너먼트에서 타이거 우즈와 경쟁한 비제이 싱은 어떤 성과를 올렸을까? 그리고 우즈가 불참한 경기에서는 어떤 성과를 올렸을까?

우즈와 대결해 이기리라고 기대조차 하지 않은, 순위가 낮은 선수들은 우즈가 경기에 참가해도 별 영향을 받지 않았다. 그러나 우즈의 경쟁 상대가 될 만한 선수들은 우즈가 출전하면 매우 주눅이 드는 듯했다. 이들은 골프 분야의 정규분포곡선 상한선에서 우즈와 어깨를 겨루는 그런 선수들이다. 그럼에도 우즈의 스타성이 발산하는 후광은 그 어떤 요인보다도 상위권 선수들의 의식에 침투해 그들이 기량을 발휘하는 데 부정적인 영향을 미쳤다.

브라운이 수집한 데이터를 살펴보자.[22] 선수들은 토너먼트 출전 자격을 얻으려면 첫 라운드를 통과해야 한다. 상위권 선수들이 첫 라운드에서 보인 점수는 우즈가 불참했을 때보다 참가했을 때 평균 0.6타 높았다(성과가 저조했다는 뜻이다). 상위권 선수들 사이에 첫 라운드 점수는 변동폭이 크지 않으므로 이 사실만으로도 놀라운 결과다.

정기적으로 열리는 토너먼트나 주요 토너먼트에서 타이거 우즈 효과는 더 강하게 나타났다. 우즈와 대결하는 선수들의 최종 점수는 0.7~1.3타 높았다. 우승과 차점자를 가르는 점수는 2타가 채 안되므로 우즈 효과는 사실상 우승자를 결정한다. 결과가 너무나도 놀라워서 '타이거 우즈 효과'라는 명칭까지 얻었다. 슈퍼스타와 경쟁하면 주눅이 들어 얼마나 성과가 저조해지는지를 보여주는 말이다.

2008년 4월 타이거 우즈는 무릎 수술을 받았다. 6월에 짧은 휴식을 취한 그는 활동을 재개했고 US오픈에서 가볍게 우승했지만 고통스러운 표정을 지은 사실로 미루어볼 때 무릎에 여전히 문제가 있는 듯했다. 다시 수술을 받은 그는 8회 연속 토너먼트에 불참했다. 2009년 11월 파탄에 이른 그의 결혼 생활이 세간의 입에 오르내리면서 그는 팬들과 언론 앞에서 감정에 복받쳐 사과문을 발표했고 장기간의 휴식에 들어갔다. 2010년 4월에 활동을 재개했지만 세계 골프 챔피언십과 아놀드 파머 초청 토너먼트 두 경기에 불참했다. 이전까지는 두 경기 다 참가했었다.

브라운은 우즈가 장기간 활동을 중단한 시기에 토너먼트에 출전한 선수들의 점수를 똑같은 골프 코스에서 그전에 올린 점수와 비교해봤다.[23] 연구 결과는 놀라웠다. 우즈가 수술에서 회복하는 동안 상위권 경쟁자들은 약간이 아니라 눈에 띌 정도로 훨씬 좋은 성적을 보였다. 무려 평균 4.6타가 향상되었다. 심지어 순위가 낮은 선수와 순위에 들지도 못했던 선수들의 기록도 올라갔다. 그리고 우즈가 사생활을 정리하기 위해 휴식에 들어갔을 때 동료 선수들의 토너먼트 기록은 대략 3.5타가 향상되었다. 이는 선수가 보이는 성과에서 놀라울 정도로 큰 변화다.

그 의미를 제대로 파악하려면 선수 개개인을 살펴보는 게 가장 좋다. 한 예로 2007년 비제이 싱은 우즈와 같은 경기에 출전했을 때 15타를 더 쳤다. 그러나 우즈가 무릎을 치료하느라 불참한 해에는 10타를 덜 쳤다. 데이터를 어떤 식으로 해석해도 일관성 있는 결론이 나왔다. 우즈의 경쟁자들은 슈퍼스타의 영향을 상당히 받은 피해자들이다.

따라서 우리도 이런 영향에서 자유롭지 않다고 보는 게 맞다. 타이거 우즈 효과는 재계, 학계, 정치계, 예술계 등 수많은 다른 분야에서도 나타난다. 건전한 경쟁은 바람직하며 우리의 기량을 향상시킨다. 그러나 슈퍼스타와 경쟁하기란 전혀 다른 문제다. 자신의 우상이나 멘토 앞에서 주눅이 들어 구멍 난 타이어에 바람 빠지듯 쪼그라든 적이 얼마나 많은가? 동경심 때문에 자기 능력을 객관적으로 평가하는 데 실패한 적이 한두 번인가? 기라성 같은 인물들 앞에서 기가 죽은 나머지, 이미 성공을 이룬 이들에게 유리하게 치우친 결과가 나온다는 사실을 눈치채지도 못한다. 비제이 싱은 우즈가 자신의 평정심을 흩트리고 자신의 경기 성과에 얼마나 영향을 미치는지 알게 되면 무척 경악할 게 틀림없다.[24]

그러나 우리가 슈퍼스타와 어깨를 겨룰 실력이 되지 않는다고 해도 '협력'을 하면 많은 이득을 얻을 수 있다. 이 장에서 말하려는 바는 간단하다. 팀에 속한 개인뿐 아니라 관리자나 채용 면접관에 이르기까지 누구에게나 도움이 되는 방법이 있다. 바로 슈퍼스타와 경쟁하면 주눅이 들지만 슈퍼스타와 협력하면 기량이 향상된다는 점이다.

한 연구에 따르면 대학에서 스티븐 와인버그 같은 과학계 슈퍼스타를 채용할 경우,[25] 그가 속한 학과 전체의 생산성이 무려 54퍼센트나 향상한다. 놀랍게도 이는 슈퍼스타가 다른 사람들보다 크게 기여해서만이 아니다. 슈퍼스타 개인의 기여분은 학과 전체의 평균 생산성 증가분의 4분의 1밖에 되지 않는다. 나머지 생산성 증가분은 다른 이들이 달성한다. 슈퍼스타가 존재하는 데 따른 간접적인 결과다.

슈퍼스타는 판을 바꾸는 사람이다. 그들은 새로운 고용을 유발하고 사람들은 슈퍼스타의 탁월함이 자신에게도 묻어나기를 바란다. 그 효과는 꽤 지속적이어서, 슈퍼스타가 채용된 지 8년이 지나도 생산성은 여전히 높은 수준을 유지한다.

더 놀라운 점이 있다. 슈퍼스타가 미치는 영향은 그가 떠난 후에도 여전히 진가를 발휘한다.²⁶ 슈퍼스타가 자리를 비워도 여전히 존재감을 발휘하는지를 살펴본 별도의 논문에서 MIT 교수 피에르 아줄레Pierre Azoulay는 섬뜩하지만 중요한 의문을 던졌다. 슈퍼스타 과학자가 갑자기 세상을 떠나면 해당 분야에서 어떤 현상이 나타날까? 아줄레의 연구 결과는 우리가 몸담은 직종에서 성패를 좌우하는 심오한 영향이 무엇인지 일깨워준다. 슈퍼스타가 사망하면 동료 학자들의 생산성은 5~8퍼센트 하락한다. 이는 갑작스러운 사망으로 평정심이 깨지면서 돌발적으로 나타나는 일시적인 현상이 아니다. 그 후 그들이 해당 분야에서 은퇴할 때까지 계속되는 현상이다.

타이거 우즈 효과에 비춰 볼 때 이는 모순되는 결과다. 정원의 키 큰 나무가 햇빛을 가리듯이, 슈퍼스타가 자신의 세계에 짙은 그림자를 드리워 동료들의 성장을 방해하는 것이라고, 그런 슈퍼스타가 사라지면 경쟁 여건이 공평해지고 그보다 못한 이들이 진가를 발휘하리라고 생각했는데 말이다. 실제로는 정반대 현상이 발생한다. 동료 학자들은 슈퍼스타가 떠난 뒤 넓어진 운신의 폭을 십분 활용하기는커녕 그의 빈자리 때문에 생산성이 감퇴한다. 이는 과학에서 슈퍼스타가 얼마나 중요한 역할을 하는지 보여준다. 공동 연구자들은 존경받는 슈퍼스타의 혜안에 의존해 자신의 연구를 추진하고 경력을 쌓는다. 이는 슈퍼스타가 왜 그렇게 큰 보상을 받는지 이유를 알게 해주는 대목이기도 하다.

▲ ▲ ▲

그러나 슈퍼스타라도 자신의 전문 분야에서 올릴 수 있는 성과에는 한계가 있다. 그들은 자기 분야에서 최고의 기량을 발휘하는 사람이지만 성공의 제2 공식에 따르면 그들의 기량은 동료들보다 눈곱만큼 더 우수할 뿐이다. 슈퍼스타가 우리를 위협적이지 않은 존재로 여기듯이, 우리도 슈퍼스타 앞에서 주눅 들지 않으면 제 기량을 발휘하고 성공할 가능성이 높아진다는 뜻이다. 아마도 우리는 타이거 우즈가 실눈을 뜨고 드넓은 잔디를 바라보며 본인이 두 살이었을 때의 몸집만큼 왜소하고 약해 보이는 경쟁자들을 훑어보는 광경을 떠올리겠지만, 사실 다른 선수들과 우즈의 실력 차이는 1타의 몇 분의 1밖에 되지 않는다.

우리에게는 희소식이다. 성과는 제한되어 있다는 사실을 알면 우리도 슈퍼스타를 능가할지 모른다. 기라성 같은 인물들 앞에서 주눅이 들어 실력을 제대로 발휘하지 못하게 만드는 미묘한 심리적 요인들은, 우리가 그런 요인들을 인지하고 슈퍼스타도 우리와 마찬가지로 실패할 수 있는 이들이라는 사실을 명심하면 그 영향력이 감소된다. 주눅이 드는 순간 우리의 영웅들을 우리와 같은 수준으로 끌어내릴 수 있다.

브라운의 논문에서 가장 놀라운 점은 타이거 우즈가 승승장구하는 시기와 성적이 저조한 시기에 따라 프로 골프대회의 성적들이 출렁인다는 사실이다. 우즈가 뛰어난 기량을 발휘할 때 슈퍼스타 효과는 특히 크게 나타나고 상위권 선수들은 평균 2타가 늘어나 성적이 떨어진다. 반대로 우즈가 성적이 저조한 기간에는 다른 선수들의 자신감이 상승한다. 우즈가 슬럼프를 겪는 기간 동안에는 그의 존재가 야기한 부정적인 효과가 사라졌다. 갑자기 우즈도 실수할 때가 있는 인물이 되었다. 우즈의 승리는 더 이상 따놓은 당상으로 여겨지지 않았다.

사실 우리가 패배감에 젖는 이유는 슈퍼스타에게 주눅이 들어서가 아니라 절망감 때문이다. 우리가 응원하는 후보가 이길 가능성이 없으면 투표할 확률이 낮아지고, 다른 후보가 확실히 채용된다고 생각하면 그 면접에 응모할 확률이 낮아진다. 회의에 참가한 누군가가 나보다 회의 주제에 대해 아는 게 훨씬 많다고 생각하면 발언하기를 꺼리게 된다. 그러나 동등하게 겨룰 수 있다고 생각하고 경쟁에 임하면 성공할 확률이 높아진다.

피에르 아줄레의 논문에서 학계의 슈퍼스타가 사망하면 동료 학자들이 발표하는 논문의 수가 줄어든다는 결과기 나온 점을 기억하라. 슈퍼스타 지위를 얻는 이들을 우리가 우러러보는 게 당연하다는 주장처럼 보인다. 그러나 아줄레가 실시한 후속 연구에서는 세상의 약자와 혁신가들에게 용기를 주는 결과가 나왔다.[27]

아줄레는 슈퍼스타의 죽음이 미치는 여파를 살펴보다가 슈퍼스타의 전문 분야에서 그와 공동으로 연구하지 않은 과학자들, 즉 슈퍼스타 과학자가 살아 있는 동안 공동 연구를 한 적이 없는 과학자들은 슈퍼스타가 사망하자 논문 발표 비율이 평균 8퍼센트 증가한 것을 발견했다. 생산성이 향상된 이들은 아웃사이더로서 거장들이 장악했던 공간에서 자기 입지를 찾으려고 애써온 젊은 과학자들이었다. 슈퍼스타가 사라지자 그들은 이제 골리앗의 그림자를 벗어나 기존의 도그마에 의문을 제기할 수 있게 되었다.

골리앗의 시대, CEO와 팝스타와 대기업들이 성과에 비해 엄청난 보상을 받는 시대에 우리는 이 세상의 다윗들도 여전히 이길 수 있다고 믿어야 한다. 그리고 실제로도 가능하다. 성공의 제2 공식이 보편적으로 적용된다는 사실을 늘 명심하면 말이다. 개인이 낼 수 있는 성과에는 한계가 있다는 점에 비춰 볼 때, 슈퍼스타는 아웃라이어가 아니며 타이거 우즈 효과에서 벗어나 열등감을 극복하고 승산을 높일 수 있을지도 모른다. 자신 있게 혁신하고, 스스로 그럴 만한 자격이 있을까 의구심을 떨치고, 당당하게 창의적인 생각을 제시할 수 있을지도 모른다.

성공의 제2 공식이 시사하는 바가 있다면 그것은 슈퍼스타도 오류를 범한다는 사실이다. 높이 날수록 추락할 때는 소리도 크게 나고 더 아픈 법이다. 추문은 명성을 압도한다.[28] 과학계에서 이는 확실하다. 슈퍼스타가 부정행위를 하거나, 연구 결과를 조작하거나, 표절을 하면 지명도가 떨어지는 학자보다 훨씬 큰 처벌을 받는다. 문제가 된 논문뿐만 아니라 그가 발표한 논문들 전체의 인용 비율이 20퍼센트 감소한다. 슈퍼스타가 성과의 본보기로 간주되면 단 한 번의 추문도 그의 신뢰도를 크게 훼손할 수 있다. 객관적으로 성과를 측정할 척도가 없는 세상에서는 슈퍼스타가 단 한 차례 실수만 해도 우리는 임금님이 벌거벗었다는 사실을 깨닫게 된다.

골프에서도 그렇다. 골프 코스 밖에서 타이거 우즈가 벌인 악명 높은 행각은 선수로서의 명성에 치명타를 입혔고 결과적으로 그는 큰 대가를 치렀다. 그는 공개적으로 치욕을 당했고 그의 개인적인 문제점들까지 낱낱이 까발려져 끊임없이 전파를 탔다. 그후로도 오랫동안 언론의 집요한 감시의 눈길을 견뎌내야 했다는 사실은 우리가 슈퍼스타를 얼마나 우러러보는지, 우리를 실망시키면 얼마나 혹독하게 처벌을 받는지 보여준다.

"그의 정체성과 자아가 추문 하나로 완전히 파괴되었다.[29] 수치심은 인간이 느끼는 감정 중 가장 강력하고 파괴적이다. 우즈는 추문 이후 수치심에서 벗어나지 못하고 있다"라고 앨런 쉽넉 Alan Shipnuck은 〈골프Golf〉에 기고한 글에서 말했다. 그는 또 다음과 같이 덧붙였다. "전성기 때 우즈는 누구보다도 기량이 뛰어났다. 그러나 그를 다른 선수들과 차별화한 것은 그의 마음과 그의 머리다. 그는 자신을 절대적으로 믿었고 그 믿음은 절대로 흔들리지 않았다. 성공이 성공을 낳았다. 그러나 이제 다 사라져버렸다."

▲ ▲ ▲

성공의 제2 공식 '성과는 유한하지만 성공은 무한하다'는 성과와 성공의 불균형적 관계를 잘 보여준다. 그러나 이런 불균형이 나타나는 근본적인 원인에 대해서는 아무것도 말해주지 않는다. 수많은 분야들에서 성공을 가늠해보면서 나는 멱 법칙 분포를 끊임없이 발견했다. 성공은 무한하다는 사실과 관련해 뭔가 중요한 시사점이 있기는 했는데, 성공을 분석한 차트는 하나하나가 옛말이 옳았음을 입증하는 듯했다. 삶은 불공평하다. 다행히 다음에 소개할 법칙은 우리가 일상생활에서 겪는 역동적인 힘들을 만들어내는 신비로운 기제를 밝혀내는 데 도움이 된다. 어떤 영역에서든 슈퍼스타가 등장해 군림하는 이유는 뭘까? 애초에 어떻게 압승을 거두는 걸까? 핵폭탄의 뇌관을 제거하는 새끼 고양이가 등장하는 카드게임을 살펴보면 그 해답이 보일지 모른다.

제 3 공식

과거의 성공 × 적합성 = 미래의 성공

THE FORMULA

THE
THIRD
LAW

과거의 성공 경험이
적합성과 만나면
미래의 성공을 보장한다.

우선적 애착(preferential attachment)*이라는 잘 드러나지 않는 현상이 서명 운동의 대중성에서부터 어린이들의 독해 능력까지 모든 성공을 좌우한다. 탁월한 적합성과 사회적 영향력이 함께 작용하면 성공은 무한히 이어진다.

* 이미 번역 출간된 저자의 다른 책에서는 이를 '선호적 연결'로 번역했으나, '우선적 애 착'이 저자가 말하고자 하는 현상을 더 정확하게 포착하는 용어라 판단하여 이와 같이 번역함을 밝힙니다-옮긴이.

6.
폭발하는 새끼 고양이와 양말 인형
성공에 시동을 걸다

———   ——

시작은 이랬다. 엘런 리Elan Lee에게 이메일이 쇄도하면서 그의 구글 이메일 계정이 작동을 멈춰버렸다.[1] 낯선 사람들이 동물 모양의 풍선, 타코캣TacoCat 봉제인형을 보냈고 법적 소송을 걸겠다고 위협하는 이들도 있었다. 〈폭스 뉴스Fox News〉의 기자도 어느 날 불쑥 그의 집을 찾아왔다. 기자가 리의 책상 앞에 털썩 앉자 그는 자기 집인데도 안절부절못했다. 리는 카메라가 돌아가기 시작하자 기자에게 할 말을 요점만 휘갈겨 쓴 종이를 마치 급조한 텔레프롬프터처럼 쳐들었다.

사흘 전 시작된 킥스타터Kickstarter 캠페인

'폭발하는 새끼 고양이' 카드게임의 기금 모금 활동

시작하고 8분 만에 목표액인 1만 달러를 달성

지금까지 모은 기금이 이미 300만 달러 이상

'폭발하는 새끼 고양이'는 리가 매튜 인먼Matthew Inman과 셰인 스몰Shane Small 두 친구의 도움으로 만든 카드게임이다. 노는 방법은 어처구니가 없을 정도다. 카드에는 고양이가 그려져 있고 이 고양이가 키보드를 가로지르면 핵폭탄이 터진다. 이 고양이의 사악한 계략을 무산시키려면 오직 레이저 포인터, 염소 마법사, 개박하 샌드위치만 써야 한다. 이 게임은 기분 전환용으로서 아무도 다치지 않는 러시안 룰렛인 셈인데, 전략과 장난기가 가득한 게임이다.

카드를 인쇄할 1만 달러 기금을 조성하려고 리와 친구들은 모금 사이트인 킥스타터에 이 게임의 개념을 소개했다. 모금하는 기간은 한 달이었다. 그런데 킥스타터에 올린 지 8분 만에 목표액을 달성하자 신바람이 났다. 10만 달러가 되자 다들 제정신이 아니었고, 100만 달러를 찍자 세 사람은 놀라서 멍해졌다. 그러다 200만 달러에 도달하자 덜컥 겁이 났다. 리는 자기 컴퓨터 화면에 뜬 킥스타터 사이트에서 캠페인의 총 모금액을 보여주는 칸을 포스트잇으로 가려놓았다.

"높은 절벽에 매달려 아래로 천 길 낭떠러지를 내려다보고 있는데 밑에서 나를 잡아당기는 듯한 기분이다. 자살 충동 같은 걸 느끼지도 않는데 말이다. 제발 불상사가 일어나지 않기를 바라지만, 자꾸만 '그런 일이 일어나면 어쩌지?' 하는 생각이 든다."
그러면서 그는 이렇게 덧붙였다. "좌측 하단에 '모금 취소' 칸이
있다. 나는 날마다 그 칸을 노려본다."

2월 초, 모금을 시작하고 12일째 되는 날에 리가 한 말이다.
쇄도하던 이메일이 잦아들 무렵(단지 모금 기한인 한 달을 채웠기 때문
에 잦아들었을 뿐이다), 리와 친구들은 20만 명의 기부자로부터 880
만 달러를 모았다.

겉보기에 폭발하는 새끼 고양이 게임은 기금을 조성하려는 여
느 캠페인과 다를 게 없었다. 엘런 리는 여느 창업자와 마찬가지
로 그저 운이 따라줘서 목표를 달성하기만을 바랐다. 그런데 상
황은 거기서 그치지 않았다. 리는 돈이 폭우처럼 쏟아지리라고
는 예상도 기대도 하지 못했지만, 강도 5의 허리케인에 해당하
는 성공이 밀려오고 있다는 여러 가지 징후가 나타났다. 이미 모
금 목표액을 달성한 카드게임에 사람들이 자기가 어렵게 번 돈
을 그렇게 쉽게 쾌척하다니 이상했다.

그러나 리가 이 모금 프로젝트를 시작할 때 그에게는 비밀 병
기(아니, 고양이가 터뜨리는 핵폭탄 말고!)가 있었고, 그 덕에 그는 성
공하게 되어 있었다. 그게 뭔지는 곧 알려주겠다. 우선은 대부분
의 프로젝트가 애초에 관심을 모으지 못하는 까닭, 반대로 말하
면 폭발하는 새끼 고양이 같은 모금 캠페인에 사람들의 관심이
치솟는 요인에 대해 알아보자.

폭발하는 새끼 고양이 같은 프로젝트를 보면 모금에 성공하기가 땅 짚고 헤엄치기라고 생각할지 모르지만, 사실 킥스타터 프로젝트의 70퍼센트가 실패한다.[2] 한마디로 킥스타터 무덤에 사장되는 셈이다. 작은 마을 출신의 헤비메탈 밴드가 앨범을 녹음할 비용을 마련하는 데 실패한다. 고군분투하는 웹 시트콤은 다음 편을 찍을 제작비를 모금하는 데 실패한다. 닭고기 와플 푸드트럭 프로젝트가 무산된다. 얼핏 보면 리와 이런 사람들의 차이가 뭔지 딱 꼬집어 얘기하기 힘들다. 종잣돈을 마련하려고 소셜 미디어에서 친구들에게 '좋아요'와 '공유'를 눌러달라고 귀찮게 하고는 인터넷상에서 잠적해버리기는 마찬가지 아닌가 말이다. 진짜배기 창업가들이 제작한 프로 냄새 물씬 풍기는 비디오가 넘쳐나는데 대체 무엇이 우리로 하여금 기부 버튼을 클릭하게 만드는 걸까?

네덜란드 출신의 실험적인 사회학자 아르나우트 판 더 레이트 Arnout van de Rijt의 연구에 답이 있다. 그는 어릴 때 클라리넷 연주자였고 실력이 상당했다. 해마다 지역 클래식 경연대회에 참가해 상을 탈 정도였다. 그는 연전연승을 했지만 그의 피아니스트 친구 같은 경쟁자들 중에 자기보다 훨씬 재능이 뛰어난 이들이 있다고 생각했다. 사실 클라리넷은 희귀한 악기였고 진짜로 재능 있는 아이들은 대부분 피아노나 바이올린을 연주했다. 과학자의 꿈이 싹트고 있던 그는 자신이 연달아 상을 탄 이유가 희귀한 악기를 연주했기 때문인지 여부가 궁금했다. 훗날 그가 다양한 분야에서 어떻게 성공하게 되는지를 연구하는 데 평생을 바치게 된 까닭은 바로 이런 의문 때문이었다.

킥스타터를 이용해 그가 한 실험을 살펴보면 폭발하는 새끼 고양이가 어떻게 성층권에 진입했는지 그 비결을 알 수 있다. 판 더 레이트는 200여 개 킥스타터 신생 프로젝트를 무작위로 선정했다.[3] 이 프로젝트들이 모금한 액수는 대학생이 흥청망청 돈을 쓰고 난 뒤 현금인출기에서 뽑아 든 명세서에 선명하게 찍힌 액수 $0.00와도 같았다. 즉 한 푼도 모으지 못했다고 할 수 있었다. 그는 선정된 200개 프로젝트 중 절반에 소액을 기부하고 나머지 절반은 무시했다. 전자가 처치 집단, 후자가 통제 집단인 셈이다. 그러고 나서 운명이 어떻게 흘러가는지 가만히 지켜봤다.

엘런 리의 프로젝트처럼 갑자기 기금이 폭증한 프로젝트는 없었다. 그러나 판 더 레이트가 포착한 사실은 그 자체만으로도 놀라웠다. 그가 최초로 소액을 기부한 프로젝트는 추가로 기금을 끌어모을 확률이 두 배 이상 증가했다. 그가 무작위로 선정한 소액 기부 프로젝트들이 땡전 한 푼 기부하지 않고 내버려둔 프로젝트보다 훨씬 좋은 성과를 거두었다는 뜻이다.

판 더 레이트가 기부한 이들 중 그가 개인적으로 아는 사람은 하나도 없었다. 또 그는 그들이 만든 동영상이 딱히 관심을 끌거나 그들이 내세운 명분이 대단한 가치가 있다고 생각하지도 않았다. 그가 기부한 금액도 크지 않았다. 거리 연주자의 기타 케이스에 던질 정도의 액수, 지폐 몇 장과 동전 몇 닢 정도였다. 그런데도 그가 무작위로 선정해 소액을 기부한 덕분에 모금에 성공할 가능성이 증가한 듯했다.

판 더 레이트가 목격한 현상은 여러 분야에서 우리가 반복해서 목격한 현상이다. 성공이 성공을 낳는다. 다시 말해 성공적으로 보이는 프로젝트가 성공을 유인한다. 성과에 상관없이 말이다. 이를 과학에서는 '우선적 애착'이라고 부른다. 우선적 애착은 1999년에 내가 만든 용어로, 구글 같은 웹사이트가 수천만 개의 링크를 확보하는 반면, 훨씬 좋은 콘텐츠와 서비스를 제공하는 다른 수십 억 개의 사이트는 지명도를 얻지 못해 고군분투하는 이유를 설명해준다. 우선적 애착은 부자는 더 부자가 되고, 유명인은 더 유명해지며, 성공만큼 성공을 부르는 것도 없다는 점을 잘 보여준다.

부익부 현상은[4] 지난 한 세기에 걸쳐 물리학에서 경제학에 이르기까지 여러 가지 다양한 과학 분야에서 연구되었다. 사회학자 로버트 머튼Robert Merton은 이를 '매튜 효과Matthew Effect'라고 부른다. 이 효과를 제대로 설명한 구절이 들어 있는 마태복음에서 딴 용어다. "무릇 있는 자는 받아 풍족하게 되고 없는 자는 그 있는 것까지 빼앗기리라." 이런 걸 보면 우선적 애착은 성경이 쓰인 시대까지 거슬러 올라가 그 먼 옛날에도 나타났던 듯하다.

우선적 애착을 내가 처음 목격한 맥락에서 살펴보자. 월드와이드웹은 1조 개 이상의 웹사이트들로 구성된 대단히 복잡한 연결망이다. 각 사이트는 URL로 검색 가능하며 페이지에서 다른 페이지로 넘어갈 때 클릭 한 번이면 된다. 개방형이고 엄청나게 다양한 서비스를 제공하므로 웹은 각 웹사이트에 성공할 기회를 동등하게 부여하는, 민주주의의 궁극적인 플랫폼으로 칭송을 받았다.

그러나 사실은 그렇지 않다. 그런 적도 없다. 1998년 우리는 직접 만든 원시적인 형태의 검색엔진을 이용해 웹의 일부를 지도로 그리고 있었는데 이 작업을 하다가 그런 사실을 발견했다. 우리가 만든 검색엔진은 구글 창립자인 래리 페이지Larry Page와 세르게이 브린Sergey Brin이 만든 것과 다르지 않았고 제작한 시기도 비슷했다.

급속히 성장하고 있던 월드와이드웹에 대한 놀라운 사실이 우리가 만든 지도에서 발견되었다.[5] 웹은 누구의 사이트든 똑같이 노출되는 평등한 연결망이 아니었다. 대부분의 웹사이트들은 다른 웹사이트들에 파묻혀 거의 보이지도 않았다. 몇몇 사이트(구글, 아마존, 페이스북 등)가 수억 개의 링크를 끌어모으는 중심축 역할을 하고, 우선적 애착 때문에 중심축의 역할이 계속 확장되고 있었다. 검색엔진 알고리즘은 다른 사이트들이 이 사이트들과 연결되는 횟수로 순위를 결정했다. 특정 웹사이트에 진입하는 링크 수가 많을수록 브라우저나 검색엔진 순위를 통해 찾기가 훨씬 쉽다. 결과적으로 연결되는 링크 수가 많을수록 추가로 링크를 확보할 가능성이 높고 온라인 지명도가 높아진다.

여기서 '웹사이트'를 연결망에 속한 그 어떤 사물이나 사람으로 대체해도 마찬가지다. 할리우드 배우, 부동산 중개인, 장난감 제조사, 심지어 천주교 신부까지도 우리 주변 세상을 형성하는 데 우선적 애착이 얼마나 깊은 영향을 미치는지 보여준다.

아주 기본적인 사례 몇 가지만 봐도 그렇다. 이미 고객을 많이 확보한 부동산 중개인일수록 고객을 더 많이 소개받는다. 부동산 중개업에서 자리를 잡기가 너무나도 힘든 까닭은 바로 이 때문이다. 극찬을 받은 영화에 출연한 배우는 계속해서 역할을 따 낸다. 처음에는 찬조 출연으로 시작하더라도 스크린에 자주 등장하다 보면, 캐스팅 담당자나 제작자가 새로운 작품에 출연을 요청하는 횟수가 늘어난다.

우선적 애착은 타이거 우즈나 저스틴 팀버레이크 같은 슈퍼스타들이 경험하는 눈덩이 효과를 낳고, 이들 각자의 연결망을 그 분야의 중심축으로 전환시킨다. 만일 성공이 성과처럼 한계가 있다면 팬 기반이 확장되는 데도 한계가 있을지 모른다. 그러나 엘런 리에게 기부금이 쇄도한 사례가 보여주듯이 그렇지가 않다. 폭발하는 새끼 고양이의 폭발적인 인기는 성공의 제2 공식이 포착한, 성공이 지닌 무한함이라는 특성을 보여준다. 이런 중심축이나 슈퍼스타를 만들어내는 원동력은 우선적 애착이다. 성공이 성공을 낳는다. 사실 이 개념은 이례적으로 막강한 영향을 미치거나 보상을 받거나 지명도를 달성하려면 반드시 있어야 하고 불가피하다. 슈퍼스타를 아찔할 정도로 높은 지위에 도달하게 만드는 원동력이 바로 이 개념이다. 엘런 리가 잠시 뛰어내리고 싶은 충동을 느낀 바로 그 높이까지 말이다.

▲ ▲ ▲

최근 내 친구 캐리는 열 달 된 아들을 데리고 신생아들이 으레 받는 진찰을 받으러 갔다. 아기는 식료품 무게 다는 저울처럼 보이는 체중계에 누워 졸린 눈을 깜박거리며 엄마를 쳐다봤다. 진찰은 무사히 끝났다. 진료를 마친 캐리가 아기를 불필요할 정도로 겹겹이 싸서 안고 진료실을 나서려 할 때, 의사가 표지에 토끼 사진이 들어 있는 아동 도서를 건네주었다. "날마다 아기에게 꼭 읽어주세요"라고 의사가 말했다. 하루에 알약을 몇 알 먹여야 하는지 처방해주듯 말이다.

생각만 해도 우스웠다. 의사가 정말로 아기에게 책을 처방했을까? 그녀의 얘기를 듣고 나니 미국에서 산 지 수십 년이 지났는데도 여전히 '참, 미국 사람들이란!' 하고 느끼는 순간들이 떠올랐다. 매번 겪을 때마다 놀라곤 하는 그런 경험 말이다. 소아과 의사가 나눠 주는 그 책은 우리가 삶을 시작할 때부터 부익부 현상이 얼마나 우리의 삶을 지배하는지 깨닫게 해주는 중요한 사례다.

내 아들이 책도 별로 없고 부모가 독서도 즐기지 않는 집에 태어났다면, 태어나서 첫 몇 년 동안 접해본 책이라고는 의사에게 진찰받으러 갈 때마다 얻어온 책으로 꾸민 작은 서가뿐이었을지도 모른다. 책과 익숙하지 않은 아이는 나이가 들면서 독서를 하지 않을 가능성이 높다. 언어에 노출되지 않으면 언어를 해독하는 능력이 떨어지고, 학교에서 고학년으로 올라가면서 점점 더 문해력이 부실해진다.

이런 순환 구조는 참담한 결과를 낳는다.[6] 연구 결과를 보면 가장 동기 유발이 안 된 중학생들은 한 해에 겨우 10만 단어를 읽는다. 평균적인 중학생은 대략 100만 단어를 읽는다. 자기 몸집만 한 배낭에 두툼한 책을 넣어서 끌고 다니는 내 딸 이자벨라 같은 경우는 한 해에 1,000만 단어를 흡수한다. 딸아이는 여름방학이면 도서관을 차려도 좋을 만큼 책 속에 파묻혀 보낸다.

그렇게 오랜 시간 동안 어휘력을 갈고닦은 아이는 자기 의사를 표현할 때 폭넓고 생생한 어휘를 구사하고, 교사들은 1학년 때부터 찬사를 아끼지 않는다. 그렇게 주위의 인정을 받으면 받을수록 점점 더 많은 인정을 받게 된다. 지식은 지식을 낳고 기술은 기술을 낳으며 전문성은 전문성을 낳는다. 이런 경험들이 축적되어 성공으로 이어지고 성공은 또 다른 성공을 낳는다.

우선적 애착은 교육에서의 빈부격차를 더 벌려놓고, 이는 시간이 갈수록 눈덩이처럼 불어난다. 적어도 이론상으로는 문해력을 습득할 기회를 동등하게 갖고 태어난 아이들과 처음부터 기회를 놓치는 바람에 결코 따라잡지 못하는 지경에 이르는 아이들 사이의 격차를 보여준다.

이런 우선적 애착을 익히 알고 있는 나로서는 우리가 시행하는 프로젝트도 처음부터 성공해야 후속 연구도 성공할 수 있다고 확신했다. 그러나 어떤 지침서나 처방전도 없는 상태에서 말이 쉽지 실천하기는 어렵다. 어느 분야에서든 성공하려면 이미 성공한 선례를 축적해놓았어야 할까? 그렇다면 애초에 누군들 성공하지 않겠는가? 우선적 애착을 어떻게 배양할 수 있을까? 그 부동산 중개인은 처음에 어떻게 거래를 따냈을까?

이는 흔하디흔한 진퇴양난의 상황이다. 대학생이 여름방학 동안 고향 레스토랑에서 웨이터 자리를 구하려고 갔더니 갑자기 지배인이 허겁지겁 달려와 이런 질문을 한다. "경험은 있어요?" 솔직히 말해서 없다고 그녀는 고백한다. "미안하지만 우리는 경력자가 필요해요." 지배인이 서둘러 새로 내린 커피를 가지러 가면서 고개를 돌려 어깨 너머로 외친다. 망연자실한 학생은 주차장으로 가면서 중얼거리듯이 말한다. "도대체 경험을 하지 않고 어떻게 경험을 쌓으란 말이야?"

▲ ▲ ▲

슈퍼스타, 유명인, 대단한 부자들의 성공에는 영락없이 우선적 애착이 작용한다는 명백한 증거가 존재한다. 그러나 이런 영혼 없는 설명을 기계적으로 하고 나면 이런 의문이 가시지 않는다.

우선적 애착이 보다 근본적인 뭔가에 뿌리를 두고 있지는 않은가? 재능이나 특권의 차이 또는 타고난 사회적 이점이 그 원인은 아닌가? 성공하는 사람이 계속 성공하는 까닭은 단지 그들이 월등하기 때문일까? 아니면 지속적으로 쓸 수 있는 가용 재원이 그들에게 두둑하게 있기 때문일까?

이런 근본적인 의문을 해소하기 위해 아르나우트 판 더 레이트는 또 다른 실험을 했다. 이번에는 위키피디아로 눈을 돌렸다.[7] 위키피디아에 나온 글들은 익명의 '편집자들'이 협력해서 작성한다. 당신이나 나처럼 특정한 주제에 대한 전문 지식을 제공할 용의가 있는 사람들 말이다.

정기적으로 이 사이트에 기여하지 않는 이들은 잘 모르는 사실이 있는데, 사용자는 누구든 두드러지게 기여한 편집자에게 가상의 상을 줄 수 있다. 이 상은 '위키러브Wikilove', 즉 위키 사용자들 간의 협력과 상호 이해를 증진시키자는 취지에서 만들어졌다. 위키피디아에서 '반스타Barnstar'라고 불리는 이 상은 편집자로 로그인하는 사람이라면 누구나 받을 수 있다. 누가 상을 받을 자격이 있는지 판단하는 심사위원은 없다.

반스타는 자주 상당히 많은 부분에 기여한 편집자를 기리기 위해 만들었으므로, 판 더 레이트는 우선 전체 편집자들 중 가장 활발하게 활동하는 1퍼센트를 가려냈다. 총 2,400명이었다. 그런 다음에는 이 헌신적인 위키 꼴통들 중 무작위로 200명을 선정해, 이번에도 무작위로 100명씩 두 집단으로 나누었다. 여러 모로 이 두 집단은 분간하기가 불가능했다. 위키피디아에 대해 똑같이 헌신적인 편집자들로 구성된 두 집단이었다. 그러나 판 더 레이트가 실험을 하면서 상황은 바뀌었다.

그는 편집자들 몰래 한 집단은 성공하도록 만전을 기했고, 다른 한 집단은 실패하도록 내버려두었다. 즉 한 집단에 속한 편집자 하나하나에게 모두 반스타 상을 주었고, 다른 집단에는 상을 주지 않았다. 말하자면 단 한 가지만 빼고 똑같은 두 개의 평행 우주를 창조한 셈이다. 한 집단은 위키피디아 사이트에 기여한 공로를 공개적으로 인정받았고, 다른 집단은 받지 않았다는 점만 빼고 두 집단은 똑같았다. 그러고 나서 어떻게 되는지 가만히 지켜봤다.

수상자들은 눈코 뜰 새 없이 바빠졌다. 편집 사이트에서 그들의 생산성은 상을 받지 않은 통제 집단보다 60퍼센트가 뛰었다. 그들은 또한 훨씬 동기가 유발되었다. 그런데 무엇보다 놀라운 결과는 판 더 레이트가 반스타 상을 준 이들 중 12명은 그가 이 집단들을 관찰한 석 달에 걸쳐 다른 위키 사용자들로부터 하나 또는 그 이상의 반스타를 받았다는 점이다. 통제 집단에 속한 이들 가운데 추가로 상을 받은 사람은 겨우 두 명뿐인 것과는 대조적이다. 판 더 레이트에게 첫 반스타를 받은 사람들은 수상 가능성이 높아졌다. 즉 판 더 레이트 말고도 다른 누군가로부터 두 번째 또는 세 번째 상을 받을 가능성이 훨씬 높았다.

이 모두를 단순히 상의 역동성으로 치부하기 쉽다. 반스타 상을 받으면 더 노력하고, 이는 다시 성공을 낳는다고 말이다. 상을 타면 자신감이 붙고 이길 방법을 터득하게 되며 인지도가 높아지고 추가로 쏟아부을 재원이 늘어난다. 그러나 이 실험의 백미는 바로 이런 가능성을 배제했다는 점이다. 집단으로서 반스타 수상자들은 더 열심히 노력한 게 맞지만, 두 배나 세 배 수상한 편집자 12명의 생산성은 같은 집단에 속한 다른 편집자들의 생산성보다 조금도 나을 것이 없었다.

무엇보다도 중요한 사실은 이미 상을 받은 이들이 계속 상을 받도록 하는 요인은 재능도, 성과의 품질도, 작업에 몰두하는 능력도 아니었다는 점이다. 판 더 레이트는 무작위로 선정한 이들을 무작위로 집단에 배정해서 이런 가능성을 배제했다. 이 실험은 재능과 노력을 배제했고, 성과와 상관없이 보상은 더 많은 보상으로 이어진다는 사실을 입증했다. 성공은 성공을 낳았다. 간단명료했다.

어쩌면 위키피디아 상이 연구 기금, 장학금, 승진 등과 비교하면 독서를 많이 한 초등학교 1학년 학생에게 선생님이 상으로 나눠 주는 황금별처럼 사소해 보일지도 모르겠다. 그러나 나는 이와 똑같은 현상이 내 전문 분야에서도 일어나는 광경을 목격했다. 아르나우트 판 더 레이트 같은 인물이 자격 있는 동료 학자에게 상을 주면서 그 동료를 성공 가도에 올려놓은 것이다.

내가 기억하는 한 모든 경우가 하나같이 상을 받을 만한 사람이 받은 듯했고, 나는 자격 있는 과학자가 인정을 받게 되어 기뺐다. 그러나 상을 받는 사람이 늘어나기는커녕 정반대 현상이 일어났다. 이미 인정을 받은 동료 학자가 더 많은 상을 받기 시작했다. 이미 수상한 과학자에게 더 많은 찬사를 퍼붓는다고 해서 누가 뭐라고 하지 않는다. 계속 찬사를 받는 사람은 자신감이 붙는다. 우리 모두 마찬가지다. 찬사를 받으면 자신의 능력에 대한 회의가 줄어들고 이는 향후 더 많은 성공을 정당화하는 데 이용된다.

성공의 제2 공식은 사람이 올릴 수 있는 성과에는 한계가 있으므로, 경쟁자들 사이에 성과를 구분하기가 힘들다고 했다. 그러나 '수상 능력' 같은 요인들은 성공의 원동력이 될 수 있다. 나는 퀸엘리자베스 국제음악 경연대회의 심사위원들이 판 더 레이트와 그리 다를 게 없다는 생각을 떨쳐버릴 수가 없었다. 결선에 진출한 12명 중 아무나 뽑아서 상을 주고 성공의 가도에 올려놓는 셈이다. 이는 그냥 넘겨짚는 게 아니다. 퀸엘리자베스 경연대회의 편향성을 발견한 연구팀은 한 음악가의 경력에 수상이 얼마나 중요한 역할을 하는지 증명했다.[8]

이들은 경연대회 후 수년 동안 각 연주자가 몇 차례나 음반을 녹음했는지 분석했다. 또한 브리티시 그라모폰 클래시컬 카탈로그British Gramophne Classical Catalogue나 이에 상응하는 프랑스의 디아파종Diapason 목록에 누가 올라 있는지 살펴봤다. 이런 목록에 등재되어 있다면 클래식 세계에서 성공했다고 할 수 있다. 그리고 나서 연구팀은 경연대회 후에 각 음악가를 비평가들이 어떻게 인식했는지 살펴봤다. 또한 음악 비평가들에게 각 출전자를 0~4까지 순위를 매기게 해서 경연 후 그들의 경력에 대한 전문가의 견해도 포착했다.

연구 결과 퀸엘리자베스 경연대회에서 상위권에 들고 일찍이 지명도를 얻으면 그 음악가의 성공에 시동이 걸린다는 사실이 드러났다. 일단 이렇게 시동이 걸리면 우선적 애착이 연쇄반응을 촉발하고 해당 음악가에게 새로운 성공을 안겨주었다. 경연대회에서 높은 점수를 받은 음악가들은 음반을 출시할 가능성이 높아졌을 뿐만 아니라 카탈로그에 등재되고 비평가들의 찬사를 얻을 확률도 더 높아졌다.

경연대회 순위가 오로지 재능만으로 결정된다고 믿는다면 이런 결과가 당연하다고 생각할지 모른다. 그러나 참가자 모두 재능이 있다는 사실을 우리는 알고 있다. 결선 진출자들의 연주는 심사위원들이 사실상 분간하기 어렵다. 최종 순위를 결정하는 요인은 운과 편견이다. 간단하다. 그러나 호명되어 상을 받는 이들은 이 우선적 애착 덕분에 오래도록, 심지어 별 이유 없이 그 혜택을 누린다. 한번 수상한 음악가에게는 '수상 자격'이 생기기 때문이다.

이런 현상에는 사회적 입증social proof이라는 측면이 있다. 이는 농산물 직거래 장터에서 친구들과 실시간으로 재현 가능하다. 친구들이 한 상인의 판매대 앞에 모여 웅성거리면 사람들은 마치 자석에 이끌리듯이 그 앞에 줄을 서기 시작한다. 그 판매대에서 파는 당근이 건너편 판매대에서 파는 당근보다 맛이 좋을 가능성은 거의 없다. 다만 우리는 사람들이 한곳에 모여 웅성거리면 웬 소동인지 궁금해진다. 나만 이 당근을 놓칠 수는 없다. 갑자기 이 당근이 집 근처에서 훨씬 쉽게 구할 수 있는 그 어떤 당근보다 훨씬 신선하고 아삭하고 달달하고 선명한 오렌지색을 발하는 듯이 보인다.

우선적 애착은 우리가 구매하는 상품에서 지지하는 명분에 이르기까지 대부분 선택들의 밑바탕에 깔려 있다. 소셜 미디어에서 친구가 특정한 서명 운동에 동참하라고 할 때도 비슷한 현상이 나타난다. 관심이 있든 없든 여러 사람이 부추기면 참여할 가능성이 높아진다. 똑같은 서명 운동을 하라는 권유를 네 번, 다섯 번 받게 되고, 이미 친구 여러 명이 서명하고 공유한 후라면 서명할 가치가 있다고 믿는다. 내 친구들에게 중요한 일이니 중요한 서명 운동임에 틀림없다고 생각하면서.

이 현상이 실제로 어떻게 작동하는지 보려면 체인지(Change. org)를 보면 된다. 체인지는 사용자들이 마우스 몇 번만 클릭하면 캠페인을 구축할 수 있는 온라인 서비스다. 개인이 시작한 3,000만 건의 서명 운동이 이런 식으로 펼쳐졌다. 지역적 이슈에서 세계적인 이슈, 진부한 이슈에서 절박한 이슈까지 다양하다. 서명만으로 우리 동네에 청년 센터를 지을 기금을 모으거나 선거인단이 선거 결과를 뒤집어야 한다고 요구할 수 있다. 특정 웹사이트에서 욕설을 금지하라고 요청할 수도 있고, 주지사에게 사형선고를 받은 죄수를 사면하라고 촉구할 수도 있다. 이 중 수백만 건의 서명을 받는 캠페인도 있지만(특히 세계적인 문제나 국내에서 보도된 사건 같은 경우) 대다수는 서명을 몇 개 받는 데 그친다.

캠페인이 어떻게 지명도를 얻게 되는지 궁금했던 아르나우트 판 더 레이트는 다시 실험에 착수했다. 그는 시작한 지 얼마 되지 않은 캠페인 200개를 선정해 그중 무작위로 선정한 100개 캠페인에 10여 개 정도의 서명을 했다. 이제 어떤 결과가 나왔는지 짐작이 가는가?

우선적 애착은 이념적인 시나리오에도 적용된다. 판 더 레이트가 무작위로 지지 서명한 명분들은 그가 무시한 명분들보다 추가로 서명을 얻을 가능성이 훨씬 높았다. 정치적으로나 윤리적으로 매우 중요한 이슈, 법적 판결과 관련된 이슈를 받아들일 때조차 편향적인 기제가 작동한다는 뜻이다. 우리는 이런 서명 운동을 민주주의를 신장시키는 방법으로 생각하기 쉽지만, 이 실험은 모든 명분이 동등한 여건 아래 창조되었다고 볼 때 명분의 도덕적 중요성이 아니라 이미 서명을 확보했는지 여부가 나중에 서명을 받을지를 결정한다는 점을 보여준다.

내 페이스북 피드에는 온갖 주제에 관한 수많은 서명 운동이 올라온다. 이 중 아주 드물지만 서명을 하는 경우가 있는데 보통 내가 특별히 중요하다고 생각하는 이슈다. 억압적인 정권 아래 수감된 과학자를 풀어주자든가, 정권이 대학에 간섭하지 못하도록 하자는 이슈 등이다. 내가 클릭해서 서명을 하는 이유는 그 이슈가 중요하다고 생각하기 때문이다. 나는 이것이 매우 개인적인 결정이라고 생각한다. 그러나 내 페이스북 피드에 등장하는 서명 운동은 이미 대중의 관심을 얻은 운동들이다. 나머지 서명 운동에 대해서는 관심이 없는 게 아니라 중요하다고 생각될 만하지만 초기에 도움을 받지 못했을 뿐이다. 또 내 주목을 끌만큼 우선적 애착이 작동하지 않았을 뿐이다.

▲ ▲ ▲

"이 책의 줄거리에 대해 딱히 뭐라고 말 할 필요가 없다."[9] 니코데무스 존스Nicodemus Jones가 소설《그는 천사를 믿었다A Quiet Belief in Angels》에 대해 아마존에 쓴 평이다. 영국 작가 R. J. 엘로리R. J. Ellory가 쓴 이 작품은 출간되기 전 사전 구매를 통해서만 입수 가능한 신간 미스터리 소설이었다. "이 말만 하겠다. 나를 멈칫하게 만든 단락과 장들이 있다. 소름 끼치는 부분도 있고, 쉽게 따라갈 수 있는 부분도 있고, 시적이고 늘어져서 두세 번을 읽어야 심오한 뜻을 헤아릴 수 있는 부분도 있다. … 진정으로 대단한 책이다."

저자도 기꺼이 받아들일 만한 평이다. 더군다나 이 평은 아마존에 오른 그 책의 첫 번째 평이었다. 처음에 그런 찬사를 받는 게 향후 성공에 얼마나 결정적으로 작용하는지 이제 우리는 안다. 존스는 다른 누군가가 이 책이 대단한 작품임을 평가하기 전에 믿을 만한 평을 함으로써 이 책의 성공에 시동을 걸었다. 아르나우트 판 더 레이트가 나눠 준 위키피디아 상과 마찬가지로 존스의 후한 작품 평 이 책이 더 많은 찬사를 받는 데 필요한 긍정적인 선순환 구조를 만들었다.

엘로리에게 그런 찬사가 추가로 필요했다는 뜻은 아니다. 이 책은 그의 다섯 번째 작품이었고, 이미 그를 추종하는 열혈 팬층이 형성되어 있었으며, 이전에 출간한 두 작품은 권위 있는 상 후보에도 올랐었다. 그렇지만 그 어떤 신간 소설이라도 팔리려면 독자가 열광해야 한다. 《그는 천사를 보았다》도 초기에 찬사를 받지 못했다면 다른 수많은 작품들처럼 주목을 받지 못했을지 모른다.

예컨대 존스가 다음과 같이 평했다면 어떻게 됐을까? "영국에서 흔히 일어나는 케케묵고 진부한 경찰 수사 절차가 끊임없이 등장하는 소설의 복사판"이라고 말했다면? 이는 실제로 존스가 스튜어트 맥브라이드Stuart MacBride의 《다크 블러드Dark Blood》에 대해 쓴 평이다. 만일 초기에 그런 신랄한 비판을 받았다면《그는 천사를 보았다》도 살아남기 힘들었을지 모른다. 그러나 이 신간 소설은 세계적으로 100만 부 이상 팔렸고 엘로리가 쓴 책 중 가장 큰 성공을 거두었다.

눈에 띄지 않고 일찍 서두르는 사람들은 새로운 프로젝트의 성패에 놀라울 만큼 커다란 역할을 할 수 있다. 나는 아르나우트 판 더 레이트가《피터 팬》에 등장하는 요정 팅커벨처럼 인터넷에서 주목받지 못하는 구석구석을 찾아다니며 마법의 가루를 뿌려주는 모습을 상상해본다. 아무것도 모르고 그의 실험에 참가한 이들은 그가 개입한 덕에 자신이 얼마나 이득을 봤는지 모를 것이다. 나중에 그들이 거둔 성공이 애초에 판 더 레이트가 넌지시 도와준 결과라는 사실을 안다면 아마 놀랄 게 틀림없다. 마찬가지로 엘로리도 작품에 대한 최초의 평으로 극찬을 받고 대단히 만족했으리라.

그런데 엘로리는 전혀 놀라지 않았다. 정반대였다. 왜 그랬을까? 엘로리와 그의 작품을 극찬한 니코데무스 존스는 사실 같은 사람이었다. 존스는 엘로리의 가명이었다. 자기 책에 대해 극찬하는 호평을 쓰고 경쟁자들을 혹평할 때 사용한 이름이었다. 신분을 위장하고 자기 작품에 대해 찬사를 늘어놓은 셈이다. 이와 같이 윤리적으로 문제 있는 관행을 '양말 인형 놀이sockpuppeting'라고 한다. 생각보다 훨씬 흔한 관행이다. 인터넷이 등장하면서 이런 짓을 하기가 쉬워진 후로 수십 년 동안 수많은 창작자들이 이런 꼼수를 썼다.

뻔한 얘기지만, 우리가 우러러보는 저자들이 자신의 책을 홍보하려고 속임수까지 쓰는 인간으로 전락한다는 사실은 서글프다. 게다가 그런 속임수가 얼마나 효과적인지를 깨달으면 더욱더 서글프다. 우리는 소중한 저녁 시간을 할애해 읽을 책을 다른 사람의 평가에 의존해 선정한다. 초기에 받는 평가가 얼마나 중요한 역할을 하는지 보여주는 사례다. 초기 평가는 성공에 시동을 건다.

그런데 양말 인형 놀이가 정말로 먹힐까? 사람들은 진공청소기에서 호텔에 이르기까지 뭔가를 선택할 때 다른 사람들의 평가에 의존한다. 그래서 양말 인형 놀이는 우리가 당연시 여기는 평가의 정확도, 공정성, 신뢰성에 의문을 제기하게 만든다. 자기는 이득을 보고 남에게는 손해를 입히기 위해 평가 체계를 그토록 쉽게 조작할 수 있다면 이 문제는 심각하게 받아들여야 하지 않을까? 정말로 존스의 극찬 덕분에 책이 성공했을까? 정말 존스의 혹평으로 전도유망한 신간 소설이 사장되었을까?

컴퓨터사회과학이라는 새로운 분야에서 떠오르는 샛별로 손꼽히는 시난 아랄Sinan Aral은 이런 의문에 대한 해답을 찾기 위해 기발한 온라인 실험을 했다. 그는 인기 있는 뉴스 모음 사이트에 달린 댓글을 평가하는 '좋아요'와 '싫어요'를 조작했다.[10] '좋아요'는 유용하거나 통찰력을 보여준 댓글을 다른 사용자들이 인정하도록 하는 기능이다. '싫어요'는 해당 댓글이 쓸데없거나 논점을 벗어났거나 부적절하다는 신호다. 시난이 특정 댓글에 '좋아요'를 최초로 누르자 그 댓글은 뒤이어 '좋아요'를 받을 가능성이 훨씬 높아졌다. 이 실험은 역시 성공이 성공을 낳는다는 사실을 입증했다.

그런데 이 실험에서 내가 가장 궁금했던 점이 있다. 특정 댓글에 일부러 '싫어요'를 주면 어떻게 될까? 그 댓글이 '싫어요'를 받을 만하든 그렇지 않든 상관없이 말이다. 처음에 비판을 받으면 우선적 절연絕緣, detachment이 발동해 댓글이 망각 속으로 곤두박질칠까? R. J. 엘로리 같은 사람들은 정말로 경쟁 상대를 적시에 비판함으로써 상대를 사장시킬 수 있을까?

시난의 실험은 뜻밖에도 다행스러운 결과를 낳았다. 그가 일부러 특정 댓글에 '싫어요'를 눌러도 그 댓글은 묻혀버리지 않았다. 우선적 절연 같은 것은 없었다. 오히려 시간이 흐르면서 이 사이트의 다른 사용자들이 지속적으로 '좋아요'를 눌러 시난이 끼친 부정적인 영향을 바로잡았다. 이성이 승리하고 부정적인 평가는 상쇄되었다.

무자비해 보이는 온라인 세계에서(각종 웹사이트의 댓글들을 읽어보면 사람들이 서로에게 얼마나 역겹게 구는지 알 수 있다) 시난의 실험 결과는 고무적이다. 아르나우트 판 더 레이트처럼 가상의 우주를 날아다니며 마법의 가루를 뿌리는 팅커벨의 힘이 양말 인형의 힘보다 훨씬 막강하다는 걸 보여주기 때문이다. 엘로리 같은 사람들이 세상에 평지풍파를 일으킬지는 몰라도 아마 그들이 원하는 만큼 큰 영향을 미치지는 못할 것이다. 최초의 호평은 성공에 필수적이지만, 최초의 혹평이 반드시 더 많은 혹평을 야기하지는 않는다. 우선적 애착은 선한 힘이다. 사악한 의도로 이를 이용하려는 사람들에게는 통하지 않는다.

▲ ▲ ▲

그렇다면 이렇게 막강한 긍정적 힘을 성공에 활용하려면 어떻게 해야 할까? 성공에 필수적인 최초의 개가를 어떻게 창출해야 할까? 우선 당신의 창작물을 칭찬한 이들이 칭찬을 공개적으로 하도록 만들자. 아르나우트 판 더 레이트의 실험에서 나온 놀라운 결과 중 하나가 바로 최초로 지지해주는 사람이 누구인지는 중요하지 않다는 사실이다. 아무라도 하기만 하면 된다. 그렇다면 최초의 성공이 어느 정도여야 또 다른 성공을 낳기에 충분할까? 뭔가에 시동을 걸려면 몇 번이나 시도해야 할까?

킥스타터 사이트에 일부 해답이 나와 있다. 특정 캠페인에 대한 소액 기부가 중요하고 지속적인 영향을 미친다는 사실은 이미 알려졌다. 그러나 판 더 레이트는 다음 실험에서 동일한 명분에 여러 번 무작위로 기부하면 어떻게 되는지 살펴봤다.[11] 그가 전혀 기부하지 않은 프로젝트들의 경우 68퍼센트가 기부를 받지 못했다. 반면 그가 무작위로 기부한 프로젝트들의 경우 추가로 기부를 받지 못한 비율은 겨우 26퍼센트였다. 그런데 동일한 프로젝트에 최고 네 번까지 무작위로 기부하자 겨우 13퍼센트만 실패했다. 다시 말해 초기에 지원을 더 많이 받으면 사실상 성공이 보장되는 셈이다.

그러나 여기에는 아주 흥미로운 단서 조항이 달려 있다. 추가로 기부할 때마다 이득은 점점 줄어들었다. 최초의 기부는 4.3건의 기부를 추가로 낳았다. 그러나 뒤이은 세 차례의 기부는 각각 1.7건의 기부를 추가했다. 금전적으로 보면 평균 24.52달러였던 판 더 레이트의 최초 투자가 평균 191.00달러라는 놀라운 수익을 낳았다. 그러나 뒤이은 세 차례의 투자는 각각 89.57달러로 겨우 그 절반의 수익을 낳았다. 간단히 말해 첫 기부자의 지원이 이후 기부자들보다 훨씬 막강한 영향을 미쳤다는 뜻이다. 반복해서 개입할 때마다 수익은 점점 줄어든다.

그렇다면 최초로 특정 프로젝트의 기부 버튼을 클릭하는 사람은 프로젝트의 목표를 달성하는 데 투자하는 행위 이상으로 엄청난 역할을 하는 셈이다. 그 사람은 우선적 애착에 시동을 걸고 프로젝트를 성공 가도에 올려놓는 조력자가 된다. 따라서 최초로 기부하는 행위는 매우 중요하다. 막 시작한 사업, 고군분투하는 예술가, 어린 독자, 모금 캠페인의 성패를 좌우한다. 우선적 애착의 이득을 보고자 하는 사람은 누구든 이 점을 염두에 둬야 한다.

크라우드펀딩에 개입한 판 더 레이트의 실험을 보면 성공이 성공을 낳는 결과가 나타났지만 대단한 성공도 시작은 보잘것없고 미미했음을 알 수 있다. 마을 철물점의 계산대 옆에 걸려 있었던, 달러 지폐를 넣은 액자가 기억나는가? 이는 그저 상징적인 의미만 있는 게 아니다. 가게를 열고 처음으로 물건을 파는 경험은 가장 소중한 경험이다. 최초의 고객은 그 가게의 미래에 투자하는 대담한 결정을 내린 사람이다. 그 고객은 성공에 시동을 걸고 성공으로 가는 발판을 마련한 사람이기 때문이다.

다시 좌절된 꿈이 무수히 사장된 무덤, 킥스타터로 돌아가자. 이 사이트에서 모금에 실패한 수많은 프로젝트들은 이를 추진한 이들이 정말로 애쓴, 진정으로 가치 있는 프로젝트들이다. 그러나 우리는 각광받지 못하는 프로젝트보다는 우리의 연결망에 포착되는 슈퍼스타를 선택하는 경우가 많다. 부의 격차와 무한한 성공 이면에는 이런 기제가 작동한다.

우선적 애착은 인생이 공평하지 않은 이유를 잘 설명해준다. 경쟁 여건을 공평하게 만들려면 초기에 재능이 있는 사람을 알아보고 인정해주고 칭찬할 방법을 모색해 성공이 눈덩이처럼 불어나도록 시동을 걸어야 한다. 예컨대 자녀가 공부를 잘하기 바란다면 우선적 애착이라는 현상이 얼마나 만연해 있는지, 앞서 언급했듯이 이 현상이 자녀의 성공과 실패에 얼마나 깊숙이 개입하는지 명심할 필요가 있다.

인간은 본질적으로 위험을 기피하는 성향이 있다. 따라서 우리는 이미 누군가가 인정하고 평가했는지 여부를 예의 주시한다. 내가 하려는 선택을 이미 한 사람들이 있다는 징표이기 때문이다. 우리는 수상 자격이 있는 대상에게 상을 준다. 우리가 아카데미 수상자를 또 다른 연기상 수상자로 지명하고, 퀸엘리자베스 수상자에게 누구나 탐내는 기금을 수여하고, 크라우드소싱을 통해 이미 두둑한 기부금을 받은 캠페인에 기부를 하는 까닭은 위험을 감수하지 않으려는 심리 때문이다.

우리가 정의 내린 성공에 따르면, 성공은 집단이 만들어내는 현상이다. 우리 모두가 성공을 만들어내는 데 책임이 있다. 특히 재능, 품질, 성과를 가늠할 방법이 없는 분야에서는 대중의 현명한 판단에 의존할 가능성이 높다. 그런 행위가 낳는 결과는 파장이 매우 크며, 안 그래도 고르지 않게 분포된 성공의 격차를 더욱더 증폭시킨다.

▲ ▲ ▲

나는 킥스타터에 올라온 프로젝트에 최초로 기부한 적은 없지만, 폭발하는 새끼 고양이의 열혈 팬이다. 이 게임은 흥분되는 일이라면 사족을 못 쓰는 여덟 살짜리 내 아들뿐만 아니라 나도 신나게 즐긴다. 정말 재미있고 몰입도가 높은 게임이다. 우리 둘이 이 게임을 할 때면 얼마나 집중해서 신나게 노는지 다른 식구들이 조용히 하라고 주의를 줄 정도다. 적어도 내가 생각하기에 이 게임을 초기에 지원했던 사람들은 놀라운 직관을 지녔다. 이 카드게임은 쇄도하는 기부금을 받을 자격이 있는 프로젝트였다. 그러나 폭발하는 새끼 고양이가 따분한 게임이었을 가능성도 충분하다. 이 프로젝트에 기부한 사람들은 게임을 해보지도 않고 어떻게 이 게임이 재미있으리라고 생각했을까?

폭발하는 새끼 고양이에는 애초에 성공에 발동을 거는 시동 장치가 이미 내장되어 있었다는 게 질문에 대한 답이다. 이유는 이렇다. 게임이 출시되자마자 신용카드 번호를 입력하고 기부한 최초의 기부자들은 매튜 인먼의 팬들이었다. 그는 이 게임에 들어 있는 카드들 중 염소 마법사,[12] 뿔난 돼지, 등에 난 털을 무기로 쓰는 고양이를 그린 작가다. 인먼은 만화계에서는 이미 입지를 다진 인물로서 자신의 웹툰 사이트 오트밀The Oatmeal과《돌고래의 입에 주먹을 날릴 아주 그럴듯한 이유 다섯 가지Five Very Good Reasons to Punch a Dolphin in the Mouth》를 비롯한 여러 권의 책으로 이미 유명한 인물이었다.

폭발하는 새끼 고양이와 달리 오트밀은 벼락 성공한 사례가 아니다. 가랑비에 옷 젖듯 한 사람, 한 사람 팬이 늘어나면서 그 과정에서 우선적 애착에 시동이 걸렸다. 2009년 인먼이 무미건조하고 미니멀한 등장인물 중심의 그림에 재치 있는 글을 덧붙여 이를 사람들과 공유하기 위해 웹사이트를 구축했을 때만 해도 그는 웹디자이너로 일하고 있었다. 그러나 그의 그림을 보고 딕Digg과 레딧Reddit 사이트가 들썩거리더니 곧 대중에게 노출되었고, 그도 인정하다시피 인터넷이 등장하기 이전 시대였다면 얻지 못했을 지명도를 얻었다. 그로부터 1년 뒤 그의 웹사이트는 한 달에 2,000만 명이라는 방문자 수를 기록했다. 그 시점에 그는 직장을 그만두었고 자비로 출간한 책이 아주 잘 팔려서 식구 몇 명을 동원해 주문을 처리할 정도가 되었다. 책의 성공은 전통적 출판사와의 또 다른 출간 계약으로 이어졌고 TV 토크쇼 〈라스트 콜 위드 카슨 데일리Last Call With Carson Daly〉에도 출연했다.

인먼의 친구인 엘런 리는 양말 인형 놀이를 하거나 기부자들을 상대로 농간을 부리지 않고도 창의적인 프로젝트에 보탬이 되도록 우선적 애착을 어떻게 이용할 수 있는지 보여주는 사례다. 리는 이미 상당히 많은 추종자들을 거느린 사람, 즉 중심축과 협력함으로써 게임이 성공할 발판을 마련했다. 인먼의 작품을 잘 알고 있는 팬들을 폭발하는 새끼 고양이로 유인하기는 쉬웠다. 리는 적절한 연결망에 이 게임에 대한 입소문을 퍼뜨려 폭발적인 반응을 불러일으키면서 게임의 명칭에 상응하는 이름값을 하도록 만들었다.

다음 장에서 살펴보겠지만, 품질은 성공하는 데 중요한 역할을 하지만 이 카드게임에 기부가 쇄도한 까닭은 단지 게임이 투자할 만한 가치가 있어서만은 아니었다. 기부자들이 자기 돈을 쾌척하기 전에 카드를 시험 삼아 해볼 기회가 있었던 것도 아니었다. 킥스타터에 이 게임 모금 페이지가 만들어지자마자 모금 절차를 촉진하는 역할을 한 주인공은 바로 인먼의 팬들이었다.

나는 작은아들 레오와는 폭발하는 새끼 고양이 게임을 하고, 큰아들 다니엘에게는 책을 읽어준다. 큰아들 덕분에 나는 딱딱한 겉표지의 두툼한 《해리 포터》 시리즈가 아들의 또래 사이에서 선풍적인 인기를 끌던 때 이 시리즈에 심취했다. 다니엘에게 책을 읽어준 이유는 여러 가지였고, 아들의 어휘를 늘려주는 것도 그중 하나였다. 다니엘은 단어 하나를 익힐 때마다 이를 바탕으로 또 다른 단어를 익히게 되었지만, 무엇보다도 아들이 소설에 그토록 매료되는 모습을 지켜보는 게 흐뭇했다. 다니엘이 내가 읽어주는 책 가까이 바싹 다가앉아 상체를 구부리고 몰입할 때면 나는 마치 다른 세계를 여행하는 듯했다.

다니엘은 《해리 포터》에 열광했다. 첫 두 권은 헝가리어로 읽어주었지만, 세 번째 책이 나왔을 때 아들은 헝가리어 번역판이 나오기까지 몇 달을 기다리지 못했다. 그래서 아들은 혼자 영어로 그 책을 읽었다. 일곱 권짜리 시리즈의 마지막 책이 출간되자 그 한 권을 구하기 위해 우리가 함께한 모험이 생각난다. 우리는 트란실바니아 중심부에 있는 매력적인 중세 도시 너지세벤 Nagyszeben으로 여행을 떠났다. 우리가 탄 차는 해리와 론이 호그와트에 갈 때 탄 자동차 포드 앵글리아처럼 하늘을 날지는 못했지만, 그들처럼 우리도 마법 여행을 하는 느낌이 들었다.

우리가 그런 특별한 여행을 한 까닭은 《해리 포터》가 폭발적으로 인기 있었기 때문만은 아니다. 내용도 그만큼 훌륭했기 때문이다. 뭔가 탁월한 대상에 대한 우선적 애착이 생길 때는 그만한 이유가 있다. 해리 포터가 활활 타오르는 불길을 일으킬 때 외우는 주문 '인센디오Incendio' 처럼, 간혹 마법의 주문이 불을 댕기듯 뭔가 탁월한 게 등장한다. 그렇다면 대체 그 마법의 주문은 무엇일까?

7.

제 눈에 보청기
품질은 사회적 영향을 묵살해버린다

─ ─

영국의 오라이언 북스Orion Books 출판사 편집장 케이트 밀스Kate Mills는[1] 책상에서 먼지가 뿌옇게 쌓여가는 산더미 같은 원고들 중에서 《쿠쿠스 콜링The Cuckoo's Calling》을 끄집어냈다. 이 원고는 로버트 갤브레이스Robert Galbraith라는 전직 군경이 쓴 범죄소설인데 장점이 몇 가지 있었다. 글이 아름답고, 대사 전달력이 좋았고, 주인공이 의족을 한 흥미로운 인물이었다. 밀스는 원고를 대충 훑어보고 나서 "그만하면 꽤 훌륭하나 너무 잔잔함"이라고 평가를 내리고 바로 제쳐버렸다.

그러나 갤브레이스는 기꺼이 도박을 할 의향이 있는 출판사를 찾았다. 2013년 4월 이 책이 출간되자 제프리 완셀Geoffrey Wansell은 〈데일리 메일Daily Mail〉에 실린 서평에서 이 책을 "화려한 데뷔"라고 극찬했다.[2] 그렇지만 당시엔 독자의 관심을 끌지 못했고 초판은 겨우 500권 팔리는 데 그쳤다. 전혀 길조가 아니었다.

그런데 갤브레이스의 에이전트이자 편집자가 《해리 포터》로 유명해진 J. K. 롤링의 에이전트이자 편집자라는 사실이 입소문을 타고 퍼져나갔다. 또한 갤브레이스가 여성의 옷차림을 묘사하는 능력이 탁월하다는 점도 세간의 의구심을 불러일으켰다. 이런 소문이 나자 런던의 〈선데이 타임스Sunday Times〉는 컴퓨터과학자에게 분석을 의뢰했고, 그는 롤링이 쓴 《캐주얼 베이컨시 Casual Vacancy》와 갤브레이스의 데뷔작 사이에 언어적 유사성이 있다는 점을 발견했다. 궁지에 몰린 롤링은 결국 소문이 사실임을 인정했다. 현존하는 가장 유명한 영국 작가인 그녀가 바로 반들반들한 표지에 이름이 적힌 금시초문의 군경 로버트 갤브레이스였다. 그다음 날 《쿠쿠스 콜링》은 즉시 세계적으로 베스트셀러가 되었다.

가명으로 소설을 발표함으로써 롤링은 직접 성공의 과학에 관한 연구를 실시한 셈이 되었다. 그녀는 "떠들썩하게 소문이 나거나 기대를 모으지 않고" 조용히 출간을 하고 싶었다. 독자와 평론가들로부터 편견 없는 평가를 받는 순수한 기쁨을 누리고 싶었고, 자신이 아는 한 객관적이라고 할 수 있는 방법으로 자기 글의 가치를 평가받고 싶었다. 《해리 포터》로 얻은 엄청난 인기의 그늘에서 벗어나서 말이다.

스티븐 킹도 이보다 30년 앞서 비슷한 실험을 했다.[3] 그는 리처드 바크먼Richard Bachman이라는 필명으로 작품을 발표하고 자신이 이룬 성공이 운이 좋아서인지 재능이 있어서인지 알아보고자 했다. 킹은 바크먼의 소설들을 가능한 한 마케팅을 하지 않고 출판해 이 가명 작가의 인생을 일부러 고달프게 만들었다. 킹은 이 인물을 아주 세심하게 만들어냈다. 바크먼의 소설 표지에는 울적한 표정으로 전면을 응시하는 수더분한 차림새의 미남 사진을 작가의 사진으로 실었다. 그리고 작가의 이력에 상선商船에 근무한 경력과 뉴햄프셔주 시골에서 양계장을 경영한 경력을 포함시켰다. 바크먼의 이력에 따르면 그는 저녁마다 "올리베티 타자기 옆에 늘 위스키 한 잔을 두고" 글을 썼다.

롤링과 마찬가지로 킹도 직접 가면을 벗기 전에 신분이 들통났다. 두 작가의 문체가 놀라울 정도로 비슷하다는 사실을 서점 직원이 포착해냈기 때문이다. 그러나 그전에 이미 킹은 바크먼이라는 이름으로 네 권의 책을 썼다. 가장 나중에 쓴 책《시너 Thinner》는 "스티븐 킹이 글을 쓸 줄 안다면 스티븐 킹이 쓸 만한 글"이라는 평을 받았고, 대략 4만 권이 팔렸다. 그런데 그 책이 실제 킹의 작품이라는 사실이 밝혀지자 곧 베스트셀러가 되었고 4만 권의 10배가 팔려나갔다. 킹의 그림자에 가려진 바크먼은 곧 잊혔다. 훗날 인터뷰에서 킹은 바크먼의 죽음을 두고 "1985년 바크먼은 희귀한 정신분열병의 일종인 '가명假名 암'으로 급사했다"고 요약했다.

갤브레이스의 경우에도 '가명 암'은 참으로 적절한 표현인 듯하다. 롤링은 《쿠쿠스 콜링》이 오로지 작품성만으로 독자들의 사랑을 얻으리라고 생각했다. 그러나 롤링의 이름이 표지를 장식하지 않은 이 책은 독자를 확보하지 못했다. 출간 초기에 관심을 확보하지 못한 경험은 롤링에게는 낯선 경험이 아니다. 그보다 20년 앞서, 그녀는 출판사 12곳으로부터 《해리 포터》 출간을 거절당하고 복지수당에 의존해 홀로 아이를 키우며 살고 있었다.[4] 그녀는 "이 시대의 영국에서 노숙자가 아니면서도 노숙자처럼 절박하게 살았다"라고 고백했다.

그녀의 인생은 재능과 굳은 의지만 있으면 슈퍼스타급으로 벼락부자가 될 수 있음을 입증한 전형적인 사례다. 그러나 그런 일은 이따금 일어날 뿐이다. 《해리 포터》는 작품성만으로 성공했지만, 《쿠쿠스 콜링》은 폭삭 망했다가 롤링의 명성 덕분에 기사회생했다. 그 이유가 뭘까? 동일한 작가가 썼어도 어떤 책은 5억 명의 독자들의 상상력에 불을 지피고, 어떤 책은 기껏해야 500명의 관심을 끄는 데 그치는 이유는 뭘까?

그저 《해리 포터》가 《쿠쿠스 콜링》보다 작품성이 뛰어나기 때문일지도 모른다. 간단하다. 사람들은 옥석을 구분하느라 애를 먹지만 일단 보기만 하면 보석과 돌의 차이를 알아챈다. 퍼스널 트레이너에서 호텔에 이르기까지 사람들은 어떤 선택을 하든, 장바구니에 어떤 물건을 담을지 결정하든 최고를 찾는다. 다른 경쟁 대상들보다 월등해 보이는 책, 영화, 자동차, 서비스를 망설이지 않고 선택한다.

그러나 경찰의 사건 조사 절차를 묘사하는 게 딱히 롤링의 강점은 아니지만 《쿠쿠스 콜링》은 동일한 창작의 원천에서 나왔다. 따라서 애초에 제기된 의문은 여전히 풀리지 않는다. 이 책이 롤링의 이름이 붙고 나서야 비로소 판매 부수가 급등한 이유는 뭘까? 당신이 수많은 원고를 뒤적이면서 다음에 베스트셀러가 될 책을 찾아 헤매는 편집장이라면 사소한 판단 실수도 당신과 책 모두에게 재앙이 된다. 《해리 포터》 원고를 거절당한 원고 더미에 던져버리는 실수를 한 출판사 12곳 중 하나가 되기가 십상이다. 대신 베스트셀러가 될 만하지만 결국에는 몇 권 팔리지도 않을 책에 투자하고 만다. 작품의 옥석을 가리기가 쉽다면 케이트 밀스가 하는 일은 왜 그토록 힘들까?

어쩌면 탁월함을 식별해내는 일은 생각보다 훨씬 어렵기 때문인지도 모른다. 어느 서점을 가봐도 수천 권의 책이 진열되어 있고, 아이튠iTune에 들어가면 수천만 곡을 다운로드 받을 수 있으며, 어느 상점에 가도 끝없이 이어진 진열대에 수많은 상품이 진열되어 있다. 그러니 어떻게 해야 최고를 가려낼 수 있는가 말이다.

이럴 때 친구가 있으면 도움이 된다. 친구가 책을 추천하면 그 책을 읽어볼 가능성이 높다. 새로 문을 연 식당이 소문만 못하다는 얘기를 들으면 다른 곳으로 간다. 이웃이 자기 냉장고에 대해 불평불만을 늘어놓으면 경쟁사 제품을 주문한다. 제품이 넘쳐나는 분야에서는 품질만으로 상품을 판단하지 못하는 경우가 종종 있다. 이럴 때 우리는 다른 사람들의 의견을 구해 선택을 한다. 추천은 쓸데없는 잡음을 줄이고 우수한 상품으로 우리를 안내한다. 그게 위안이 되기도 한다. 폭발적인 베스트셀러를 사는 건 사회적으로 검증된 안전한 선택이다. 결과적으로 우리는 사람들이 우르르 몰리는 몇 권의 책, 노래, 식당, 물건을 향해 함께 행진한다. 먼지 더께가 앉은 나머지는 발로 걷어차면서 말이다.

그렇다면 크라우드소싱을 하는 프로젝트들 중 어느 것에 기부할지 선택할 때 사람들은 월등한 프로젝트에 시간과 돈을 투자할까, 아니면 그저 다른 사람들이 투자하는 대로 따라갈까?

▲ ▲ ▲

야후에 뮤직랩MusicLab을 만든 매튜 살가닉Matthew Salganik, 피터 세리던 도즈Peter Sheridan Dodds, 던컨 와츠Duncan Watts는 과학계의 J. K. 롤링이다. 이들은 인기가 성공에 어떤 영향을 미치는지 알아내기 위해[5] 음반 계약을 한 적이 없는 밴드들의 노래를 수천 명에게 들려주고 평가하게 했다. 케이트 밀스의 책상 위에 쌓여 있던 수많은 원고들의 음악 버전인 셈이다. 세 사람은 밴드 멤버들의 가족, 친지와 친구를 제외하면 누가 들어도 생소할 그런 노래들을 일부러 골랐다.

이 연구에 참여한 사람들은 뮤직랩에서 동원했는데, 네 명 중 한 명은 20대 중반이 채 되지 않을 정도로 젊은 음악 애호가들이었다. 예컨대 호불호가 교차하는 표정으로 완전히 노래에 몰입한 채 스포티파이Spotify 재생 목록을 엄지손가락으로 훑어내리는 10대 딸아이의 모습을 1만 4,000배 증폭한 이미지를 떠올리면 된다. 그러면 좀 섬뜩한가?

이 1만 4,000명의 젊은이들은 아홉 개의 서로 다른 가상의 방에서 각자의 과제를 수행했다. 통제 집단으로 안내된 이들에게는 단순한 과업을 주었다. 최고에서 최악까지 48개 곡의 순위를 매기는 일이었다. 보상으로 그들은 자기 음악 라이브러리에 원하는 곡은 어떤 곡이든 다운로드하도록 허락받았다. 이때 듣고 싶은 곡을 다운로드하는 참가자는 음악 감상을 진정으로 즐긴다는 신뢰할 만한 지표(어쨌든 적어도 그 음악을 반복해 듣고 싶다는 지표)라 할 수 있다. 연구자들은 다운로드되는 횟수가 높은 노래는 '우수함'이라고 평가했고, 듣고도 다운로드하지 않거나 무시한 곡은 '형편없음'이라고 평가했다.

물론 훌륭한 음악인지 여부는 듣는 사람의 귀에 달렸고, 주로 미국 10대들로 구성된 이 집단이 좋아하는 노래는 트란실바니아에 사는 할머니들이나 클래식 음악가들이 들으면 질색할 노래일지도 모른다. 따라서 진짜 품질을 계량화하기는 매우 어렵다. 다운로드 횟수로 측정한다고 기대할 수 있는 것은 해당 곡의 '적합성'이었다. 즉 우리의 관심을 놓고 경쟁하는 다른 곡에 비해 관심을 끄는 능력이 어느 정도인지를 포착하는 것이다. 통제 집단의 구성원들은 나머지 참가자들과 구분할 수 없을 정도로 비슷했으므로, 그들이 해당 곡을 듣고 보이는 반응은 비슷하다고 봤다.

이어폰을 귀에 꽂고 숙제를 하는 10대들처럼 통제 집단의 구성원들은 열심히 곡의 등수를 매겼다. 그러고 나서 자기가 좋아하는 노래들을 다운로드함으로써 보상을 챙겼다. 간단하다. 그러나 연구에 참여한 1만 4,000명 중 아주 적은 수의 참가자들만이 통제 집단에 들어갔다. 나머지 참가자들은 8개의 동일한 가상의 방에 배정되었는데, 여기서 그들이 할 일은 똑같았다. 곡들의 순위를 매기고 좋아하는 노래를 다운로드하는 보상을 받는 일이었다.

그런데 딱 한 가지 결정적인 차이가 있었다. 그들은 자기가 속한 집단의 다른 구성원들이 각 노래를 몇 번이나 다운로드했는지 숫자를 제공받았다. 이 숫자들은 실험에 참가한 10대들이 각자 자기가 정한 시간에 방에 들어가 좋아하는 곡을 다운로드할 때마다 바뀌었다. 따라서 각 참가자가 목격한 빌보드 차트의 순위는 앞서 그 방에 들어간 이들이 한 선택에 따라 조금씩 달라졌다. 그리고 그들 각자도 역시 자기 다음으로 그 방에 들어오는 사람이 볼 빌보드 차트를 조금 바꿔놓고 방을 나갔다.

다운로드한 횟수를 본 10대들은 그들이 속한 세상의 집단지성에 의뢰해 최고 평가를 받은 노래에 주목했다. 그리고 그것은 제대로 먹혔다. 여덟 개의 처치 집단 모두에서 최고 순위에 오른 곡은 놀라울 정도로 똑같았다.[6] 다시 말해 각 집단은 어느 곡이 최고인지 금방 합의에 도달했다.

그러나 반전이 있었다. 각 집단은 신속하고도 명백하게 합의에 도달했지만 집단 간에는 의견의 불일치가 두드러지게 나타났다. 8개 집단들을 평행우주라고 본다면 각 우주는 아주 색다른 음악 취향을 습득했다. 한 집단에서 가장 인기를 모은 노래, 예컨대 52 메트로52 Metro의 〈록 다운Lock Down〉을 다른 집단은 거의 만장일치로 혐오했다. 실험에 참가한 10대들은 또래들이 어떤 음악을 선호했는지에 대한 정보를 얻게 되자 사회적 영향이 그들의 음악 취향을 왜곡했고 놀라울 정도로 결과는 예측 불가능해졌다.

적합성이 성공을 좌우하는 유일한 결정 요인이라면 항상 최고의 곡이 선정되어야 하고 성공은 예측 가능해야 한다. 하지만 우리는 성공이 그보다 훨씬 복잡한 문제라는 사실을 알고 있다. 성과는 한계가 있으므로, 전문가들조차도 최고들 가운데 우열을 가리기 매우 어렵다는 사실을 목격했다. 그러나 뮤직랩에 출전한 선수들 모두가 딱히 탁월하지는 않았고(옥석이 섞여 있었다), 그런데도 여전히 집단들은 합의에 도달하지 못했다.

가상의 세계에서 유일하게 예측 가능한 사실은 최고로 선정되는 곡은 대단히 예측 불가능하다는 점이다. 사회적 영향이 강할수록 결과는 더욱 예측 불가능하다. 사람들은 초창기에 대중이 좋아한다고 생각한 곡은 무엇이든 수용하고 그 곡에 대한 선호를 확대 재생산했다. 해당 곡에 내재된 가치는 결과와는 거의 무관한 듯 보였다.

▲ ▲ ▲

뮤직랩에서의 성공은 '자기실현적 예언self-fulling prophecy'의 한 가지 사례다. 1948년 로버트 머튼Robert Merton이 만든 이 용어는 학업 성취도의 격차를 설명하는 데 쓰였다.[7] 그는 흑인, 라티노, 소수 집단에 속한 학생들은 시작할 때부터 불리하다며 "새로운 행동을 유발하는 상황을 잘못 정의해서 본래의 잘못된 인식이 실현된다"라고 주장했다. 그리고 20년 후 자기실현적 예언이 얼마나 막강한지 증명하는 극적인 실험이 실행되었다.

실험은 샌프란시스코에 있는 중하류층이 주로 거주하는 지역의 오크초등학교Oak School에서 실행되었다.[8] 1학년부터 6학년까지 학생들은 모두 하버드 변형습득검사Harvard Test of Inflected Acquisition라는 그럴듯한 명칭의 검사를 받았다. 각 교사들은 자기 반에서 이 검사 상위 20퍼센트에 든 학생들의 명단을 받았다. 다음 학년에서 특별히 성적이 향상되리라고 기대되는 학생들이었다. 그리고 해당 학년이 끝날 때 학생들은 다시 검사를 받았다. 아니나 다를까, 이 검사에서 지적으로 크게 성장하리라고 예측된 상위 20퍼센트 학생들의 기량이 대단히 향상되었고, 상위 명단에 오르지 못한 학생들보다 지능지수가 훨씬 많이 올랐다. 하버드 검사는 누가 뛰어난 성과를 올릴지 정확히 예측하는 놀라운 성공을 거두었다.

그런데 놀랍게도 하버드 검사라는 것은 존재하지 않았다. 학년 초에 학생들이 검사를 받기는 했지만 그것은 표준지능지수검사였다. 무엇보다도 연구자들이 지능지수검사 결과를 사용한 적이 없다는 게 중요하다. 상위 20퍼센트 명단에 오른 학생들은 완전히 무작위로 선정되었다. 하버드 검사는 가짜였다. 하지만 다음 결과는 가짜가 아니었다. '재능이 뛰어나다'는 평가를 받은 1학년과 2학년 상위 20퍼센트는 학년 말에 받은 지능지수검사에서 실제로 탁월한 성적을 보였다.

특정한 학생이 같은 학년 또래들보다 학습 능력 검사에서 훨씬 우수한 성적을 보였다고 주장함으로써 연구자들은 해당 학생의 능력에 대한 교사의 인식을 바꾼 셈이다. 학생들은 자기가 뛰어나다는 평가를 받았는지 알지도 못한 채 늘 하던 대로 학교생활을 했다. 교사가 질문을 하면 답하겠다고 열심히 손을 들거나 교실 뒤쪽에 앉아 허공을 째려봤다. 숙제를 빠짐없이 제출하거나 숙제를 못한 구실을 만들어냈다. 등교가 즐겁거나 죽기보다 싫었다. 그러나 가짜 검사 점수로 형성된, 학생들의 잠재력에 대한 인식은 자기실현적 예언을 만들어냈고 결과적으로 교사들이 더 큰 기대를 하게 되었다. 교사들은 상위에 속한 학생들이 뛰어난 기량을 발휘하리라 기대했고 격려를 아끼지 않았다. 그리고 그 학생들은 실제로 뛰어난 기량을 만들어냄으로써 이에 보답했다.

자기실현적 예언은 가장 뒤처지는 학생이나 가장 무시당한 노래라도 적절한 여건 아래서는 정상에 오를 수 있다는 점을 시사한다. 그렇다면 사람이나 상품의 가치에 대한 잘못된 믿음이 지속적인 성공으로 이어질 수 있을까? 아니면 사람들은 머지않아 눈치를 채고 결국은 임금님은 벌거숭이라는 사실을 깨닫게 될까? 원래 실험이 실시되고 2년 후 뮤직랩은 다시 처음으로 돌아가서 바로 이 문제에 대한 해답을 찾기로 했다.

오크초등학교 실험을 흉내라도 내듯, 이 새로운 실험에서 연구자들은 일부러 1만여 명에 이르는 젊은 참가자들을 속였다.[9] 통제 집단에서 여러 번 다운로드된 곡들에는 다운로드 횟수를 낮게 매겼고, 가장 인기가 없는 곡들은 다운로드 횟수를 가장 높게 매겼다. 다시 말해 다운로드 횟수가 가장 적은 곡이 동료 집단이 가장 좋아하는 곡이라고 잘못 인식하도록 조정했다.

실험에 참가한 10대들은 이제 자기도 모르는 사이에 빌보드 차트가 거꾸로 뒤집힌 세계에 진입했다. 그리고 본인보다 앞서 그 세계에 진입한 또래들은 해당 곡을 좋아하는 데 그치지 않고 열광했다는 사실을 깨달았다. 그 사실을 접한 순간 10대들은 주저했다. 비슷한 사례가 있다. 새로운 가전제품이 출시돼 인기를 모으면(10년 전 폭발적인 인기를 끌어모은 우유거품기가 떠오른다), 별로 쓸모가 없는데도 너도나도 갖고 싶어 한다. 또 허접한 TV 시트콤에 꽂힌 친구들이 주야장천 그 얘기만 한다면, 우리는 이런 생각을 하게 된다. '내가 비정상인가? 내가 뭐 놓친 게 있나? 어디 좀 보자. 다시 보면 생각이 바뀔 수도⋯."

새 실험은 롤링의 실험을 모방했다. 규모가 훨씬 크다는 점은 달랐지만. 책과 노래는 모두 '평판 신호 보내기reputation signaling'에서 이득을 본다. 자기가 아는 저자의 신간이나 가수의 새 앨범이 나오면 무척 기대가 되지만 모르는 저자나 가수의 신간이나 신곡은 관심도 없다.

평판 신호 보내기는 어디에나 존재한다. 비슷한 품질의 와인이라도 고급 와이너리는 저급 와이너리보다 더 비싼 값을 매긴다. 호슨의 연구 결과가 보여주듯이 와인 제조업계에서의 성공은 잘못 만들어진 평가 체제를 전제로 하고 있지만 말이다. 대학 풋볼 역사상 가장 유명한 노터데임대학교의 풋볼팀은 거의 해마다, 성적이 저조할 때조차 누구나 탐내는 경기에 초청을 받는다. 유명한 투자은행은 똑같은 금융상품이라도 경쟁사들보다 높은 가격을 매겨 판매한다. 과학계에서도 평판 신호 보내기가 있다.[10] 저명한 학자의 이름이 공동 저자 목록에서 빠지는 불상사가 생기면 그 논문은 유명 학술지에 게재될 가능성이 확 줄어든다.

또래 집단의 선호도에 대해 실험 참가자들을 속임으로써 뮤직랩은 평판 신호가 실제와 반대로 되면 어떻게 되는지 추적할 수 있었다. 아니나 다를까, 위아래가 뒤집힌 빌보드 차트는 좋은 곡에 치명적인 타격을 가했고 허접한 곡들은 거꾸로 된 차트에서 이득을 봤다.

사회적 영향은 인간이 생존하는 데 반드시 필요하다. 남의 말에 귀를 기울이기 때문에 독버섯을 먹지 않고 호랑이와 가깝게 지내지 않는다. 우리가 사회적 교류 범위 안에 있는 이들의 견해와 경험에서 단서를 얻어 판단을 내리는 데는 그만한 이유가 있다. 우리는 아이스크림 브랜드에서 예술 작품에 이르기까지 어떤 것을 평가하더라도 또래들의 의견에 귀를 기울인다. 특정 상품을 친구들이 좋아하면 그 상품이 월등하다고 여기고, 싫어하면 형편없는 상품이라고 여긴다. 성공만 성공을 낳는 게 아니라 인기도 인기를 낳는다.

그러나 뮤직랩 실험에서 가장 놀라운 결과는 따로 있다. 아주 독특한 결과였다. 아주 드물게 탁월한 적합성은 사회적 영향을 무산시키는 경우가 있었다. 통제 집단이 가장 좋아하는 노래, 파커 시어리Parker Theory가 부른 〈그녀가 말했네She Said〉라는 노래는 회심의 재기에 성공했다. 10대들이 받아든 거꾸로 된 빌보드 차트에서 그 곡은 처음엔 하위에 있었지만 다운로드 횟수가 조금씩 올라가기 시작했다. 빌보드 차트가 뒤집힌 직후에는 꾸준히 한 계단 한 계단 오르기 시작해 시간이 조금 흐르자, 우선적 애착 현상이 나타나면서 정상에 도달했다. 마치 '하늘은 스스로 돕는 자를 돕는다'라는 격언을 실천이라도 하듯, 가장 혹독한 벌을 받은 곡인데도 제자리를 찾았다. 이 사례는 뛰어난 실력을 보여주면 기름이 식초 위로 떠오르듯 적대적인 사회적 영향을 극복하고 승리해 정상에 우뚝 선다는 사실을 보여준다.

〈그녀가 말했네〉가 제자리를 되찾은 결과를 보면, 앞 장에서 살펴본 '성공이 성공을 낳는' 현상에 시동을 거는 우선적 애착이라는 엔진이 독단적으로 행동하지는 않는다는 사실을 알 수 있다. 우선적 애착은 상품의 적합성과 병행해야 한다. 이 사례는 다음과 같은 성공의 제3 공식을 보여주는 좋은 사례다.

과거의 성공 × 적합성 = 미래의 성공

적합성과 부익부 현상은 상충하는 게 아니라 서로 얽히고설켜 우리가 하는 선택과 여기서 만들어지는 결과에 영향을 미친다. 군중은 그저 괜찮은 대상에게 받을 자격도 없는 명성을 안겨주기도 하지만, 허접하기 그지없는 대상을 기꺼이 지원하는 경우는 거의 없다. 형편없는 곡이 인기 있다고 잘못 인식하게 될 경우 그 곡의 인기는 어느 정도 올라가겠지만, 절대로 대다수가 좋아하는 곡이 되지는 못한다. 그리고 〈그녀가 말했네〉처럼 성과와 우선적 애착이 조화를 이루면 성공의 조건이 완벽히 갖춰진다.

▲ ▲ ▲

나는 뮤직랩 실험이 실시되기 7년 전쯤 성공의 제3 공식과 처음 마주쳤다. 당시 나는 월드와이드웹에 막 등장한 무명의 신참내기 구글이 어떻게 최대의 중심축이 되었는지 연구하고 있었다. 이론적인 관점에서 보면 구글의 성공은 불가해했다. 우선적 애착에 따르면 가장 연결망이 넓은 웹페이지들은 등장한 지 가장 오래된 페이지들이라는 한결같은 결과가 나왔다. 그런 페이지들이 링크를 확보할 시간이 가장 많았고 이 때문에 새로 등장한 페이지들이 따라오지 못할 유리한 위치를 선점한 듯했다.

그리고 이런 현상은 매우 폭넓게 나타난다. 외과의사의 경우를 살펴보자. 다른 모든 조건이 동등하다면 나이가 지긋한 외과의사가 젊은 외과의사보다 유리하다. 더 많은 환자를 진찰했기 때문에 그 환자들의 추천으로 더 많은 환자를 확보한다. 따라서 당신도 그 의사의 수술대에 누울 가능성이 크다. 젊은 외과의사는 그동안 만족시킨 고객의 수가 많지 않으므로 노련한 동료 의사의 그늘에서 출발해야 한다.

그러나 이 법칙을 멋지게 위반한 예외가 있다. 바로 구글이다. 1997년 구글이 등장했을 당시 대다수는 알타비스타Altavista와 야후의 잉크토미Inktomi 같은 검색엔진을 사용하고 있었다. 그런데 3년 만에 구글은 이들을 제쳤다. 짧은 기간에 엄청난 성공을 거둔 덕에 브랜드 이름인 구글이 검색한다는 의미의 동사로 쓰일 정도가 되었다.

우리는 궁금했다. 밑바닥에서 시작한 구글이 어떻게 거대한 경쟁자들을 물리쳤을까? 자료를 면밀히 검토한 결과, 우리는 어느 시장이든 구글처럼 대단히 성공한 후발 주자들을 많이 발견했다. 비교적 젊지만 놀라운 속도로 시장점유율을 높인 기업들 말이다. 예컨대 보잉Boeing은 등장하자마자 항공 산업 시장의 질서를 뒤흔들어놓았다. 위궤양 치료약인 잔탁Zantac은 경쟁자들을 싹 쓸어버렸다. 샘 애덤스Sam Adams는 도처의 맥주 애호가들이 마이크로브루microbrew에 입맛을 들이게 만들었다. 이 회사들은 우선적 애착으로 막강해진 선발 주자를 어떻게 따돌렸을까?

답은 간단하다. 그들이 성공한 까닭은 독특하면서도 고품질의 제품으로 무명이라는 불리한 여건을 극복했기 때문이다. 구글은 사용자들 입맛에 맞는 사이트들을 선정해주는 검색엔진이었다. 보잉은 훨씬 효율적이고 믿음직한 비행기를 만들었다. 잔탁은 약효가 월등한 약품을 제조했고, 샘 애덤스는 맛이 월등한 맥주를 선보였다. 이런 회사들은 공룡 같은 중심축들과 겨룰 만한 경쟁력이 있었을 뿐만 아니라(주어진 과업을 달성하는 데 훨씬 적합하고 민첩했다) 그들을 능가할 역량을 갖췄다.

따라서 이런 후발 주자들이 어떻게 오늘날 중심축이[11] 되었는지 이해하기 위해 우리는 각 노드node에 그 노드의 탁월함을 보여주는 내재적인 특성을 지정해주어야 했다. 우리는 이 특성을 '적합성fitness'이라고 명명했다. 진화론에서 차용한 용어다. 적절한 용어 선택이었다. 적합성은 품질에 의존하기는 하지만 딱히 품질과 동일하지는 않기 때문이다. 적합성은 가치 판단을 하는 게 아니라 똑같은 구매자, 청중, 매니아들을 놓고 경쟁하는 다른 상품들을 능가하는, 특정 상품이 지닌 내재적인 능력을 말한다.

예컨대 《그레이의 50가지 그림자Fifty Shades of Gray》를 명작이라고 여기는 문학 애호가는 거의 없다. 그러나 그 책의 적합성에는 의문을 제기하지 못한다. 서점에서 그 어떤 책의 판매도 능가하는 판매 능력을 지녔기 때문이다. 모든 웹사이트들이 똑같이 유용하지 않듯이, 모든 외과의사가 똑같이 실력이 좋지는 않다는 사실을 우리는 적합성을 통해 인정하게 된다.

성공의 제3 공식, 즉 적합성을 갖추고 과거에 성공한 적이 있는 상품은 미래에도 성공한다는 이 공식을 활용하면 우리의 직관을 예측 가능한 수학적 언어로 치환할 수 있다. 그리고 이 공식으로 적합성이 뛰어난 노드가 어떻게 후발 주자에서 주전 선수가 되는지 예측 가능하다. 이 공식은 놀라울 정도로 정확히 작동했다. 월드와이드웹의 페이지들이 링크를 확보하는 치열한 경쟁의 역동성을 정확히 설명해주었다.

그 못지않게 중요한 점도 있다. 성공의 제3 공식은 어떻게 성공과 탁월함이 나란히 작동해서 지배적인 위치를 점하게 되는지를 정확히 보여주었다. 적합성이 높을수록 날마다 선제적으로 더 많은 링크를 확보하게 된다. 무명의 후발 주자라도 말이다. 정말 뛰어난 외과의사는 노련한 실력으로 수술을 해서 환자의 고통을 최소화하고 건강을 증진시킨다. 그리고 수술을 잘할수록 그에게서 수술을 받은 사람들이 감탄하고 더 많은 환자를 소개한다.

성공의 제3 공식 모델에 따르면, 적합성이 동일한 두 노드가 있을 때 선발 주자인 노드가 여전히 유리한 위치를 차지한다. 수십 년 수술을 한 의사가 똑같은 자질을 지녔지만 후발 주자인 젊은 의사보다 훨씬 많은 환자를 확보하듯이 말이다. 그러나 두 노드의 지명도가 똑같을 때는 적합성의 차이만으로 누가 더 많은 링크를 확보할지가 결정된다.

상품이 궁극적으로 성공할지 여부를 결정하는 게 적합성이라면, 성공의 제3 공식이 예측하듯 적합성이 인기와 불가분의 관계일 때는 어떻게 될까? 우리는 사람들이 인식하는 상품의 가치가 아니라 그 상품이 지닌 진정한 가치를 식별할 수 있을까?

▲　▲　▲

뮤직랩의 실험은 사람들의 취향이 얼마나 바뀌기 쉬운지 보여준다. 바로 코앞에 있는 형편없는 상품을 못 알아본다는 뜻이 아니다. 그러나 '그만하면 괜찮은' 여러 가지 선택지가 놓이면 품질이 좋은 데는 한계가 있으므로, 사람들은 군중이 선호하는 쪽으로 판단을 내린다. 일단 이런 현상이 일어나면 그 상품이 우월하기 때문에 인기를 끄는 게 아니게 된다.

바로 여기에 진짜 문제가 도사리고 있다. 나는 단순히 인기 있는 책이 아니라 재미있는 책을 읽고 싶다. 나는 북적이는 호텔이 아니라 서비스가 좋은 호텔에 묵고 싶다. 그런데 아마존, 호텔스닷컴 Hotels.com 을 비롯해 상품에 대한 대중의 평가로 순위를 매기는 사이트들에서는 오로지 인기도밖에는 판단 기준으로 삼을 만한 게 없다. 결국 인기도와 탁월함은 얽히고설켜 불가분의 관계가 되고 서로 상대방의 진가를 가린다. 이 둘을 분리할 수 있을까? 저자의 명성을 배제하고 《쿠쿠스 콜링》이 얼마나 작품성이 있는지 알 방법이 있다면 도움이 되지 않을까?

제3 공식을 빅데이터에 적용하면 가능하다는 결론이 나온다.

얼마 전 나는 오스트레일리아의 한 대학교 학자들이 쓴, 인기도와 탁월함을 분리한 논문을 입수했다. 읽을수록 흥미진진해지는 그 논문을 보다가 저자들 중 귀에 익은 이름을 발견했다. 스페인의 네트워크 과학자 마누엘 세브리안Manuel Cebrian이었다.

그를 처음 만난 건 몇 년 전 내 연구실에 그가 박사 후 과정 연구원으로 지원했을 때였다. 그는 최고 후보군에 속했지만 우리는 그를 채용할 재정적 여유가 없었다. 그래서 그는 강 건너 MIT에 자리를 잡았다. MIT에서 그는 네트워크 과학으로 미 국방부의 방위고등연구계획국DARPA, Defence Advanced Research Projects Agency 대회에서 우승했다. 미국 전역에 흩어져 있는, 날씨를 측정하는 빨간 풍선 10개의 위치를 알아내는 대회였다.

나중에 세브리안은 오스트레일리아에 자리를 얻었고 수년간 내 시야에서 사라졌다. 나는 그 논문의 저자가 세브리안이라는 사실을 깨닫자마자 그에게 내 생각과 의문을 담은 장문의 이메일을 보냈다. 시드니와 보스턴은 14시간 시차가 있으므로 빨라야 그다음 날에 답장을 받으리라고 생각하고 있었다.

그런데 놀랍게도 몇 시간 후 세브리안이 마치 롤링의 소설에 등장하는 마법사처럼 내 연구실로 걸어 들어왔다. 그는 며칠 동안 보스턴에 머무르고 있었고 직접 만나서 질문에 답하는 게 더 쉽다고 생각했다면서 활짝 웃었다. 그리고 내 질문에 제대로 답해주었다. 알면 알수록 더 궁금해졌다. 그는 제3 공식을 이용해 성공하는 방법을 보여주었다.

세브리안과 그의 연구팀은 적합성에서 체계적으로 인기도를 분리하는 알고리즘을 개발했다.[12] 그리고 이 알고리즘이 제대로 작동한다는 사실을 증명하기 위해 알고리즘을 이용해 뮤직랩이라는 암석에서 보석을 찾아냈다. 〈백작 따라Went With the Count〉라는 훌륭한 곡을 예로 들어보자. 이 곡은 통제 집단에서 2위에 오른 곡이다. 그런데 처음에 이 곡을 접한 10여 명의 10대들은 빌보드 차트에 25번째로 순위를 매겼다. 상당히 저조한 순위였다. 순위가 낮았지만 소수의 10대들은 끝내주는 곡이라고 생각하고 이 곡을 다운로드했다. 그 덕에 〈백작 따라〉는 빌보드 차트에서 몇 계단 올랐다.

나중에 빌보드 차트 순위가 바뀌면서 또 다른 10여 명이 차트에서 25위에 오른 형편없는 곡과 만났다. 그들은 열심히 그 노래에 귀를 기울였고 아무도 다운로드하지 않았다. 알고리즘은 다운로드 횟수 차이를 포착했고 이를 바탕으로 〈백작 따라〉의 적합성을 끌어올리는 동시에 경쟁 곡들의 적합성은 낮췄다. 알고리즘은 빌보드 차트에서 서로 다른 순위를 점하고 있는 각각의 노래를 다운로드하는 10대가 몇 명이나 되는지 예의 주시함으로써 각 곡이 지닌 진짜 적합성에 대해 점점 더 많은 데이터를 모아가고 있었다.

세브리안과 연구팀은 각 노래의 자연스러운 경로와 10대의 곡 선택 행위를 이용해 데이터에 이들이 남긴 자취를 추적했고 시간이 흐르면서 집단적 역동성이 어떻게 전개되는지 알아봤다. 결국 그들이 개발한 알고리즘은 각 노래가 얻은 수치를 뱉어냈다. 그 곡의 적합도를 보여주는 수치였다. 예컨대 가장 다운로드 횟수가 낮은 곡의 적합성은 매우 낮게 나타나 0.33을 기록했다. 반면 통제 집단에서 2위를 한 〈백작 따라〉는 적합성 0.43을 기록했다. 이 알고리즘에 따르면 가장 인기를 얻은 〈그녀가 말했네〉는 적합성 0.54를 기록했다. 세브리안은 이 실험을 통해 사회적 영향이라는 들쭉날쭉한 요인을 걷어내고 각 노래에 내재된 경쟁력을 드러냈다.

일단 월등한 상품을 밝혀내고 나면 진짜로 드는 의문은 바로 이것이다. 당신의 웹사이트에 노래, 책, 그 어떤 상품이든 순위를 매겨서 사람들이 원하는 것을 찾도록 하려면 어떻게 해야 할까? 제대로 순위를 매겨 소비자들이 진정으로 열광할 상품들을 맨 위에 진열하면 소비자들이 신용카드를 꺼낼 가능성이 커진다. 그렇다면 인기도를 바탕으로 상품 순위를 매겨야 할까? 아니면 사회적 영향을 완전히 무시하고 상품에 내재된 적합성으로 순위를 매겨야 할까? 답은 분명하다. 좋은 상품이다.

노래를 인기도에 따라 순위를 매겼더니 10대들이 다운로드한 횟수는 모두 5,000회였다. 그리고 같은 수의 실험 참가자들에게 적합성으로 순위를 매긴 목록을 보여주었더니 7,000회나 다운로드했다. 이는 무려 40퍼센트나 증가한 수치로서 탁월함이 얼마나 중요한지를 여실히 보여준다. 10대들은 단순히 인기 있는 곡

목록이 아니라 마음에 드는 곡 목록을 받는 경우 다운로드 버튼을 클릭할 가능성이 훨씬 높았다.

세브리안과 연구팀은 뮤직랩에서 곡들을 살펴보는 10대들을 어깨너머로 관찰함으로써 값비싼 보석을 골라낼 수 있었다. 즉 어느 곡이 히트할지 미리 예측할 수 있었다. 세상에 수없이 많은 케이트 밀스 같은 이들, 오로지 직감에만 의존해 책상 다리가 부러질 정도로 산더미처럼 쌓인 원고들을 훑어보고 대박을 터뜨릴 잠재력을 지닌 작품을 그냥 지나쳐버리는 이들을 생각해보면 이는 아주 놀라운 결과다. 우리도 마찬가지다. 아마존이 추천해준 끝없이 긴 목록을 훑어보면서 마음에 드는 작품을 찾아내려고 애쓴다. 그러면 우리도 선택지들을 놓고 저울질할 때 성공의 제3공식을 이용할 수 있을까?

다순 왕을 기억하는가. 내 연구실에서 일하던 대학원생으로 그가 맡은 첫 프로젝트 덕분에 성공의 과학 연구에 착수하게 됐다고 했던 그 학생 말이다. 왕은 박사학위를 딴 후 IBM에 합류했고,[13] 우리가 책을 구매할 때 주로 작동하는 집단역학으로부터 각 상품의 적합성을 분리해내는 알고리즘을 개발하는 데 참여했다. 바로 빅데이터다. 그는 17년에 걸쳐 축적된 아마존의 소비자 평가 자료 2,800만 건을 이용해 성공의 제3 공식이 관장하는 역동성을 실시간으로 분리했다. 그리고 연구 결과를 보다 익숙한 형태로 전환하기 위해 각 상품의 적합성을 아마존 고객들이 상품을 평가할 때 사용하는 별점으로 전환했다. 왕은 세브리안의 알고리즘과 그리 다르지 않은 알고리즘을 이용해 사회적 영향이 역할을 하지 않는다면 각 상품이 진짜로 받을 별이 몇 개인지 규명했다. 그런 다음 사회적 영향이 그 별점을 어떻게 왜곡하는지 살펴봤다.

그런데 매우 직관에 반하는 결과가 나왔다. 상품을 평가한 횟수가 많을수록 최종적인 평가 점수는 그 상품이 지닌 적합성으로부터 벗어났다. 말도 안 된다. 그렇지 않은가? 우리는 평가하는 사람이 늘어날수록 혹평과 지나친 호평이 상쇄되어 정직한 '평균적' 평가에 가까워진다고 생각하기 마련이다.

아이들에게 단지에 M&M's 초콜릿이 몇 개나 들어 있는지 맞혀보라고 하는 게임이 있다. 이 게임은 많은 사람들에게 물어볼수록 정답에 가까워진다. 단, 다른 사람들이 뭐라고 답했는지 아이들에게 가르쳐주지 않을 경우에만. 아마존도 마찬가지다. 평가하는 사람이 늘어날수록 평가 결과가 그 상품의 진정한 적합성을 반영할 가능성은 낮아진다. 사회적 영향이 다시 발동하고 있다. 당신이 커피메이커를 샀는데 찝찝하다. 공정하게 평가하면 별점 세 개짜리 제품이다. 평가를 하려고 컴퓨터 앞에 앉았는데 온통 별점 다섯 개만 보인다. '좋아, 별 네 개 주마'라고 결심한다. 야릇하게도 아마존에서 합의는 소용없다. 다른 사람의 영향을 받지 않고 내린 첫 번째 평가가 흔히 그 상품의 진정한 적합성을 제대로 포착하기 때문이다.

왕과 세브리안의 연구 결과는 앞으로의 온라인 시장에 엄청난 의미를 지닌다. 군중의 행동에 나타나는 패턴을 분석하고 적합성을 측정하는 척도를 정교하게 다듬음으로써, 또는 적합성을 인기도와 분리해냄으로써 시장은 집단지성을 효과적으로 이용해 최고가 항상 정상에 오르도록 할 수 있다. 머지않아 이와 유사한 모델들이 등장해 기금 조성에서부터 선거 당선에 이르기까지 폭넓은 분야에서 성공의 면모를 밝힐 것이다. 우리는 예전과 똑같은 방식으로 온라인 여기저기를 돌아다니며 자기가 사는 지역의 이발사와 미용사들의 평가 순위를 비교하고 새로 다닐 이발소와 미용실을 찾으리라. 그러나 인기 있는 곳으로 몰려가지 않고 가치가 있는 곳으로 안내를 받으리라.

일단 아무리 하찮아 보이는 선택이라도, 즉 어느 기사를 읽을지, 어느 노래를 들을지, 어느 페이스북 포스트를 읽을지 등 별로 중요하지 않은 선택이라도 그 선택을 결정하는 데 집단역학이 얼마나 큰 영향을 미치는지 알고 나면, 인기 있는 견해가 항상 우리를 최고의 상품으로 안내한다는 전제에 의문을 제기하게 된다. 그리고 이런 준거 틀을 인생에서 훨씬 중요한 선택, 즉 어느 후보를 찍을지, 어느 학교에 다닐지, 어느 지역에 살지 결정하는 일에 적용할 수 있다. 결국 우리에게 중요한 일을 결정할 때는 지름길이 없다. 시간을 투자해서 군중의 의사와는 상관없이 자기 나름대로 결정을 내려야 한다.

성공의 제3 공식이 시사하는 바가 있다면 특정한 상품의 인기도는 우리가 바라는 만큼 그 상품의 적합성에 대해 그다지 말해

주는 게 없다는 점이다. 형편없는 책을 읽거나 저질 TV 쇼를 본다면 이런 차이는 중요하지 않을지 모른다. 그러나 대학이나 의사나 공직 후보를 선택할 때 단지 다른 사람들이 좋아한다는 이유로 선택을 한다면 이는 심각한 문제다.

여기서 제3 공식이 확실하게 적용된다. 직장에서 의사결정을 내릴 때 직원들에게 독자적으로 판단하도록 권장하라. 회의 말미에 찬성하는 사람은 손 들어보라고 하지 말고, 중요한 사안이라면 이메일로 비밀투표를 하게 하라. 아마존에서 특정 상품에 대해 최초로 평가한 몇 개의 평가가 그 상품의 적합성을 가장 잘 반영한다는 점을 기억하는가? 그런 평가가 사회적 영향을 가장 덜 받는 평가다. 동료 직원들이 집단에서 벗어나 정직한 의견을 밝히도록 허락하라.

▲ ▲ ▲

얼핏 보면 뮤직랩 실험은 J. K. 롤링의 놀라운 이력이 그녀의 천재성에서 비롯된 직접적인 결과라기보다 역사적 돌발 사건이라고 주장하는 듯하다. "상황이 조금만 달랐어도[14] 진짜 롤링도 가짜 로버트 갤브레이스 같은 운명을 맞았을지 모른다. 그 반대의 경우가 아니라"라고 뮤직랩 연구에 참여한 던컨 와츠는 말했다. 그러면서 그는 다음과 같이 덧붙였다.

"《해리 포터》에 광분하는 세상에 살게 된 지금은 상상하기 힘들지 모르지만, 이 평행우주에서는 《해리 포터와 마법사의 돌》이 '그만하면 괜찮은' 책이라는 평가를 받고 몇 권 정도만 팔리는 데 그쳤을 개연성도 있다. 롤링은 여전히 영국 맨체스터에서 고군분투하며 홀로 아이를 키우고 있을지도 모른다. 그리고 우리는 그런 사실을 까맣게 모른 채 살았을지도 모른다."

뮤직랩 실험 결과를 액면 그대로 받아들인다면 설득력 있는 결론이다. 결국 여덟 개의 우주 각각에서 《해리 포터》처럼 정상으로 치솟은 곡은 다 달랐고 이는 우선적 애착이 작동하고 있음을 재확인해주었다. 성공이 성공을 낳는다. 적합성과 성과는 그림에서 빠져 있다. 여기서 우리는 제3 공식으로 성공의 공식을 다듬어야 한다. 특정한 상품이 적합도도 지녔고 과거에 성공도 했다면, 장기적인 성공은 적합성만으로 결정된다. 진화론의 용어로 표현하면 '적자생존'이다. 최고의 노래, 가장 신뢰할 만한 기업, 월등한 기술이 살아남는다. 다시 말해 제3 공식은 제1 공식을 되풀이한다. 성과가 측정 가능하거나 식별 가능할 때는 성과가 성공을 이끈다. 장기적으로 볼 때 적합성은 인기도와 나란히 영향을 미치면서 우리가 선택을 할 때 길잡이가 된다.

그런데 함정은 '장기적'이라는 데 있다. 물론 수많은 경쟁자들이 각축전을 벌이는 분야에서조차 최고의 상품이나 성과를 보이는 이가 늘 한 표라도 더 얻거나 광고 하나라도 더 따내고, 적합성이 낮은 이들보다 빠르게 인기를 얻는다. 오래 기다리면 결국 최고가 정상에 오른다. 〈그녀가 말했네〉처럼 말이다.

그러나 흥미롭게도 뮤직랩이 빌보드 차트를 뒤집자 이 곡은 정상에 오르지 못했다. 확실히 정상을 향해 가고 있기는 했다. 그리고 정상에 도착했다고 해도 아마도 오랜 시간이 걸렸을지 모른다. 추가로 수천 명의 젊은이들이 다운로드 한 번 할 때마다 올라가면서 말이다. 그래서 결국 그 노래의 적합성이 무명이라는 불리한 처지를 완전히 극복하게 했을지도 모른다.

대부분의 상품이나 성과도 마찬가지다. 경쟁이 치열한 시장에서 시간은 우리가 가지기 어려운 사치품인 경우가 허다하다. 새 책은 출간되고 첫 몇 주 안에 대부분의 독자를 확보한다. 연구논문은 발표되고 첫 2년 안에 대부분의 인용 횟수를 확보한다. 스타트업은 6개월 안에 그 가치를 증명해 보이지 못하면 엔젤 투자자의 지원이 끊긴다. 상품, 사람, 아이디어가 그 가치를 증명하는 데 주어진 시간은 매우 짧다. 그 시간 안에 가치를 증명하지 못하면 사라지고 만다. 이런 여건을 감안해볼 때 롤링도 다른 작가들처럼 주어진 짧은 시한 내에 성공해야 하는 또 다른 우주에서라면 망각 속으로 사라지지 않았을까?

여기서 던컨과 나는 의견이 갈린다. 《해리 포터》의 성공은 돌발적인 사건이 아니었다.[15] 나는 《해리 포터》 시리즈 일곱 권 모두에 완전히 매료되었지만 내 평가는 배제하고, 아주 천천히 밑바닥에서 시작해 정상에 오른 이 작품만큼 제3 공식을 잘 보여주는 사례도 없다고 생각한다.

《해리 포터》는 십수 차례 거절당한 끝에 겨우 출간되고서도 곧바로 성공하지는 못했다. 1997년 6월 영국에서 출간되었을 때 첫 권의 초판은 겨우 500부를 찍었고 그중 300부는 무료로 도서관에 증정되었다. 시작은 이렇게 더뎠다. 그다음에 일어난 일은 적합성은 뛰어나지만 지명도가 낮은 상품에 대해 제3 공식이 예측하는 대로다. 첫 서평들이 나오면서《해리 포터》는 "대단히 흥미진진한 스릴러"로 묘사되었다. 다음과 같은 서평도 있었다. "이 책에서 눈을 뗄 줄 아는 아이를 아직까지 보지 못했다." 그리고 호평이 하나둘 이어지면서 우선적 애착이 시동을 걸기 시작했다.

1998년 9월 미국판이 출간되자 다시 제3 공식이 작용했다. 언론 매체들은 대체로 이 책을 무시했다. 족히 1년이 지나고서야《해리 포터》는 다수의 독자층을 확보하고 〈뉴욕 타임스〉 베스트셀러에 올랐고, 1999년 8월부터 거의 1년 반 동안 정상을 고수했다. 〈뉴욕 타임스〉가 베스트셀러 목록을 아동 도서와 성인 도서로 나누면서 비로소《해리 포터》는 왕관을 빼앗겼다. 꼬마 마법사에게 찬탈당한 왕위를 되찾아오려는 출판사들의 압력을 이기지 못하고 〈뉴욕 타임스〉가 취한 조치다.

▲ ▲ ▲

제3 공식의 사례는 도처에서 발견된다. 툭하면 눈에 띄니 이제 그런 사례들이 포착되면 마음껏 즐기기 바란다. 냉동실 문이 닳도록 여닫는 당신과 떼려야 뗄 수 없는 관계인, 다음에 소개할 상품도 훌륭한 사례다.

1977년 벤 코언Ben Cohen과 제리 그린필드Jerry Greenfield는 주유소를 개조해 아이스크림 제조판매 가게를 차렸다.[16] 미국에서 아이스크림 제조판매는 이미 거대한 사업이었다. 그러나 가게에서 파는 아이스크림은 화학물질과 옥수수 시럽만 잔뜩 들어 있고 풍미는 없는 대량생산된 반죽 같았다.

죽마고우이자 자칭 히피족인 벤과 제리는 평생 아이스크림을 만든 적이 없었지만, 자기들이야말로 대량생산되는 아이스크림보다 훨씬 잘 만들 수 있다고 확신했다. 좋은 아이디어도 있었다. 벤은 냄새를 잘 맡지 못해서 음식을 먹을 때 시각적 효과와 식감에 의존했다. 아이스크림에 여러 가지 풍미를 한데 섞어서 아이스크림을 먹을 때 얻는 보상을 한층 끌어올리면 어떨까? 두 사람은 시도해볼 만한 아이디어라는 데 의기투합했고, 아이스크림 만드는 방법을 배우기 위해 각각 5달러를 내고 방송통신 강의에 등록했다.

그들은 1만 2,000달러를 투자해 사업을 시작했다. 품질 좋은 재료들로 직접 아이스크림을 만들었고 창의적인 맛을 생각해내서 독특한 이름을 붙였다. '벤&제리의 수제 아이스크림'이라고 손으로 만든 간판을 내걸고 손수 만든 스쿠프로 아이스크림을 퍼주었다. 그들의 미적 감각은 가게를 독특하게 보이게 했고, 아이스크림도 맛있었으며, 손수 만들었다는 장점이 있었다. 두 사람이 처음 선보인 맛 중에 체리 가르시아Cherry Garcia가 있었는데, 과일과 다크 초콜릿 덩어리가 들어 있는 이 연분홍색 아이스크림은 나오자마자 대박을 터뜨렸다.

그러나 앞에서 봤듯이 탁월한 상품을 출시하는 것만으로는 충분치 않다. 벤&제리의 창립자들은 가게를 연 지 1주년이 되자 무료로 콘을 나눠 주기로 했다. 뭔가를 감지한 게 틀림없었다. 우선적 애착에 시동을 걸 필요가 있다는 사실을 말이다. 콘을 공짜로 준다는데 줄을 서지 않을 사람이 있을까? 사람들은 독특한 풍미가 휘몰아치는 맛난 주전부리를 받아 들었고, 곧 아이스크림의 가치는 하늘 높은 줄 모르고 치솟았다.

이 전략은 확실히 먹혔다. 그러나 그러기까지 상당한 기간이 걸렸다. 성공의 제3 공식이 천천히 작동하면서 벤&제리는 버몬트주에서 선풍적인 인기를 끌어모았다. 그러다 1981년 〈타임〉이 표지에 콘의 사진을 싣고 벤&제리를 "세계 최고의 아이스크림"이라고 하면서 버몬트에서민 끓어오르던 인기가 드디어 주 경계선을 넘었다.

벤&제리는 제3 공식에 담긴 마법을 이용해 롤링이 외운 주문과 똑같은 주문을 외웠다. 그들은 개조한 주유소에서 수십 억 달러 회사로 성장하기까지 그 모든 공을 아이스크림의 맛에 돌리고 싶겠지만, 이 회사가 성공한 데는 맛 이상의 뭔가가 있었다. 적합성과 우선적 애착 둘 다 필수 요소였다. 이 두 요인 가운데 하나만 없었어도 이 회사는 오늘날 우리가 아는 벤&제리로 성공하지 못했을지도 모른다.

성공의 비결을 맛으로만 돌리면 이 회사가 성공하는 데 기여한 훨씬 중요한 요소를 과소평가하게 된다. 바로 처음부터 두 사람이 의기투합해서 훌륭한 팀워크를 보였다는 사실이다. 집단의 성공은 다음에 소개할 공식의 주제다. 앞으로 알게 되겠지만, 이런 공식들이 우리 삶의 틀에 어떻게 맞아떨어지는지를 이해하기란 별개의 문제다.

우리는 홀로 일하는 경우가 거의 없다. 대박을 터뜨린 상품들 이면에 있는 집단역학을 반드시 살펴봐야 한다. 체리 가르시아 콘이 중독성이 있기 때문에 대박이 났을까? 그 맛은 그런 과업에 적합한 재능을 지닌 두 사람의 협업으로 탄생했다. 우선적 애착과 적합성을 완벽한 비율로 혼합해서 아이스크림 기계에 넣고 돌려 그들의 꿈을 실현해냈다. 창의적인 두 사람의 생각이 잘 맞아떨어졌기 때문에 빅 록 캔디 마운튼Big Rock Candy Mountain 같은 맛이 탄생할 수 있었다. 넥타이에 염료로 그린 물결 무늬처럼 휘몰아치는 모습을 한 맛, 한 스푼 푹 떠서 음미하는 윌리 웡카Willy Wonka의 환상적인 세계 말이다.

제 4 공식

다양성+균형+리더십=팀 성공

THE FORMULA

THE
FOURTH
LAW

팀이 성공하려면
다양성과 균형이 필요하지만,
팀이 성과를 올리면
오직 한 사람만이 공을 독차지한다.

흔히 닭들과 축구 선수들이 보여주는 법칙으로, 올스타 팀이 실
패하는 이유를 설명한다. 이는 재즈음악가, 브로드웨이 히트 제
조기, 콜센터 상담원들에게서도 발견되는 것으로, 집단이 성공
할 가능성을 최대한으로 높이기 위해 어떤 전략을 실행해야 하
는지 알려준다. 노벨상에서 누락된 과학자 출신의 밴 운전사는
우리에게 조심스럽게 경고한다. 공로자가 누군지를 공동체가 지
정하도록 내버려두면 사달이 날 수도 있다는 사실을.

8.
관행적인 듯, 혁신적인 듯, 우울한 듯
균형, 다양성, 지도력의 중요성

——— ———

1959년 3월 2일, 마일스 데이비스Miles Davis가 직접 선정한 음악가 다섯 명이 온종일 세션에 참석하려고 뉴욕 30번가에 있는 컬럼비아 레코즈 녹음실에 들어섰다.[1] 서로 초면인 사람들도 있었다. 그들은 곧 녹음할 음악에 대해 대략적인 설명만 들었다. 미리 받은 거라곤 몇 가지 음역 스케치와 멜로디 몇 줄이 전부였지만 그것만으로도 모든 준비가 끝났다.

악기들이 준비되어 있는, 방음 시설을 갖춘 녹음실에 모두가 모이자 데이비스는 담배를 입에 꼬나문 채로 간단하게 지침을 하달했다. 그러고 나서 그들은 훗날 〈그래서 어쩌라고So What〉라고 알려진 곡을 연주하기 시작했다. 애잔한 베이스 연주와 부드러운 드럼 소리, 피아노가 살짝살짝 끼어들다가 트럼펫과 색소

폰이 등장해 거드는 곡이었다.

이 세션으로 제작된 앨범 〈우울한 듯Kind of Blue〉은 즉흥 협연에서 오는 긴장감을 잘 포착했다. 서늘하면서 스윙풍도 있고 선율도 아름답고 감성이 넘쳐흐르는 곡들을 데이비스는 주도면밀하게 제작했다. 이 앨범의 50주년 기념으로 나온 음반에는 이따금 데이비스가 퉁명스럽게 팀에게 지적하는 음성까지 담겨 있다. 그는 구조적 정밀도에서는 한 치도 어긋남이 없어야 직성이 풀렸다. 그러면서도 주어진 틀 안에서는 마음껏 즉흥적으로 연주하도록 허용했다. 데이비스는 비밥Bebop에서 블루스Blues에 이르기까지 폭넓은 장르를 섭렵한 경험을 바탕으로 60년이 지난 지금까지도 노련한 재즈 연주가들과 일반 청중 모두에게 여전히 새롭게 들리는 앨범을 제작했다.

데이비스가 즉흥 연주를 할 음악가들을 세심하게 꾸려서 만든 〈우울한 듯〉은 역사상 가장 오랜 세월 동안 사랑을 받는 음반으로 자리매김했다. 1959년 처음으로 출시된 후 118번이나 발매되었다. 틈새 장르에서는 전례 없는 성공이었다. 무엇보다도 이 곡은 수 세대에 걸쳐 재즈 입문 교본으로서 끊임없는 영감의 원천이 되었고 본보기가 되었다. 한마디로 이 앨범은 걸작이었다.

〈우울한 듯〉이 그토록 오랜 세월 동안 성공을 거듭해온 이유에 대해서는 여러 가지 주장이 있다. 그런데 어떤 주장에서든 일단 녹음하는 과정에서 데이비스가 보여준 차분하면서도 날카로운 지도력을 강조한다. 피아니스트 빌 에반스Bill Evans는 그 비결이 차트가 단순하고[2] 데이비스가 밴드에게 내린 지시가 애매모호했기 때문이라고 전했다. 예를 들면 데이비드는 "이 부분은 예쁘게 연주해"라고 말한다. 아니면 누군가를 지목해서 "너, 네가 이 음을 쳐"라고 말한다. 그리고 또 다른 사람에게 "너는 이 음을 연주해"라고 말한다. 그러나 어울리지 않을 법한 음악가들을 한데 모으고 이질적인 부분들에서 독특한 소리를 직접 찾아내는 데이비스의 파격적인 선택도 이 음반의 성공에 한몫을 했다.

어쨌거나 〈우울한 듯〉은 성공 연구와 관련해 흥미진진한 팀 구축 사례다. 이를 통해 우리는 어떻게 하면 데이비스처럼 성공할 팀을 꾸릴 수 있을까 하는 의문을 갖게 되었다.

이는 브라이언 우치Brian Uzzi를 사로잡은 질문이기도 했다. 노스웨스턴 켈로그 경영대학원 교수인 그는 집단역학과 집단 창의성의 뿌리를 연구한다. 만일 술집에서 그와 마주친다면, 그가 세계 최고 명문으로 손꼽히는 대학의 스타 교수라고는 꿈에도 생각 못할지 모른다. 길고 헝클어진 머리에 가죽 스포츠 재킷을 걸치고 양손 손가락에 커다란 은반지를 여러 개 끼고 다니는 그는, 정장을 입고 기업 회의실에 근엄하게 앉아 있는 모습보다 할리 데이비슨을 타면 더 어울릴 록 스타처럼 보인다. 그리고 메시지의 대가인 그는 사람을 헷갈리게 만들지는 않는다. 실제로 할리를 한 대 소유하고 있고 록 밴드에서 베이스 기타를 친다. 그러나 놓치기 힘든 강한 뉴욕 말투로 자기 연구 내용을 얘기할 때면 겉모습과는 전혀 딴판인 사람으로 변한다. 그는 내가 만나본 사람 가운데 가장 설득력 있는 강연자다.

지난 10년에 걸쳐 우치는 함께 작업하는 집단이 어떻게 제대로 작동하고 언제 탁월한 능력을 발휘하며 언제 실패하기 쉬운지에 대해 부단히 연구를 함으로써, 성공의 과학에 활력을 불어넣었다. 그는 자기 연구를 '팀과학 team science'이라 부르는데, 이 여정에 나서게 된 출발점은 뜻밖의 주제였다. 바로 브로드웨이 뮤지컬이다. 재즈와 마찬가지로 뮤지컬은 미국의 독특한 예술 형태로서 복잡한 협업을 통해 만들어지는 예술이다. 우치는 수익과 호평을 척도로 삼아 뮤지컬에 대해 대중이 어떻게 반응하는지 살펴봤다.[3] 그리고 모든 브로드웨이 프로덕션 이면에 존재하는 창의적인 연결망들을 살펴봄으로써 팀의 성공을 낳는 비결을 찾아냈다.

우리는 공연을 관람할 때 스타들에게 집중하는 경향이 있다. 바로 그들이 주역을 맡아 이야기를 이끌어가기 때문이다. 그러나 사실 스타들은 브로드웨이 뮤지컬의 성공에 크게 기여하는 바가 없다. 역할을 맡은 배우들이 계속 바뀐다는 사실이 이를 보여준다. 공연의 성공 여부는 여섯 명의 핵심적인 협력자들에게 달려 있다. 작곡가, 작사가, 극작가, 안무가, 감독, 제작자다.

그들은 함께 머리를 맞대고 이야기를 짜고 곡을 쓰고 춤사위를 만들어낸다. 또 출연 배우를 선정하고 장소를 고른다. 가령 마틴 햄리시Martin Hamlisch 같은 안무가가 먼저 작업에 착수하면 그는 〈코러스 라인A Chorus Line〉처럼 춤사위를 그린다. 그러고 나서 작곡가, 작사가, 극작가, 감독, 제작자를 모아 팀을 꾸리고 함께 뮤지컬을 제작해 대박을 터뜨리고 토니상 9개 부문을 수상한다. 아니면 멜 브룩스Mel Brooks 같은 극작가가 뮤지컬 제작에 먼저 착수해서 〈프로듀서The Producers〉처럼 대사와 줄거리를 짠 다음, 공연을 함께 만들 감독, 제작자, 작곡가, 안무가를 모은다. 〈프로듀서〉도 2,502회 공연이라는 기록을 세우며 대박을 쳤고, 토니상 12개 부문을 수상해 최다 수상 기록을 경신했다. 이런 여러 요소들 중 어느 한 가지라도 충족되지 않으면(대본이 형편없다든가, 노래가 귀에 쏙쏙 들어오지 않는다든가, 춤이 지리멸렬하다든가 하면) 무대 위에 누굴 올려놓아도 쪽박을 찬다.

"이 세상에 쇼 비즈니스 같은 비즈니스는 없다There's no business like show business"라고 한 어빙 벌린Irving Berlin의 가사는 뮤지컬이 상업성을 추구하는 작업이라는 사실을 상기시킨다. 대성공하면 투자자들은 수백만 달러를 긁어모은다. 그러나 공연이 "너무 나가면", 즉 주류 정서에서 너무 벗어나면 표가 안 팔린다. 반대로 공연이 너무 진부하면 비평가들의 혹평을 받고 청중이 근처에도 오지 않는다.

우치와 그의 동료들이 분석한 브로드웨이 뮤지컬 데이터는 흥미진진하고 결론도 분명하다. 그들은 브로드웨이에서 공연된 거의 모든 뮤지컬을 망라하는 474편의 뮤지컬에 참여한 창작자들

2,000명의 경력을 살펴봤다. 그중 50편의 뮤지컬이 제작 단계에서 무산되었고 절반 이상이 수익을 내지 못해 쪽박을 찼다. 겨우 23퍼센트만 돈을 벌었다. 그러나 성공의 제2 공식을 그대로 보여주듯, 실제로 수익을 낸 뮤지컬들은 어마어마한 성공을 거두면서 대단한 명성을 얻고 엄청난 돈을 긁어모았다.

뮤지컬이 히트를 치려면 관행적 요소와 혁신적 요소를 겸비해야 한다. 뮤지컬 제작팀은 일반 대중에게 익숙한 주제와 접근 방식을 이용해 뭔가 새로운 것을 정교하게 만들어내야 한다. 그런 사례 하나를 소개한다.

리처드 로저스Richard Rogers와 오스카 해머스타인 2세Oscar Hammerstein II가 작곡해 1945년 대 히트한 뮤지컬 〈회전목마〉는 1909년 페렌츠 몰나르Ferenc Molnár가 쓴 연극 희곡 〈릴리옴Liliom〉을 각색한 작품이다. 본래 헝가리어로 쓰인 이 연극은 초연에서 흥행에 완전히 실패했다. 그러나 로저스와 해머스타인 2세는 이 작품의 배경을 헝가리 부다페스트에서 미국 메인주 해안 지역으로 옮겨놓았고, 그때까지 뮤지컬에서 보지 못한 새로운 시도를 했다. 어느 정도 이야기가 전개되고 나서야 비로소 주역들이 사랑에 빠지고 사랑의 노래를 열창하는 관행을 따르지 않고, 시작하자마자 사랑의 노래 여러 곡을 연달아 소개했다. 뮤지컬이라는 장르가 지닌 제약들을 벗어나지 않으면서도 혁신적인 요소였다.

이런 단순한 혁신적 요소만으로 두 사람은 관중이 브로드웨이 공연에서 기대하는, 눈이 휘둥그레지는 사랑 이야기의 효과를 극대화했다. 그리고 그런 약간의 변화는 먹혀들었다. 몰나르의 〈릴리옴〉은 흥행에 실패했지만, 〈회전목마〉는 공연이 시작되자마자 비평가들의 찬사가 쏟아졌고 관객이 구름처럼 몰려들었다. 이 공연은 890회 이어졌고 초연이 마감된 후에도 여러 번 공연이 재개되었다. 1999년 〈타임〉은 〈회전목마〉를 20세기 최고의 뮤지컬로 선정했다.

로저스와 해머스타인 2세는 협업을 통해 최적의 균형점을 찾았다. 사랑에 대해 냉소적인 로저스는 지나치게 달달했을 법한 가락에 시큼한 맛을 가미했다. 낭만주의자인 해머스타인 2세가 홀로 쓴 곡은 혀가 아릴 정도로 달달한 경우가 가끔 있었다. 두 사람은 함께 작업을 하면서 각자 지닌 재능을 조화시켰다. 두 사람의 우정도 협업에 도움이 되었다. 그보다 몇 년 앞서 〈오클라호마!Oklahoma!〉를 공동으로 작업하면서 둘은 깊은 신뢰를 쌓았고, 이런 관계가 바탕이 되어 걸작이 탄생했다.

그런데 우치는 이 뮤지컬 제작에 참여한 다른 사람들도 두 작곡가 못지않게 긴밀한 유대 관계를 유지하지 않았다면 흥행에 실패했을지도 모른다는 사실을 발견했다. 이처럼 끈끈한 유대 관계로 맺어진 사람들은 그들만의 '작은 세계'에 매몰되어 자칫 비평가들의 혹평을 받고 관중이 외면하는 작품을 만들어내기 쉽다. 정반대의 경우도 마찬가지다. 창작팀 구성원들의 생각이 너무 중구난방이면 관중을 흥분시킬 작품을 만들어내기가 어렵다. 브로드웨이에서 성공하려면 관행과 혁신 사이에서 줄타기를 잘

해야 하는데, 이를 달성하려면 협업하는 사람들이 잘 꾸려져야 한다.

▲ ▲ ▲

부다페스트에 있는 중앙유럽대학Central European University에서 성공의 과학을 연구하는 벌라주 베드레시Balázs Vedres는 브라이언 우치가 뮤지컬에 열광하는 만큼이나 재즈에 열광한다. 그도 우치처럼 밴드에서 베이스를 연주한다. 우치와 마찬가지로 그도 사회학자로서 협업이 성공에 기여하는 바를 연구할 때 비슷한 시각으로 접근한다. 그는 재즈의 역사를 샅샅이 훑어본 결과(1890년대부터 2010년까지 기록으로 남은 10만 건 이상의 세션을 훑어봤다)[4], 앨범 제작에 참여한 이들의 다양성과 앨범의 성공 사이에 직접적인 관계가 있다는 사실을 발견했다. 앨범의 성공은 음반이 발매된 횟수로 측정했다.

베드레시는 비디오게임 개발 과정에서도 유사한 역학 관계를 발견했다. 비디오게임을 개발할 때도 여러 명이 팀을 구성해 협력하면서 끊임없는 수정과 보완을 통해 혁신적인 상품을 생산해낸다.[5] 브로드웨이 뮤지컬, 재즈와 마찬가지로 비디오게임을 제작할 때도 혁신과 관행에 대한 순응 사이에서 최적의 균형점을 찾아야 한다. 일반인이 게임을 터득할 수 있을 정도로 익숙한 것이어야 하지만 동시에 소비자를 매료시킬 만한 뭔가 새로운 것을 제시해야 한다. 이런 이유 때문에 게임을 제작하는 팀은 게임 개발의 거의 모든 분야를 아우르는 경력을 지닌 이들로 구성된다. 또한 구성원들 간에 중첩되는 부분이 있어야 다양한 사람들이 경험을 공유하고 끈끈한 유대 관계를 형성할 수 있다. 신참내기와 경력자, 끈끈한 우정과 처음으로 협업하는 소원한 관계 같은 다양성은 팀이 성공하는 데 필수조건이다.

이는 우리 연구실에서도 과학의 진일보를 위해 날마다 사용하는 개념들이다. 과학이 직면한 과제들은 한 개인이 풀기에는 너무 복잡하다. 브라이언 우치가 최근에 증명했듯이, 과학계에서 가장 큰 영향력을 발휘한 논문들은 천재적인 개인이 아니라 여러 명이 함께 썼다.[6] 나는 항상 이 사실을 염두에 두고 우리가 진행하는 프로젝트를 진전시키기 위해 흔히 10~20명의 학자를 초청해 도움을 받는다. 분석적인 작업을 하는 이들도 있고, 수학적 시뮬레이션을 하는 이들도 있으며, 실험을 통해 이를 검증하는 작업을 하는 이들도 있다. 다양성은 자연스럽게 구축되어 학생, 박사 후 과정을 밟는 연구원, 교수들은 서로 어울리며 협력해서 프로젝트를 완성한다.

그러나 다양성만으로는 충분치 않다. 끈끈한 결속력도 그 못지않게 중요하다. 나는 나와 논문 한두 편을 같이 써본 박사 후 과정 연구원과 연구실 신참내기를 짝지어준다. 그리고 늘 몇 가지 변화를 준다. 우리와 협력한 적은 없지만 중요한 관점을 제시하고 실험을 도와줄 외부 전문가들을 영입한다.

그런데 아무리 봐도 팀 연구에서 다루지 않은 이슈가 있다. 바로 지도력이다. 연구실을 이끌어가는 게 내 일이다. 적임자들을 한데 모아놓은 뒤 나는 하와이로 휴가를 떠나버리고 팀의 천재성이 발휘되기만을 바랄 수는 없다. 내가 꾸린 팀은 언제 다음 단계로 나아갈지, 어떤 증거가 더 필요한지 내가 판단해주기를 바란다. 좋든 싫든 나만 쏙 빠질 수는 없다. 나는 연구를 진전시키는 최종적 중재자다. 그래서 드는 의문이 있다. 성공하려면 모두에게 얼마나 재량권을 줘야 할까? 그리고 나는 어느 정도나 내 의견을 관철시켜야 할까?

▲ ▲ ▲

팀으로 작업하는 상황에서 지도자가 어떤 역할을 하는지에 대한 연구는 제임스 배그로James Bagrow의 연구로 풍요로워졌다. 한때 내 연구실에서 박사 후 과정 연구원으로 있었고 버몬트대학교에서 연구팀을 이끌고 있는 그를 우리는 '짐Jim' 이라고 불렀다. 폐부를 찌르는 듯한 냉소적인 유머가 뛰어났고 무슨 일이든 부정적인 시각으로 바라보며 귀신처럼 허점을 포착했다. 그 덕에 그는 다순 왕을 과학자의 반열에 올려놓을 악명 높은 프로젝트였던 재난 연구에 최적임자였다. 짐은 이 악명 높은 논문의 제1 저자였고, 연구실에 합류한 신참이었던 왕은 짐의 보조 역할을 했다. 재난에 관한 논문의 반응이 시원치 않자 짐은 그러려니 하고 잊었다. 그리고 두 명의 다른 박사 후 과정 연구원들과 의기투합해 네트워크 공동체에 관한 뛰어난 논문을 발표해서 이전의 실패를 설욕하며 화려하게 재기했다. 노스웨스턴에서 잠시 브라이언 우치와 협업했던 짐은 이제 막 꽃피고 있는 팀과학 분야에서 떠오르는 스타다.

짐이 연구한 특히 흥미로운 프로젝트가 있다. 그는 사용자들이 협력해 소프트웨어를 개발하도록 해주는 깃허브GitHub라는 컴퓨터프로그래밍 사이트에서 방대한 데이터를 확보해 분석했는데,[7] 깃허브는 소프트웨어 개발자들이 서로의 프로젝트 진행 상황을 추적하도록 해주는 소셜 네트워킹 사이트다. 또한 회원들에 대한 다채로운 정보를 수집하도록 해준다. 언제 새로운 팀이 꾸려지고, 언제 회원들이 기존의 팀에 합류하며, 합동 프로젝트에 언제 누가 어떤 코드를 만들어 기여하는지 알 수 있다. 이런 협업은 전적으로 자체 조직화하는 방식으로 진행되며 같은 팀에 속한 구성원들끼리 직접 만나지 않는 경우도 허다하다. 깃허브는 사용자들이 자기 관심 분야인 프로젝트를 발견하는 데 도움을 주는 도구들도 제공한다. 사용자는 특정한 팀의 프로젝트를 보고 흥미가 있으면 그 진행 과정을 지켜볼 수 있다.

짐은 특정한 프로젝트의 진행 과정을 지켜보는 이들이 몇 명인지를 기준으로 팀의 성공을 측정했다. 과학계에서 논문 인용 횟수와 마찬가지로 팔로워 수는 공통 관심사를 바탕으로 구성된 보다 넓은 공동체가 특정한 작업에 어떤 반응을 보이는지를 포착한다. 짐은 팔로워가 많은 프로젝트를 성공적이라고, 그렇지 않은 프로젝트는 그렇지 않다고 규정했다. 여기서도 성공은 완전히 한쪽으로 치우치는 결과를 낳았다. 거의 대다수의 팀들이 관심을 모으지 못했다. 이번에도 역시 엄청난 수의 팔로워를 얻는 팀은 드물었다. 다시 말해 깃허브는 제2 공식을 충실히 따랐고, 거의 대다수 프로젝트는 무시한 채 오직 극소수의 프로젝트에만 무한한 지명도를 선사했다.

깃허브 사이트에서 팀을 꾸려 작업하면 분명 유리했다. 팀 프로젝트는 혼자 진행하는 프로젝트보다 성공하는 경우가 훨씬 많고, 팀의 규모가 클수록 팔로워도 많이 확보한다. 깃허브는 각 팀 구성원이 프로젝트에 기여하는 횟수를 추적하므로, 팀 구성원들 가운데 누가 대부분의 업무를 하는지도 파악할 수 있었다. 다시 말해 개인이 내는 성과를 측정할 수 있었다.

자료를 분석한 결과, 짐은 놀라운 사실을 발견했다. 업무가 골고루 팀원들에게 분배된 경우는 없었다. 프로그래밍 업무 대부분을 단 한 사람이 해냈다. 게다가 팀의 규모가 클수록 한 사람이 해낸 업무의 비율은 더 컸다. 요약하면 팀마다 자연스럽게 지도자가 부상했고 팀 구성원의 수가 늘어날수록 지도자가 팀의 성과에 기여하는 바는 더욱 커졌다.

이런 불균형적인 기여도는 깃허브에서만 나타나는 독특한 현상이 아니다.[8] 예를 들어 수십 명 또는 수백 명이 위키피디아 한 페이지를 완성하는 데 기여한다. 깃허브와 마찬가지로 위키피디아도 각 편집자가 기여한 바를 추적해 업무가 얼마나 골고루 배분되어 있는지 살펴볼 수 있다. 여기서도 역시 기여도는 극소수에게 치우친 것으로 나타났다. 대부분의 편집자들은 거의 기여하지 않았다. 그저 여기저기 단어를 수정하거나 새로운 정보를 덧붙이는 정도였다. 이 중 극소수만이 궂은일을 도맡아 하면서 대부분의 콘텐츠를 끊임없이 수정하고 창출해냈다.

고등학생들로 구성된 팀들이 생물체 내에 새로운 기능을 만들어내는 합성생물학에서 연구를 진행하는 방식을 추적했을 때도 똑같은 역학 관계가 관찰되었다.[9] 이 학생들은 박테리아가 냄새를 맡고 효모세포가 산수를 할 수 있게 만들었지만, 팀의 규모가 클수록 특정 개인이 최종적인 연구 결과물에 기여한 정도는 더 커졌다.

무엇보다도 깃허브의 경우 지도자가 팀에 얼마나 관여하는지가 팀의 성공에 중추적인 역할을 한다는 사실이 드러났다. 이렇게 대성공을 거둔 사례들은 프로그래밍이 추구하는 목표가 무엇이든 상관없이 하나같이 공통점이 있었다. 지도자 한 사람의 역할이 클수록 프로젝트는 대단한 성공을 거둔다는 점이었다.

▲ ▲ ▲

"회의실에서 대단한 아이디어가 탄생한 적은 결코 없다"라고 F. 스콧 피츠제럴드F. Scott Fitzgerald는 일갈했다.[10] 짐의 연구 결과는 피츠제럴드의 주장이 완벽히 맞지는 않았다는 사실을 보여준다. 대단한 아이디어는 협업에서 탄생하기도 하지만, 혜안을 지닌 한 사람이 올바른 방향으로 이끌어주고 목표를 분명하게 제시할 때 나온다. 다양성은 성공을 가능케 하는 최상의 조합을 만들어내지만 그 조합이 제 실력을 발휘하려면 지도자가 필요하다.

프로그래밍 분야에서 팀이 성공할수록 결과물에 기여한 바는 한 사람에게 쏠린다. 한 사람의 지도자가 부상해 결정을 내리고 프로그래밍 업무 대부분을 처리하기 때문이다. 물론 동료들도 중요한 역할을 하기는 한다. 핵심적인 전문 지식을 제공하고 허점을 메워준다. 그러나 지도자는 개개인이 범하는 실수를 바로잡고 수준 미달인 결과들은 퇴짜를 놓고 최종적 결과물이 자신이 생각하는 모습과 기준을 충족시키는지 확인하면서 프로젝트의 전체적인 모습을 그려간다.

그렇다면 지도자가 어느 정도나 관여하면 지나치다고 할까? 데이비스 같은 한 명의 슈퍼스타가 여럿이 협력해서 진행하는 프로젝트에 어마어마한 기여를 한다면, 그런 슈퍼스타가 둘 또는 다섯 명이면 훨씬 좋지 않을까? 어느 시점에 다다라야 우리는 노 저을 사공이 너무 많다고 판단할까? 슈퍼스타가 인간인 경우에는 답하기 까다로운 문제지만 만일 닭이라면 말 그대로 누워서 떡 먹기다.

윌리엄 뮤어William Muir는 동물 사육을 연구한다.[11] 구체적으로 말하면 유전자와 선택이 복합적으로 작용해서 어떻게 행동적 특질을 만들어내는지를 연구한다. 그는 과학자이자 교수지만 닭을 기르기도 한다.

흔히 닭을 기르는 일은 아동 도서를 보면 화려한 색상의 삽화를 곁들여 낭만적으로 그려놓은 게 대부분이지만, 실제로 양계장 농장주들은 오로지 한 가지 목표밖에 없다. 암탉들이 알을 낳는 생산성을 극대화하는 일이다. 뮤어는 수없이 늘어선 닭장에 들어 있는 닭들을 어떻게 하면 선별적으로 교배시킬지 연구했다. 닭장에는 다른 암탉들에 비해 생산성이 탁월한 암탉들이 있었고, 그는 자기가 생각하기에 가장 간단한 방법을 사용하기로 했다. 각 닭장에서 가장 생산성이 높은 암탉을 선정해 한데 모아놓고 키운 것이다. 몇 세대만 지나면 양계장에 산더미처럼 많은 달걀을 낳을 '슈퍼 닭'들이 넘치리라고 생각했다. 다시 말해 올스타 팀을 꾸리는 셈이다.

생산성을 비교하기 위해 뮤어는 가장 생산성이 높은 닭장도 확보해두었다. 이 닭장에 속한 암탉들 중에는 생산성이 떨어지는 닭도 있었다. 이 닭장을 슈퍼 닭들만 들어 있는 닭장의 생산성과 나란히 놓고 각 집단을 계속 사육했다. 물론 시간이 흐르면서 슈퍼 닭으로 구성된 집단이 통제 집단보다 높은 생산성을 보일지가 관건이었다. 그래서 뮤어는 암탉들이 여섯 세대에 걸쳐 교배하도록 했고(이는 동물과학에서 표준적인 절차다), 시조가 된 집단에서 비롯된 6대손이 낳은 달걀을 합산했다.

그렇게 연구한 결과를 한 과학회의에서 최초로 발표할 때 뮤어는 일단 통제 집단부터 소개했다. 6대손들은 번성하고 있었다. 닭들은 통통하고 건강했고 달걀 생산량은 160퍼센트 증가했다. 즉 이 실험은 성공적이었다. 뮤어는 가장 높은 생산성을 보인 팀을 따로 선발해 선택적으로 교배시키면 달걀 생산성이 극적으로 증가한다는 사실을 입증했다. 그리고 이는 개체가 보인 생산성을 기준으로 선정한 슈퍼 닭들로만 꾸린 팀이 따라잡기 힘든 높은 성과라는 의미이기도 했다.

하지만 그가 슈퍼 닭들만 들어 있는 닭장의 모습을 담은 슬라이드를 보여주자 청중은 탄식했다. 6대에 이른 슈퍼스타 암탉들의 자손들은 전혀 슈퍼스타처럼 보이지 않았다. 마치 혼이 쏙 빠졌다가 가까스로 제정신을 찾은 모습이었다. 우선 암탉 아홉 마리 중 겨우 세 마리만 남았다. 여섯 마리는 같은 닭장에서 함께 살았던, 살아남은 짝에게 살해당했다. 나머지 생존자 세 마리도 건강하지는 않았다. 털이 거의 빠져 있었다. 꼬리는 부러진 깃털들을 한데 묶어놓은 것처럼 보였다. 깃털이 빠져 살이 노출된 날개는 상처가 가득했다.

닭장은 말 그대로 전쟁터로 변해 있었다. 이 암탉들은 뮤어의 실험에서 기대했던 달걀 생산성이 우선순위에서 한참 밀려나 있었다. 끊임없이 싸우는 데서 오는 스트레스에 시달리고 불구가 된 암탉들은 알을 낳지 않았다.

지도자가 너무 독단적이면 구성원들이 서로 다투고 뒤에서 등에 칼을 꽂고 협박하면서 나쁜 본성만 드러낸다. 이런 사례는 닭장이 아니라 우리 삶에서도 흔히 발생한다. 악명 높은 듀크대학교의 사례를 살펴보자.[12] 1980년대 말과 1990년대 초에 세계 최고의 영어영문학과를 꾸리기 위해 듀크대학교는 영입할 수 있는 슈퍼스타급 학자들을 모조리 영입했다. 두말할 필요도 없이 결과는 예상과 전혀 달랐다. 학과는 사분오열되었다. 다양한 비판 이론들이 서로 충돌하면서 발생한 참사였다. 커리큘럼에 접근하는 방식도 천양지차였고 강한 개성들이 서로 부딪혔다.

2014년에 나온, 프로 스포츠에서 나타나는 '너무 많은 사공too-much-talent' 효과에 대한 연구를 보면,[13] 축구와 농구에서 재능 있는 선수는 팀에 기여를 하지만 어느 시점까지만 그렇다. 당연히 재능 있는 선수가 많을수록 이길 확률이 높다. 그러나 뛰어난 선수들이 너무 많으면 팀의 기량이 떨어진다. 축구와 농구 경기는 선수들이 서로에게 많이 의존하기 때문에 잘난 사람이 너무 많으면 협력이 부진해지고 성과를 깎아먹는다.

닭, 영어영문학과 교수, 축구 선수 사례가 시사하는 바는 똑같다. 재능 있는 사람을 채용할 때 팀의 성과보다 개인의 성과를 우선시하면 원하는 결과를 얻기가 힘들다는 점이다. 실제로 팀워크에 대한 이런 접근 방식은 동물 종을 불문하고 한결같이 파괴적이다. 집단을 주도하려는 욕망에 눈이 멀어 아무도 해야 할 일에 집중하지 못한다.

짐 배그로의 연구 결과가 보여주듯이 팀이 성공하려면 지도자와 궂은일을 도맡아 하는 사람이 반드시 필요하다. 그러나 지도자가 너무 독단적이면 부작용이 있다. 팀이 실패하는 이유는 뻔하다. 자존심이 충돌하면 달걀이 생산되지 않는다. 그러나 어쩌면 실패의 근본적인 원인은 그보다 훨씬 포착하기 어려운 미묘한 것인지도 모른다. 한 집단을 구성한 사람들이 팀으로서 지적인 작업을 하는 게 가능할까 하는 점이다.

▲ ▲ ▲

지능검사는 온갖 논란에도 불구하고 여전히 학업과 전문직에서의 성공을 가장 일관성 있게 예측해주는 지표다. 사람들이 얼마나 새로운 정보를 잘 기억하고 그 기억을 유지하고 처리하는지 측정하는 이런 검사는 일반 인지 능력 또는 지능지수를 측정한다.

　시험을 볼 때는 옆 사람한테 도와달라고 옆구리를 찌르면 부정행위에 해당하겠지만, 오늘날 직장에서 문제를 해결할 때는 동료 직원들의 도움을 받아야 한다. 그래서 카네기멜론대학교의 아니타 윌리엄스 울리Anita Williams Woollley는 MIT의 동료 학자들과 함께 다음과 같은 단순한 질문에 대한 해답을 찾기로 했다. 함께 일하는 사람들로 구성된 팀의 지능을 측정할 수 있을까?[14] 즉 한 집단으로 함께 과업을 수행하는 팀의 능력을 포착하는 집단지능collective intelligence을 측정할 수 있을까?

울리와 동료들은 서로 낯선 사람들에게 간단한 업무를 함께 수행하도록 했다. 벽돌의 용도를 나열해보라, 장보러 갈 계획을 세워라, 비디오 체커video checker 놀이를 함께 하라 등. 이들은 집단이 해법을 찾는 동안 각 구성원의 행동을 녹화했다. 그런데 많은 이들이 기대한 것과 어긋나는 결과가 나왔다. 우선 지능지수가 높은 팀은 상대적으로 지능지수가 낮은 팀보다 집단지능검사에서 더 좋은 점수를 내지 못했다. 집단이 성과를 내야 하는 맥락에서 개인의 지능은 그다지 중요하지 않았다. 집단 구성원들이 얼마나 동기가 유발되어 있는지, 개개인이 만족도가 어떤지 같은 요인들도 중요하지 않았다.

중요한 요인은 검사를 받는 사람들이 어떻게 소통하는가였다. 첫째, 집단을 구성하는 개개인이 감정적인 단서를 읽는 능력이 평균보다 높은 팀이 좋은 성적을 보였다. 둘째, 몇몇 사람이 대화를 장악한 집단은 구성원들이 골고루 의견을 표명한 집단보다 집단지능이 낮았다. 다시 말해 최고의 기량을 보인 팀은 팀 구성원들이 골고루 의견을 표현하고 서로의 의견에 귀를 기울인 집단이었다. 세 번째 핵심적인 요인은 앞의 두 가지 경우에서 파생된 흥미진진한 요인이었는데, 바로 여성 구성원이 포함된 팀이 훨씬 높은 집단지능을 보였다는 점이다.

집단지능검사는 구성원 개개인의 능력이 팀의 성과를 결정하는 핵심 요인이 아니라는 명백한 증거다. 그리고 요즘은 대부분의 중요한 결정은 집단이 내리므로(신상품을 출시하든, 새로운 법을 통과시키든), 집단지능을 효과적으로 수렴하면 분명 이득이 된다. 그러지 않으면 잘못된 결정을 내릴 가능성이 높다. 그 예로 케네디 행정부의 피그만Bay of Pigs 참사가 있다. 또 부시 행정부가 카트리나 허리케인에 늑장 대처한 사례가 있다. 2002년에 파산한 스위스에어Swissair 사례도 있다. 이 회사의 경영팀은 자사의 금융 안정성을 과신한 결과 회사에 '하늘을 나는 은행'이라는 별명을 붙여주기도 했다. 이 모두가 집단적 아둔함을 보여주는 사례들이다. 내 동료들은 이를 에둘러서 '집단사고groupthink'라고 부른다.

어떤 이름을 붙이든 상관없이 집단사고는 팀 구성원들이 지나치게 끈끈한 관계를 맺고 끼리끼리 어울려서[15] 결함 있는 한 가지 전략을 중심으로 합의에 도달하려고 할 때 나타난다. 사후에 집단의 아둔함을 포착해내기는 쉽다. 그러나 처음부터 신중하게 팀을 꾸려 좋은 성과를 내고 과학을 이용해 협력이 야기하는 함정을 피하는 일이 훨씬 쓸모 있다.

▲ ▲ ▲

지금까지 살펴본 이런 혜안들을 한데 섞으면 팀이 작동하는 방식에 따라 팀의 성패가 갈린다는 것을 알 수 있다. 팀이 성공하려면 균형과 다양성이 필요하다. 그러나 지도자도 필요하다. 팀의 규모가 점점 커지고 점점 멀리 떨어져 있는 사람들과도 협업을 해야 하는 세상에서 팀과학은 팀의 성공 가능성을 최대화하려면 어떻게 해야 하는지 정확한 해답을 제시해준다. 무엇보다 팀에서 믿음직한 사람이 주도하게 하고 그 지도자 주위를 둘러싼 지원팀을 다양한 사람들로 구성하라. 물론 혜안을 지닌 단 한 사람의 지도력 없이도 팀은 맡은 역할을 해낼 수 있다. 그러나 역사에 길이 남을 기념비적인 결과를 낳을 가능성은 거의 없다. 특히 청중의 반응이 중요한 분야에서는 마일스 데이비스, 오프라 윈프리, 제프 베조스 같은 슈퍼스타가 반드시 필요하다.

그러나 지도력만으로는 충분치 않다는 점을 명심하자. 다양한 경험과 열린 관점으로 프로젝트에 혜안을 제시하는 협력자들을 골고루 섞어서 팀을 꾸리는 것만으로도 충분치 않다. 집단지능은 혜안을 지닌 지도자와 더불어 팀 구성원들이 서로 토론하고 상대방의 말에 귀를 기울이면서 다양한 견해들이 표면화되도록 해야 가능하다. 팀을 꾸리고 이끌어나가는 일은 프로젝트의 성패를 가르는 정교한 과학이라는 사실을 데이터는 끊임없이 입증하고 있다.

다시 말해 팀이 성공하려면 최고의 기량을 갖춘 개인들로 팀을 구성하는 것만으로는 충분치 않다. 지금까지 본 바와 같이 올스타팀은 프로젝트가 실패로 가는 지름길일 수도 있다. 팀 구성원들이 서로 신뢰를 쌓고 골고루 기여할 기회를 얻는 게 중요하다.

MIT의 미디어랩 소속 연구자인 샌디 펜틀런드Sandy Pentland는 이를 확실히 입증했다. 그는 6주 동안 은행의 전화 상담 센터를 자신의 실험실로 바꾸었다.[16] 직원들은 늘 쓰는 헤드폰 말고도 샌디가 특별히 제작한 전자 배지badge를 착용했는데, 이 장치는 직원의 어투에서 통화한 빈도수까지 모든 정보를 수집했다. 핵심은 대화 내용이 아니었다. 사실 통화 내용은 전혀 중요하지 않았다. 배지는 이 장치 없이는 측정하기 힘든 저변에 깔린 소통 유형들을 포착해냈다.

이렇게 모은 자료들을 분석해보니 팀 구성원들 간의 직접 대면 소통은 팀의 성과에 엄청나게 중요했다. 사람들이 서로 눈을 마주치고, 활달하게 이야기를 나누고, 서로 웃고 질문하고 상대방의 말에 귀 기울이는, 격식 없이 늘 하는 그런 류의 잡담 말이다. 업무 교대가 이뤄질 때 이메일이나 간단한 공지는 요점만 간단히 전달하는 효율성은 있으나, 팀원들이 서로 대화하고 뒷공론을 나누고 즉석에서 문제를 해결할 기회는 주지 못했다.

사실 이메일은 가치가 가장 낮은 형태의 소통 방식이었다. 너무 효율적이었다. 사무실 생수통 주위에 모여 잡담을 하듯 수다를 떠는 행위는 (관리자의 입장에서는 시간 낭비처럼 보이겠지만) 정말로 중요했다. 언뜻 시간을 낭비하는 것처럼 보이지만 실제로는 자연스러운 소통을 통해 서로 교감을 쌓고 중요한 업무를 처리하는 방식이었다. 중학교 교사들이 만든 엄격한 업무 수칙 같은 게 도처에서 발견되지만, 연구 결과를 보면 관리자들은 회의를 하는 동안 잡담과 뒷공론을 권장해야 한다고 나온다. 이것은 팀 구성원들 간의 화합을 도모하고 이슈를 제대로 파악하고 창의력이 꽃필 공간을 마련한다.

이 연구를 실시한 장소가 은행의 콜센터라는 점을 명심하라. 성마른 고객들이 전화를 걸고 높은 효율성을 요구하는 일터다. 한 팀에서 고객이 건 전화 한 통마다 통화 시간을 30초 줄이면 고객 입장에서는 대단히 환영할 만한 일이다. 그리고 고객 응대 시간이 줄면 은행도 경비가 절감된다. 따라서 은행 관리자는 효율성을 최대화하기 위해 상담원들이 번갈아서 휴식을 취하도록 하는 업계의 관행을 깨고 펜틀런드의 권유에 따라 집단으로 휴식을 취하도록 했다. 그래서 커피를 홀짝이며 잡담을 하는 직원들이 다른 팀원들과 서로 교감하는 횟수를 늘리고, 다양한 사람들과의 소통으로 활력을 얻으며, 경험을 공유하게 되기를 바랐다.

이 시도는 대단히 효과적이었다. 팀원들이 보다 '인간적으로' 개인 대 개인으로서 소통하며 시간을 보내자 전화 상담 시간이 평균 8퍼센트 줄었고, 성과가 저조한 팀에서는 무려 20퍼센트가 줄었다. 이런 접근 방식은 전통적인 사업 관행과 정면으로 배치되는 것이지만 상담원이 연결되기를 하염없이 기다리는 사람들에게는 대단한 차이를 만들어냈다. 게다가 훨씬 화기애애한 업무 환경을 조성하는 효과도 있었다. 전체적으로 볼 때 이 새로운 접근 방식은 은행의 비용 절감에 혁혁한 공을 세웠다. 이 사소한 변화를 모든 팀에게 시행토록 했더니 한 해에 무려 1,500만 달러가 절약되는 놀라운 변화를 만들어냈다.

균형과 다양성의 중요성은 콜센터에만 국한되지 않는다. 펜틀런드는 실제로 혁신가들로 구성된 집단, 병원에서 수술 후 관리를 맡은 직원들, 은행원, 마케팅 부서, 지원 부서 구성원들 사이에서도 똑같은 역학 관계를 발견했다. 진정한 동료 의식을 갖고 소통한 팀이 훨씬 생산적이었고, 집단 내 결속력과 타 집단들과의 교감 사이에 균형점을 찾은 팀이 훨씬 창의성이 높았다. 다양한 개인들로부터 새로운 시각과 혜안을 구하는 행위는 팀의 성과를 높이는 데 필수적인 요소였다.

놀라운 결과가 한 가지 더 있다. 팀의 결속을 다지고자 한다면 직장 밖에서 회식 자리를 마련하기보다는 함께 점심을 먹는 시간을 더 길게 가져야 한다. 업무를 절반쯤 마치고 휴식하는 시간에 뜻밖의 누군가의 옆에 앉아 점심을 먹으면, 서로 공통적으로 느끼는 애로 사항이 있다는 사실을 확인하고 새로운 시각으로 문제를 바라볼 기회를 얻는다. 그러나 퇴근 후 동료들과 맥주를 마시며 회식하는 자리는 그런 효과가 별로 없다. 술집에서 사람들은 끼리끼리만 어울리기 때문이다.

함께 일하는 집단이 최대의 성과를 내도록 하는 데 관심 있는 관리자와 행정 업무 담당자들에게 가장 중요한 연구 결과는 바로 이것인지도 모른다. 사람들이 자신의 소통 방식에 존재하는 역학 관계를 인식하게 하면 성과가 눈에 띌 정도로 개선된다는 사실 말이다. 상호작용의 연결망을 시각적으로 그려보면 상사들은 자신이 회의에서 너무 독단적임을 깨닫고, 내성적인 직원들은 심리적으로 편안한 상태에서 벗어나지 않으려 한다는 사실을 깨달으며, 팀 구성원들은 서로를 사려 깊게 대하지 않는다는 사실을 깨달을지도 모른다. 대부분의 직원들이 자기가 하는 일을 좋아하지 않는 문화에서 소통 방법을 개선하면 모두에게 이득이 된다.

▲　▲　▲

마일스 데이비스가 제작한, 걸작이라는 데 누구도 이의를 제기하지 않는 그 음반이 실은 그때까지 팀으로 연주를 해본 경험이 없었던 노련한 음악가들의 협업으로 탄생했다는 사실은 우연이 아니다. 벌라주 베드레시는 그 앨범 제작에 참여한 음악가들 사이의 관계를 살펴본 결과, 데이비스는 단순히 뛰어난 음악가가 아니라 팀을 꾸리는 데도 뛰어나다는 사실을 발견했다.

　그는 반세기 후에나 발견될 팀과학에 대한 전모를 직관적으로 꿰뚫었다. 음악가들로 팀을 꾸리려면 미묘한 균형점을 찾아내야 한다는 사실, 음악가들이 서로 너무 가깝거나 너무 소원하면 앨범이 성공하지 못한다는 사실, 긍정적으로 받아들여지려면 관계에 다양성이 존재해야 한다는 사실, 서로 어울리지 않는 여러 악기를 한데 모아서 실험적 소리를 만들려고 하면 오히려 성공에 방해만 된다는 사실을 말이다. 베드레시는 다변화된 협력을 통해 스타일의 다양성을 추구하는 게 대중이 앨범을 받아들이는 데 무엇보다도 중요하다는 사실을 보여주었다. 다름이 승패의 차이를 낳았다.

성공을 이끌어내기란 균형을 유지하는 절묘한 행위로서, 데이비스는 특히 이 점에서 발군의 실력을 보였다.[17] 그는 '금단의 3인조forbidden triad'를 꾸렸다.[18] 금단의 3인조란, 네트워크 과학 용어로서 두 사람이 아주 가까운 관계를 공유하는 경우(예를 들면 당신의 누이와 당신의 상사처럼 둘 다 당신과 가까운 관계지만 두 사람은 서로 직적접인 연관이 없는 경우)를 일컫는 용어다. 또한 데이비스는 〈무임승차 프레디Freddie Freeloader〉를 녹음할 때 한 번도 세션을 같이 해본 적 없는 피아니스트 윈튼 켈리Wynton Kelly를 영입했다. 제3자의 눈에 이는 치명적인 실수로 보였을지 모른다. 그러나 켈리는 데이비스와 협업하기로 한 다른 두 명의 음악가들과 세션을 몇 차례 해본 적이 있었다. 따라서 켈리의 존재는 데이비스가 신중하게 꾸린 음악가들에게 익숙함과 동시에 신선함을 안겨주었다.

〈우울한 듯〉과 베드레시의 포괄적인 재즈 앨범 연구를 통해 우리는 팀이 성공하는 비결을 터득했다. 집단을 구성하는 다양한 구성원들이 즉흥적 연주로 기여를 하되, 단 한 사람의 지도자가 이끌어야 한다. 데이비스가 밴드 구성원들 각자에게 앨범의 방향을 정할 권한을 균등하게 배분했다면, 〈우울한 듯〉은 재즈에서 가장 상징적인 음반이 되지 못했을지 모른다. 알을 잘 낳는 닭들만 있는 닭장처럼 재능 있는 재즈 음악가들에게 완전한 재량권을 주었다면, 음반 녹음실에는 사지가 잘려나간 시신들밖에 남지 않았을지도 모른다.

그러나 바로 여기에 야릇한 점이 있다. 당신은 이 앨범의 소유자이자 거장으로서 마일스 데이비스의 이름만 두드러지게 기억한다. 좋다. 그의 천재성이 앨범의 탄생을 가능케 했기 때문이다. 그러나 좀 야릇하지 않은가? 다섯 명의 세계적인 음악가들이 혼신을 다해 연주해 〈우울한 듯〉을 공전의 히트 앨범으로 만들었는데 말이다. 툭하면 회의에 늦게 나타나곤 했는데 어느 날 상사로 진급한 사람을 기억하는가? 다음 장에서 그런 유형에 대해 파헤쳐보도록 하자.

9.
간과된 과학자를 발견한 알고리즘
성과가 아니라 인식의 문제다

3년 전 나는 더글러스 프래셔Douglas Prasher라는 사람을 처음 알게 되었다.[1] 우리가 막 개발한 알고리즘이 예측 불가능한 예측을 했기 때문이다. 바로 2008년 노벨상은 프래셔가 탔어야 한다고 말이다.

그런데 노벨상은 세 명의 다른 과학자들에게 돌아갔다. 더 놀라운 사실은 그 어디에서도 프래셔를 찾을 수 없었다는 점이다. 그는 어느 대학교 교원 명단에도 올라 있지 않았고, 산업계의 어느 연구소에도 없었다. 우리는 학계와 산업계를 샅샅이 뒤지다가 그가 10년 가까이 연구논문을 한 편도 쓰지 않았다는 사실을 발견했다. 정말로 궁금했다. 우리가 만든 알고리즘이 노벨상 탈자격이 있다고 예측한 이 사람은 마치 지구상에서 사라진 것처럼 보였다.

흔히 과학은 고독한 천재가 추구하는 학문이라고 생각한다.[2] 우리는 과학 하면 실험실에서 밤을 낮 삼아 연구에 몰두하는 마리 퀴리나, 사과나무 아래나 적막한 특허 사무실에서 깊은 생각에 빠진 뉴턴 또는 아인슈타인을 떠올린다. 그러나 오늘날 연구는 대개 여러 명이 협력하는 작업으로서 각 구성원이 독특한 전문성을 갖고 수행한다. 그래서 탁월한 과학자 한 사람을 우러러보는 습관은 이제 낡은 사고방식이다.

그러나 노벨상 같은 주요 상은 아직도 개인의 성취에 초점을 맞춘다. 20세기형 사고방식이다. 한 분야의 노벨상은 세 명까지만 받을 수 있다. 따라서 저자가 한 사람인 연구논문은 거의 없고 협업이 점점 중요해지는 이 시대에 공로를 배분해야 하는 복잡한 문제가 발생한다. 앞 장에서 언급한 바와 같이 1990년대 이후 가장 큰 영향을 미친 발견들은 홀로 연구하는 천재들이 아니라 대규모 팀이 해냈다. 그렇다면 노벨상 심사위원회는 이 수많은 기여자들 가운데 누구에게 수상의 영예를 안겨주어야 할까?

이는 과학에만 국한된 문제가 아니다. 협동 작업을 해야 하는 대부분의 상황에서 상여금을 받는 사람, 승진하는 사람, 연봉이 오르는 사람은 따로 있고 대부분의 팀 구성원들은 이런 사실을 눈치도 채지 못한다. 특히 팀워크에 대해 평등한 접근 방식을 취하면 기여자들의 역할이 불분명해지고 어떻게 보상을 나눠 주어야 할지 헷갈리게 된다.

▲ ▲ ▲

2013년 베이징 출신의 성공한 컴퓨터과학자 화웨이 센Hua-Wei Shen

이 우리 연구실에 합류했다. 그는 우리 연구실에서 신참이었지

만 우리가 하는 일을 속속들이 잘 알고 있었다. 자기가 몸담고

있던 대학에서 네트워크 과학 연구실을 운영했고, 이전에 출간

된 내 책《버스트》를 중국어로 번역하기도 했다. 그는 아직 규모

가 작지만 점점 성장하고 있는 '성공한 집단'인 우리 연구실에

합류하기를 고대했다고 한다.

　우리는 새로운 프로젝트에 착수할 때면 저널 클럽journal club부

터 꾸린다. 특정 분야에서 어떤 연구가 진행되고 있는지 이해하

기 위해 과학 논문들을 두루 살펴보는 독서 모임이다. 우리는 각

자 여러 편의 논문을 읽고 연구실의 나머지 구성원들에게 핵심

적인 주요 연구 결과들을 요약해준다. 해마다 100만 편이 넘는

논문이 발표된다. 여기서 나오는 방대한 지식을 살펴보기 위해

이런 방책을 마련하지 않을 수 없었다.

　어느 날 센은 이 저널 클럽을 통해 과학계에서 공로가 어떻게

배분되는지 살펴본 사회학 논문을 소개했다. 이 문제에 대해 토

론하던 우리는 우리 직종에서 공로를 배분하는 원칙들이 정말

해괴하다는 사실을 깨달았다. 내부자만이 그 미묘한 차이들을

이해할 수 있다. 예를 들어 W와 Z 입자들을 발견한 논문이 있는

데 137명의 과학자가 저자로 이름을 올렸다고 하자. 누가 노벨

상을 탔을까? 첫 번째도, 마지막 저자도 아닌 105번째 저자와 126번째 저자인 카를로 루비아Carlo Rubbia와 시몬 판 데르 메이르Simon van der Meer다. 비결이 뭔지는 모르겠지만 노벨상 심사위원회는 저자가 몇 번째로 이름을 올렸든 상관없이 누가 어떤 역할을 했는지 가려내고 누가 대부분의 공을 차지할지 판단한다. 도대체 어떻게 하는 걸까?

우리는 과학계에서 통용되는 공로를 배분하는 절차가 이상하다는 점에 대해 토론하면서 센에게 질문을 던졌다. 노벨상 심사위원회가 100명이 넘는 논문 저자들 중 보상을 받을 자격이 있는 과학자를 선정할 수 있다면 우리라고 못할 게 무엇일까?

센은 그 문제를 푸는 일에 뛰어들었고[3] 몇 주 만에 알고리즘을 개발했다. 이 알고리즘은 북쪽을 가리키는 나침반처럼 특정 논문에 기여한 학자들을 나열한 긴 목록에서 노벨상 수상자를 찾아냈다. 마치 자성을 띤 나침반의 바늘처럼 정확하게 말이다. 물리학에서는 이따금 알파벳 순서로 저자들을 나열하고 생물학에서는 연구팀의 리더가 보통 마지막에 이름을 올리는데, 논문에 저자들이 어떤 순서로 이름을 올렸든 상관없이 우리는 누가 수상할지 정확히 예측할 수 있었다.

알고리즘은 놀라울 정도로 정확했다. 이 알고리즘은 너무나도 쉽게 노벨상 심사위원회의 판단과 똑같이 135명의 저자 중 루비아와 판 데르 메이르를 선정했을 뿐만 아니라 지난 30년 동안 노벨상을 수상한 논문들의 수상자를 모두 맞혔다. 단 한 편의 논문도 읽어보지 않고 말이다.

우리가 개발한 알고리즘과 노벨상 심사위원회의 의견이 일치하지 않은 경우는 아주 극소수였다.[4] 게다가 모두 흥미진진하게도 엉뚱한 사람에게 공을 돌리는 바람에 해당 분야 내에서 불협화음을 불러일으키고 수상자 본인들도 우려를 표한 경우였다. 그중 한 가지 사례는 정말 흥미진진했다. 어쩐 일인지 우리의 알고리즘은 2008년 노벨 화학상은 더글러스 프래셔가 받았어야 한다고 계속 우겼다. 마치 막다른 골목에서 정신을 잃은 GPS처럼 말이다. 문제는 프래셔가 지구상에서 사라졌다는 사실이다.

그런데 우리는 그를 찾아냈다. 그는 은밀한 정부 시설에 숨어 있지 않았다. 비밀스러운 첨단기술 기업의 방화벽 뒤에도 숨어 있지 않았다. 그는 앨라배마주 헌츠빌에 살며 토요타 자동차 대리점에서 고객들을 태우는 밴을 운전하고 있었다. 그 밴은 알다시피, 고객이 자기 차를 대리점에 하루 동안 맡겨놓을 때 고객을 직장까지 데려다주는 차다. 어떻게 된 일일까? 답을 찾으려면 형사처럼 단서를 추적해야 했다.

프래셔는 녹색형광단백질Green Fluorescent Protein, GFP을 최초로 복제한 과학자였다. 이는 깊은 바닷속에서 해파리가 빛을 발하게 만드는 발광단백질이다. 본질적으로 GFP는 일종의 아주 작은 손전등으로서 과학자들이 다른 어떤 단백질에도 부착할 수 있는 물질인데, 현미경으로 단백질이 어떻게 생산되는지, 세포 내에서 어디로 이동하는지, 언제 어떻게 사라지는지를 관찰할 때 사용한다. "GFP는 생화학에서의 길잡이 별"이라고 노벨상 심사위원회는 수상 이유를 밝혔다.

프래셔는 GFP가 지닌 잠재력을 최초로 간파한 인물이었다. 젊은 과학자였던 그는 아무도 해파리를 연구할 가치가 있는 대상으로 여기지 않을 때 끈적끈적한 해파리 잔해들에 깊숙이 팔을 담그고 고심했다. 그는 팔을 걷어붙이고 수영장 거름망으로 직접 해파리를 잡았을 뿐만 아니라 생리형광단백질을 양동이 가득 추출했다. 또한 손으로 직접 채취해 꽁꽁 얼려둔 세포조직에서 추출해낸 해파리 DNA로 방대한 도서관을 구축했다. 무엇보다도 그는 오늘날 의학 연구에서 사용되는 특정 발광단백질의 유전자 암호를 최초로 규명한 과학자다. 게다가 자기가 발견한 이 형광유전자가 어마어마한 잠재력이 있다는 사실을 알고 해파리에서 이 물질을 추출해 복제하는 방법까지 알아냈다.

오늘날 거의 모든 분자생물학 연구실은 그가 발견한 물질에 의존한다. 만일 종양이 어떻게 암세포 조직으로 자라는지 알고 싶다면, 쥐가 미로를 탐색할 때 뇌가 어떻게 작동하는지 알고 싶다면, 차세대 당뇨 치료약을 개발하고 싶다면 이 GFP가 필요하다. 오늘날 생물학과 의학에 이 물질만큼 엄청난 기여를 한 것은 없다. 따라서 노벨상 심사위원회가 형광단백질을 발견한 공로로 누군가에게 상을 주고 싶었으리라는 사실은 전혀 놀랍지 않다. 놀라운 사실은 수상자가 프래셔가 아니었다는 점이다.

우리가 개발한 알고리즘을 노벨상을 수상한 수십 건의 발견 사례들에 적용한 결과, 노벨상 심사위원회는 거의 실수를 하지 않았음을 확인했다. 그렇다면 2008년에는 도대체 무엇이 잘못 되었던 걸까? 답을 찾으려면 협업한 구성원들에게 공로를 배분 하는 방법을 살펴봐야 했다.

▲ ▲ ▲

2년 전 일이다. 보스턴의 이웃인 아코시 에르되시Ákos Erdős가 보 낸 문자메시지가 휴대전화에 떴다. '내가 좋아하는 가수 공연 입 장권이 있는데 날짜가 일요일이야. 근데 난 일요일에 여기 없거 든. 너 공연 보러 갈래?' 나는 그날 저녁에 별다른 일도 없고 혼 자였기 때문에 그러겠다고 했다. 그런데 아코시에게 공연에 대 한 자세한 내용을 듣고는 신바람이 났다. 바로 노라 존스의 공연 이었다. 나는 그녀가 2002년 첫 앨범 〈컴 어웨이 위드 미Come Away With Me〉를 출시했을 때부터 열혈 팬이었다. 마음의 평화가 필요하 거나 머리를 비우고 싶을 때면 그녀의 노래를 듣는다. 솔직히 거 의 매일 밤 그녀의 목소리를 들으면서 잠든다.

나흘 후 나는 보스턴 시내에 있는 오르페움 극장에서 내게 위 안을 주는 그 목소리를 라이브로 처음 들었다. 그녀는 자신 있는 목소리로 우렁차고 익숙하게 노래했지만 존재감을 과시하지는 않았다. 키가 겨우 155센티미터 정도에 불과한 그녀는 청중 속에서 왜소해 보였으나 노래는 내가 기억하고 있는 바와 같이 풍부하고 자연스러웠다. 노래 사이사이에 그녀는 연주를 맡은 자기 팀 연주자들을 소개했는데 베이스 연주자, 기타 연주자, 드림 연주자, 오르간 연주자까지 호명하는 사려 깊은 구석도 보여주었다.

청중들도 그랬겠지만, 나는 연주자들이 호명될 때마다 예의 있게 박수를 쳤음에도 지금은 단 한 사람의 이름도 기억하지 못한다. 그녀가 직접 연주한 피아노를 제외하고 어떤 악기들이 그녀의 노래를 뒷받침했는지도 거의 기억이 나지 않는다. 사람들이 내게 주말에 뭐했냐고 물었을 때 나는 노라 존스 공연에 갔다고 했다. 노라 존스와 제이슨 로버츠와 그레그 비에초렉의 공연이 아니라.

구글로 검색했더니 그녀와 무대 위에 함께 올랐던 이들의 이름들이 금방 나왔다. 그녀의 이름을 들으면 잘 알려진 그녀의 얼굴과 익숙한 음색이 금방 떠오른다. 이름만 들으면 단박에 누군지 안다. 그러나 내가 제이슨 로버츠나 그레그 비에초렉이나 퍼스 앤 부츠Puss n Boots(노라 존스가 가수로서 함께한 세 밴드들 가운데 하나) 공연을 보러 갔다고 말했다면, 사람들은 무슨 소린지 어리둥절한 표정을 지었을 것이다.

제이슨 로버츠나 그레그 비에초렉 같은 얼굴 없는 연주자들은 공연장에만 있는 게 아니다. 2009년 《머니볼Moneyball》의 저자 마이클 루이스Michael Lewis는 책에 등장하는 농구 선수들 중에서 세인 배티어Shane Battier에 대해 흥미진진한 이야기를 〈뉴욕 타임스 매거진〉에 기고했다. 기존의 통계 수치에 따르면 휴스턴 로켓츠 Houston Rockets 구단 소속인 배티어는 NBA 기준에서는 그저 그런 선수였다. 드리블도 형편없었고 슛을 시도하는 경우도 거의 없었으며 리바운드는 가뭄에 콩 나듯 쥐었다. 그는 동작이 굼뜨고 현란한 몸짓도 없었으며 그의 득점 기록은 전혀 인상적이지 않았다. 그가 출전한 경기와 그의 기록 통계를 본 농구 팬들은 그를 무시했다. 그는 방어를 매우 공격적으로 했지만 선수들은 그를 성가신 존재로 여기는 듯했다. 다른 선수들에게 그의 존재는 끊임없이 손을 휘저어 쫓아버려야 하는, 길이가 2미터 넘는 모기 같았다.

그러나 배티어에게는 뭔가 특이한 점이 있었다.[5] 그가 농구 코트에 있을 때면 소속 팀이 이길 확률이 훨씬 높았다. 배티어는 다른 선수들의 약점을 연구하고 이를 이용해 그들을 은근히 압도했다. 그의 경기 스타일은 차분했고 코트 전체를 돌아다니며 예상치 못한 곳에서 적수들의 힘을 약화시켰지만, 눈에 띄지는 않았다. 동시에 어디든 있기도 하고 아무 데도 없기도 했다. 선수들 사이로 너무나도 잘 섞여 들어가서 눈에 띄는 흰색과 빨간색 선수복만 아니면 사라져버릴 듯했다.

그런데 통계 수치를 보면 배티어가 코비 브라이언트(농구 리그에서 최고의 선수라고 대부분 인정하는 선수)를 방어할 때 LA 레이커스 LA Lakers 팀의 공격이 매우 허접한 것을 알 수 있다. 배티어는 어떤 기록 수치를 봐도 그저 그런 선수였지만, 농구의 신 브라이언트를 자기 팀에 해가 되는 선수로 만들었다. 그런데도 배티어는 2006~2011년까지 휴스턴 로켓츠가 승승장구했음에도 불구하고 스포츠 캐스터, 팬들, 다른 선수들, 심지어 자기 팀 선수들에게서도 거의 인정받지 못했다.

해리 트루먼 전 대통령은 다음과 같이 말했다.[6] "누가 공을 차지하든 아무도 상관하지 않는다면 얼마나 큰 성과를 올리게 되는지 정말 놀랍다." 셰인 배티어는 바로 이 말을 입증하는 살아 있는 증거로서, 이기적이지 않고 나대지 않는 태도로 농구 코트에서 얼마나 훌륭한 역할을 해내는지 보여준다.

트루먼이 했다고 알려진 이 말도 사실 UCLA 농구 코치 존 우든John Wooden이 했다고 하니 참으로 적절한 인용문이다. 우든은 배티어가 등장하기 훨씬 전에 이미 팀 플레이어가 농구 경기에서 얼마나 소중한 존재인지 인식하고 있었다. 그런데 어쩌면 그 말은 영국 소설가 찰스 몬터규Charles Montague가 한 말이지도 모른다. 그는 다음과 같이 말했다. "사람이 성취할 수 있는 데는 한계가 없다. 누가 공을 차지하든 상관하지 않는다면 말이다." 논공행상論功行賞에 관한 이 인용 문구의 주인공으로 거론되는 인물들이 이토록 여러 명이라니 공교롭지 않은가.

그러나 우리 주변에서 눈에 띄지 않고 묵묵히 할 일을 하는 수많은 셰인 배티어와 제이슨 로버츠와 그레그 비에초렉 같은 이들을 보면 이런 질문이 떠오른다. 아무도 자기 공이라고 주장하지 않으면 누가 공을 차지할까? 팀에서 일하는 사람이라면 누구든(페이스북에서 코드를 제작하는 프로그래머든, 차세대 인공위성을 쏘아 올리는 일을 하는 엔지니어든, 간 이식수술을 보조하는 의사조차도) 집단이 노력해 이뤄낸 성과물로 결국 누가 인정을 받을지 틀림없이 궁금할 터다. 물론 나 역시 정말 궁금했다. 다행스럽게도 논공행상에 관한 우리 연구에서 답을 얻었다.

▲ ▲ ▲

센이 개발한 알고리즘의 작동 방식은 간단하다. 해당 논문뿐만 아니라 그 논문의 공동 저자들이 쓴 모든 논문의 인용 패턴은 그 논문이 끼친 영향력이 어느 정도인지 자취를 남긴다. 그 자취를 따라 지도를 그리면, 누가 공로를 인정받고 상을 받을 자격이 있는지에 대해 공동체가 어떻게 인식하는지 측정 가능하다. 한 과학자가 어떤 발견을 하는 데 핵심적인 역할을 했다면 그전에 쌓은 업적은 그 발견과 관련 있을 확률이 높다. 금맥을 찾아낸 그는 보통 그 금맥을 따라 탐구를 계속한다. 센과 나는 과학연구팀의 각 구성원이 밟은 이력을 추적하면서 발견의 '주인'이 누군지 정확히 짚어낼 수 있었는데, 그 주인공은 거의 항상 그 분야에서 가장 지속적으로 자취를 남긴 학자였다.

규칙을 깨는 사례가 하나 있다. 내가 교황과 논문을 공동으로 저술한다면 누가 공을 차지할까? 상황에 따라 다르다. 논문이 심오한 신학적 문제를 파고들었고, 내가 한 일이라고는 네트워크 과학이라는 도구를 이용해 그 문제를 파고드는 데 교황을 돕는 역할(신학적 논쟁에서 내가 기여할 수 있는 유일한 방법이다)을 했다면, 이는 명백히 교황이 쓴 논문이다. 신학자들은 교황이 쓴 다른 자료들과 더불어 교황과 내가 공동으로 저술한 논문을 인용하고, 나는 한 일도 없이 공동 저자들 목록에 이름을 올려 무임승차하게 될지도 모른다.

그러나 그 논문이 주로 네트워크 과학을 다룬다면 결과는 완전히 달라진다. 그렇다면(신성모독을 용서하시라) 그 논문은 내 것이다. 교황은 신과 접촉해 독특한 혜안을 얻었고 그런 혜안의 일부는 논문의 핵심적인 개념에 기여했을지 모른다. 그러나 교황은 네트워크 과학에 남긴 자취가 없으므로 내 이름이 수상자 명단에 올라야 마땅하다. 네트워크 과학에 관한 프란치스코-바라바시 또는 바라바시-프란치스코 논문은 사실상 공동 저술한 논문이 아니다. 내 논문이다.

내 생각에 알고리즘 뒤에 숨은 뜻밖의 메시지는 바로 다음과 같다. 논공행상을 할 때 팀에서 누가 상을 받을지는 실제로 일한 사람이 누군지와 아무 상관이 없다. 우리는 애초에 누가 아이디어를 냈고, 누가 허구한 날 노예처럼 일했고, 누가 회의에 참석해 커피와 도넛을 축냈고, 누가 막판에 뛰어들어 결정적인 제안을 했고, 누가 깨달음의 순간을 얻었고, 누가 말만 앞서고 실제로는 아무런 기여도 하지 않았는지를 바탕으로 논공행상을 하지 않는다. 알고리즘은 노벨상 수상자를 정확히 선정했고 그들에게 공을 돌렸지만, 누가 무엇을 한지 알아낸 게 아니라 해당 분야의 다른 학자들이 그 저자들이 그동안 쌓은 업적에 관심을 보였는지 여부를 측정해 논공행상을 했다.

알고리즘의 정확한 예측 덕분에 우리는 팀에 대해 다음과 같은 사실도 깨달았다. 팀워크에 대한 논공행상은 성과가 아니라 인식을 바탕으로 이뤄진다. 성공은 사람들이 우리의 성과를 어떻게 인식하는가를 보여주는 집단적인 현상이라는 사실을 기억한다면 완벽하게 이해가 간다. 청중과 동료들은 당신이 한 일과 당신의 협력자들이 생산해낸 성과에 대한 인식을 바탕으로 논공행상을 한다. 이런 개념을 앞 장에서 얻은 결과, 즉 팀 환경에서 다양성과 균형이 중요하다고 한 내용에 적용하면 네 번째 성공의 법칙에 도달한다.

팀이 성공하려면 다양성과 균형이 필요하지만, 팀이 성과를 올리면 오직 한 사람만이 공을 독차지한다.

성공하려면 이 점을 반드시 이해해야 한다. 제4 공식을 도구 삼아 팀워크에서 최대한 성과를 이끌어내는 동시에 논공행상을 제대로 하려면 말이다.

▲　▲　▲

2015년 해안가에서 얼굴을 모래에 파묻은 채 죽은 시리아 어린이를 찍은 참혹한 사진을 나는 절대로 잊지 못한다.[7] 잔잔히 밀려온 파도에 반쯤 잠긴 아이의 지친 모습은 밖에서 하루 종일 뛰어놀다가 지친 여느 아이의 모습과 그리 다르지 않았다. 그러나 아이가 몸을 맡긴 대상은 부모가 아니라 바닷가였다. 입고 있는 얇은 티셔츠가 말려 올라가 배가 반쯤 노출된 아이는 추워 보였다.

아이는 그해에 절박한 심정으로 전쟁으로 찢긴 조국에서 탈출하려다가 익사한 수많은 이들 중 한 명에 불과했지만, 그 모습은 우리의 집단적인 뇌에 선명히 각인되었다. 난민 위기에 관한 통계 수치를 접해도 우리는 별 관심이 없다. 수치만 봐서는 실제로 사건들이 얼마나 끔찍한지 감이 잡히지 않기 때문에 잘 와닿지 않는다. 즉 행동하게 되지 않는다. 그러나 누군가의 얼굴이 담긴 사진 한 장이 등장하면 상황이 얼마나 끔찍한지에 대한 현실이 갑자기 우리 가슴을 때린다. 순식간에 바닷가의 아이는 세계 도처의 수백만 명에게 끔찍한 전쟁에 대해 어떻게든 손을 써야 할 명분이 된다. 그 사진이 등장한 후 난민 관련 모금액은 100배로 뛰었다.

뇌는 생존하기 위해 수백만 개의 데이터 포인트를 무시하고 우리를 위협하는 곰이나 우리를 살려줄 과일에 집중한다. 우리는 진화를 통해 관계의 결속력도 만들어냈다. 오늘날 세계에서 우리 안에 있는 생물학적 잔재는 우리가 인식하지도 못하는 사이에 우리가 내리는 결정에 영향을 미친다. 논공행상 같은 일 말이다.

이렇게 팀이 이룬 업적이 아니라 개인의 업적에 집중하거나 독특한 인물이나 영웅을 물색하는 경향은 우리가 사용하는 언어에 깊이 각인되어 있다. 우리는 주요 업적의 공을 단 한 사람에게 돌리는 경향이 있다. 다윈의 진화론, 프로이트의 정신분석학, 프랭크 게리Frank Gehry의 건축 설계, 줄리아 로버츠가 주연한 영화, 데이비드 린치가 만든 TV 시리즈 등. 또한 오늘날 독자적으로 일하는 사람은 매우 드물지만 여전히 회사에서는 개인의 업적을 바탕으로 그를 채용할지, 승진시킬지, 종신직을 줄지 여부를 결정한다.

어떤 경우에는(앤디 워홀의 수프 캔 작품이나 일론 머스크Elon Musk의 전기자동차를 떠올리면 된다) 막후에서 죽어라 일하는 사람들은 인정받지도 못한다. 수많은 성공 사례들에서 그들은 무자비하게 간과된다. 그러나 영화 제작에 참여한 사람들의 목록이나 과학 논문 공동 저자의 경우처럼 팀 구성원 하나하나가 세심하게 인정을 받는다고 해도 별 효과가 없다. 기여한 사람들의 명단을 대충 훑어보면 눈에 들어오는 생소한 수많은 이름들은 우리에게 아무 의미가 없다. 반면 예전에 본 적이 있는 이름은 프래셔가 발견한 GFP 안에 있는 발광단백질처럼 눈에 확 들어온다. 직관은 거의 무의식적으로 보이는 반응으로서 이를 통해 뇌는 쓸데 없는 사소한 정보들을 걸러낸다.

논공행상은 성공의 다른 모든 분야에서 목격되는 현상과 똑같 은 부익부 현상에 따라 결정된다. 성공의 제3 공식 이면에서 작 동하는 우선적 애착은 벌어들이는 소득, 지명도, 논문 인용 횟수 에만 국한되지 않고 논공행상에도 적용된다. 이는 마치 대출해 본 적이 한 번도 없는 대출 신청자에게 대출 상담 창구의 은행원 이 "이미 신용을 쌓은 분들에게만 신용대출을 해드립니다"라고 말하는 것과 같다.

또한 협업에는 위험이 도사리고 있다. 예컨대 우리 연구실에 근무하는 박사 후 과정 연구원(버쿠 유세소이나 다슌 왕 같은 이들)이 쓴 논문에 내가 기여한다면, 이론적으로는 저자 목록에 내 이름 을 포함시키는 게 타당하다. 그러면 30년 동안 연구를 해온 이력 이 있는 내 이름이 연구실 바깥의 동료 과학자들 눈에 훨씬 잘 띄므로, 그들이 논문에 관심을 보일 확률이 높아진다. 그러나 이 방법에는 함정이 있다. 가령 성공에 관한 논문을 쓰느라고 다슌 왕이 수년간 열심히 공을 들였는데도, 일단 내 이름이 저자 명단 에 오르면 사람들은 그가 한 발견을 내 이름과 연관 짓는다. 그 러면 나의 성과에 대해 익히 알고 있다는 이유만으로 그들은 그 논문의 공로를 엉뚱하게도 내게로 돌린다. 이 문제가 발견되는 분야는 과학계에만 국한되지 않는다.

당신은 자신의 전공 분야에서 유명한 사람과 함께 일할 기회를 얻으면 운이 좋다고 생각할지도 모른다. 유명 인사와 어깨를 나란히 할 기회뿐만 아니라 중요한 프로젝트에 참여할 기회도 얻게 되므로, 이력서에 써 넣을 훌륭한 경력 하나가 추가된다고 말이다. 중요한 업무에 관여하는 팀 구성원은 결과물에 자기가 기여했다고 주장할 수 있다. 당신은 최고 능력자에게서 배우고 승진을 거듭해 결국 지도자의 자리에 오른다. 그리고 이런 프로젝트에 관여했다는 이력을 이용해 다른 일자리를 따낼 수도 있다. 당신이 몸담은 전문 분야에서 선도적인 인물로부터 당신이 능력 있는 사람임을 보장해주는 추천서를 받는다고 상상해보라.

실제로 실행을 통해 검증된, 주로 어르신들이 추천하는 방법으로서 수습 직원으로 일하면 분명 이점이 있다.[8] 그러나 장기적으로 볼 때는 실패일지도 모른다. 스티브 잡스가 아이폰을 '발명'하도록 돕느라고 쉬지 않고 일한 수천 명의 엔지니어와 디자이너들을 생각해보라. 또는 개념미술가 올라푸르 엘리아손 Olafur Eliasson을 도와 브루클린 다리 아래 폭포를 만든 50여 명의 미술가, 공예가, 엔지니어들을 생각해보라. 아니면 노라 존스가 노래할 때 뒤에서 연주하는 밴드, 늘 무대 위에 서지만 훨씬 지명도가 높은 가수의 그늘에 가려진 이들을 생각해보라. 물론 어떤 밴드든 베이스 주자는 있어야 하고, 아이폰 신상품을 출시할 때마다 수많은 엔지니어의 아이디어가 필요하다. 그러나 스티브 잡스나 올라푸르 엘리아손이나 노라 존스 같은 슈퍼스타가 되고 싶다면 마냥 보조 역할만 할 수는 없다. 우선적 애착에 시동을 걸어 자신의 공으로 돌릴 만한 업적을 쌓아야 한다.

나는 내 학생들에게 잘 알려진 인물과 공동 작업을 하는 게 과학계에서 평판을 구축하는 최선의 방법이라고 말해준다.[9] 그러나 어느 시점에 다다르면 독자적으로 성과를 내야 한다. 이런 충고는 단순히 내가 과학자로서 했던 경험에서 나온 게 아니다. 실제로 과학적인 근거가 있다.

그 예로 우리의 알고리즘은 1997년 노벨 물리학상을 받은 논문이 1985년에 최초로 발표된 아서 애슈킨Arthur Ashkin의 논문에서 비롯됐다고 분석했다. 다섯 명의 공동 저자들 중 그가 가장 고참이었고 신예 과학자인 저자 스티븐 추Steven Chu보다 그 분야에서 훨씬 잘 알려져 있었다. 실제로 알고리즘은 애슈킨에게 79퍼센트의 공이 있다고 분석했다. 이 논문은 애슈킨이 그전에 광학 족집게optical tweezer(현미경으로만 보이는 작은 물체에 레이저 빔으로 인력 또는 척력을 주고 움직임을 기록하는 장치-옮긴이)에 관해 쓴 논문들과 더불어 공동 인용되는 경우가 흔했기 때문이다.

그러나 시간이 흐르면서 이 논문의 소유권은 바뀌었다. 스티븐 추는 계속 똑같은 주제의 논문들을 발표해 큰 영향을 미쳤지만 애슈킨은 그러지 않았다. 사람들은 서서히 이 파격적인 연구를 추와 연관시키기 시작했다. 우리의 알고리즘은 바로 이 변화를 포착해 공로를 추에게로 돌렸다. 실제로 1997년 노벨상 심사위원회는 추에게 상을 수여했다.

누군가의 그늘에서 너무 오랜 세월을 보내면 자기 업적이 가려진다. 이 분야, 저 분야 옮겨 다니면서 각종 프로젝트에 곁다리로만 참여하면 주변부로 밀려난다. 보다 나은 접근 방식은 미개척 분야에서 공을 세우는 것이다. 우리 연구실에서 일했던 박사 후 과정 연구원 마르타 곤잘레스Marta Gonzalez처럼 말이다. 곤잘레스는 연구실에서 박사 후 과정 연구원으로 일하며 인간의 이동성을 분석했다. 우리가 처음으로 함께 쓴 논문이 공개되자 대부분의 공은 내게로 돌아왔다. 그러나 10년이 지난 지금 그녀는 이 주제의 전문가로 자리 잡았다. 나를 밀쳐내고 말이다. 오늘날 인간의 이동이 논의될 때면 그녀의 이름이 등장한다. 나는 그녀의 첫 논문들을 공동 저술하면서 그녀를 알리는 대사 역할을 했을지 모르지만, 결국은 그녀가 그 주제를 자기 것으로 만들고 스스로 명성을 쌓았다.

솔직히 곤잘레스처럼 하기가 쉽지만은 않다. 그러나 그렇게 해낸 사람은 그녀 말고도 또 있다. 앞으로 소개하겠지만 다른 사람의 그늘에서 벗어나 주목을 받는 방법을 터득한 또 다른 여성들이 있다. 이들은 자기가 올린 성과에 대해 공로를 인정받는 법을 터득함으로써 결국 합당한 보상을 받았다.

▲ ▲ ▲

어느 날 화장실 바닥에 엎드려서 청소를 하고 있던 달린 러브 Darlene Love는 라디오에서 자기가 부른 크리스마스 노래가 흘러나

오는 걸 들었다.[10] 〈크리스마스(그대여 돌아와요)Christmas(Baby Please Come Home)〉이라는 제목의 이 노래는 1963년 필 스펙터 Phil Spector 가 제작한 정규 음반에 수록되었다. 부름에 답하는 형식의 활기찬 이 노래는 이제는 고전이 되었다. 러브는 이 노래의 가사를 떠올리며 달콤하고도 씁쓸한 그리움에 휩싸였다. 떠나온 연인이 아니라 떠나온 삶에 대한 그리움 때문이었다.

1980년대 초 이 노래가 라디오에서 흘러나온 순간 그녀가 닦고 있던 호화로운 화장실은 그녀의 집 화장실이 아니었다. 수많은 히트 곡들을 담은 음반을 내서 살게 된 고급 저택의 화장실이 아니었다. 그녀는 생계를 위해 부자들 저택의 화장실 청소를 하고 있었다.

러브는 태어난 직후부터 노래를 했다. 아버지가 목사로 있는 교회 성가대부터 시작해 열여섯 살에는 블러섬즈 Blossoms 라는 트리오로 가수 생활을 시작했다. 그들은 1950년대와 1960년대에 각종 밴드의 코러스로 노래를 하면서 엘비스 프레슬리를 비롯해 백인 가수들의 앨범 제작에 참여해서 흑인 영가의 색채를 입혔다. 흘러간 옛 노래에 '슈옵 shoo-op' 이라는 추임새가 들어 있다면 아마도 러브의 목소리일 가능성이 높다. '대두런런런 대두런런' 이라는 추임새도 러브의 목소리다. 이런 음반들에 담긴 그녀의 목소리는 젊고 자연스러웠으며 계곡을 흐르는 시냇물처럼 맑았다.

그 시대에 러브는 몇 곡을 리드싱어로 부르기도 했다. 그러나 백인 남성들이 지배하는 음악 세계에서 흑인 여성인 그녀는 음반 제작이나 노래의 유통과 관련해 아무런 발언권이 없었다. 사실 그녀는 프로듀서 필 스펙터와 거의 착취에 준하는 계약을 맺었다. 그는 그녀를 몸뚱이 없는 목소리 취급을 하면서 다른 이들에게 이득을 주는 데 이용했다. 러브가 청아한 음색으로 부른 〈그는 반항아He's a Rebel〉라는 히트곡은 스펙터가 관리하던 또 다른 그룹 크리스털즈Chrystals의 곡으로 돌렸다. 전국 각지의 10대들은 이 곡을 부른 진짜 가수가 누군지 모른 채 TV로 크리스털즈가 입만 뻐끔거리며 립싱크하는 모습을 시청했다.

1980년대 초 무렵 러브는 거의 자포자기 상태가 되었다. 몇몇 거물급 가수의 코러스로 계속 노래했고 이따금 음반 녹음실에 발을 들여놓거나 무대 위에 섰지만, 생계를 꾸리려면 청소부 일도 해야 했다. 그녀는 자기가 부른 노래가 화장실 타일 바닥에 울려 퍼지자 뭔가 색다른 시도를 하기로 마음먹었다. "나는 고개를 들고 이렇게 말했다. '자, 이제 그만, 달린. 여긴 네가 있어야 할 곳이 아니야.'" 그녀는 2015년작 다큐멘터리 〈스타로부터 스무 발자국20 Feet from Stardom〉에 출연해 이와 같이 회상했다. "넌 노래를 해야지. 온 세상이 네 노래를 듣고 싶어 하잖아."

그 세계를 파고드는 건 쉽지 않았다. 러브는 평생 팀 플레이어로 일해왔고 스타를 뒤에서 밀어주는 전문가들과의 인맥이 없었다. 당시 솔로로 성공한 흑인 여성 가수가 거의 없었음은 물론이다. 그러나 일단 운명을 개척하기로 마음먹은 그녀는 서서히 전면에 나서기 시작했다. 먼저 TV 토크쇼 〈데이비드 레터맨David Letterman〉에 해마다 출연해 〈크리스마스(그대여 돌아와요)〉를 부르기로 계약을 맺었고 그렇게 고전이 된 옛 노래에 숨을 불어넣었다. 그런 다음에는 영화 〈리설 웨폰Lethal Weapon〉에서 대니 글로버의 아내 역할을 따냈다.

러브는 끊임없이 얼굴과 이름을 알리려고 애쓰면서 베트 미들러Bette Midler와 듀엣으로 노래를 했고 솔로 앨범 몇 장을 발표했다. 그리고 결국 그녀는 무대 중앙에 섰다. 짙은 구릿빛 머리카락이 조명에 빛났고 얼굴은 화사한 미소로 반짝였다. 화장실 청소부 생활을 오래전에 끝낸 그녀의 목소리는 하늘로 솟구쳤고, 넓은 공연장 구석구석까지 울려 퍼졌다. 지금까지 받아보지 못한 우레 같은 박수가 쏟아졌다. 이번에는 백업 싱어로서가 아니었다. 씩 웃으면서 기타를 연주한 브루스 스프링스틴Bruce Springsteen이 그녀의 백업 싱어 역할을 했고, 그녀가 고음과 저음을 번갈아 뱉어내자 많은 이들이 눈물을 글썽였다. 그녀가 선 무대는 로큰롤 명예의 전당이었다. 러브는 음악에 평생 기여한 공로를 인정받아 이 전당에 등재되는 기념으로 노래를 했다.

달린 러브의 사연은 엄청난 난관에 맞서 승리의 개가를 이룬 사례다. 그녀가 성공한 이유는 자신의 목소리를 믿고 젊은 시절 빼앗긴 공로를 되찾기 위해 싸웠기 때문이다. 그러나 그녀가 성공에 접근하는 방식은 제4 공식에 비춰 볼 때 상당히 설득력이 있었다. 어느 시점에 다다르자 러브는 더 이상 이름 없는 팀 구성원으로 일하지 않기로 다짐했다. 무대 전면에 나서고 음악계에서 쌓은 인맥을 이용해 자기가 참여하는 모든 프로젝트가 그녀와 직접 연결되도록 만전을 기했다. 수많은 스타들 뒤에서 코러스로 노래하지 않고 스타들과 나란히 협업했다.

안타깝게도 그녀와 동시대 사람들 모두가 그녀처럼 혜안이 있거나 집요하지 못했다. 제4 공식은 논공행상이 성과가 아니라 인식을 바탕으로 이뤄지고, 누구에게 공이 있는지에 대한 우리의 인식은 성차별적, 인종차별적 편견들로 점철되어 있다는 사실을 확인해준다. 남성이 1달러를 벌 때 여성은 겨우 70센트 번다(심지어 미국 같은 나라에서조차 그렇다)는 사실은 제4 공식에 내재된 수많은 부당함을 시사한다. 소득은 사회가 논공행상을 하는 가장 가시적인 방법으로 손꼽힌다. 우리는 기여도에 합당한 보상을 받는다고 알고 있지만, 양성 간 임금 격차를 보면 그렇지 않다는 사실이 분명히 나타난다.

양성 간 임금 격차 말고도 성차별에서 비롯된, 엉뚱한 사람에게 공을 돌리는 사례들은 많다.[11] 어디서든, 어느 전문 분야든, 어느 나라에서든 발견된다. 내가 최근에 접한 충격적인 사실은 여성 경제학 교수가 남성 경제학 교수에 비해 종신직을 거절당할 확률이 두 배에 이른다는 것이다. 우리는 이를 의심했다. '종신직 격차'는 과학계에서 여성들이 겪는 난관으로서 긴 데이터 자취를 남기는 요인들 중 하나에 불과하다. 가장 뜻밖의 사실은 종신직을 거절당하는 이유다. 종신직 격차는 남녀 간 생산성, 성과의 질, 자신감, 승부욕의 차이로는 설명되지 않는다. 출산(종신직 후보로 고려되기까지 걸리는 시간에 영향을 주기는 하지만) 때문에 여성들이 겪는 불이익으로도 설명되지 않는다. 그렇다면 무엇이 그런 격차를 설명할 수 있을까?

데이터를 보면 단독 연구만 하는 여성 경제학자가 종신직을 받을 가능성은 남성과 동등하다.[12] 성별에 관계없이 경제학자가 독자적으로 논문을 쓸 때마다 종신직을 받을 가능성은 8~9퍼센트 증가한다. 그러나 여성이 일단 공동 저자로 논문을 쓰면 갑자기 격차가 나기 시작하고, 공동 프로젝트에 참여할 때마다 그 격차는 점점 벌어진다. 공동 저자로 논문을 쓸 때마다 종신직을 받은 확률이 증가하기는커녕 낮아진다. 이 효과는 매우 크기 때문에 오직 공동 연구만 하는 여성 학자들이 종신직을 받을 확률은 남성에 비해 점점 낮아진다. 연구 결과를 보면 여성이 공동 저자일 때 저자로서 받는 공은 절반에 훨씬 못 미친다. 여성이 남성과만 공동 연구를 하면 거의 아무런 이득을 얻지 못한다. 다시 말해 여성 경제학자는 공동 연구를 하면 엄청난 불이익을 받는다.

분명히 말하지만 남성은 공동 연구를 해도 전혀 불이익을 당하지 않는다. 남성은 독자적으로 연구하든, 짝지어 하든, 집단으로 연구하든 상관없이 종신직을 받을 확률은 동일하다. 그러나 여성은 공동 연구를 하려면 위험을 감수해야 한다. 종신직의 관점에서 보면, 당신이 남성과 공동 연구하는 여성 경제학자라면 차라리 공동으로 저술한 논문을 발표하지 않는 게 나을지도 모른다.

놀라운 결과다. 여성이 포함된 팀이 훨씬 높은 성과를 낸다는 연구 결과도 많다는 사실을 고려하면 더욱더 그렇다. 이미 남성이 지배하는 분야에서 불리한 처지에 놓인 여성은 열심히 노력해도 제도적 지원을 받을 가능성이 훨씬 낮고 특히 팀 플레이어인 경우 공동체에서 승진할 가능성도 더 낮다.

이는 물론 경제학자에게만 국한되지 않지만 제4 공식이 얼마나 견고한지를 여실히 보여준다. 특히 인종차별과 성차별로 불이익을 받는 집단에 속했을 경우에 그렇다. 성과의 한계로 인해, 인정하고 싶지 않지만 성공 여부를 판단하는 데 편견이 개입되므로, 제2 공식은 제4 공식을 증폭시키고 애초에 이미 공을 인정받은 사람에게 공이 돌아간다. 이는 공을 인정받고 싶은 사람은 스스로 쟁취해야 한다는 뜻이다. 필 스펙터가 달린 러브의 업적을 가로챈 무례하고 부당한 방식이 아니라, 러브가 스펙터로부터 공을 되찾은 그런 방식으로 말이다.

▲ ▲ ▲

더글러스 프래셔는 러브가 생각해낸 방법을 전적으로 따랐어야 했다. 그를 콕 집어서 거론하려는 게 아니다. 그는 이미 불공평한 대우에는 이력이 난 사람이니까. 게다가 우리 모두 러브에게 배울 점이 많다. 그러나 프래셔는 그냥 무시당한 게 아니라 노벨상을 빼앗겼다.

극소수만 관심을 보이는 주제를 연구하던 젊은 과학자 프래셔는 경력 초창기에 대부분의 성취감이 높은 과학자들이 했을 법한 행동을 했다. 그는 집요하게 파헤치고 싶은 흥미진진한 아이디어가 있었다. 과학계에서 그 주제를 연구하라고 격려하는 사람이 없어도 상관없었다. 사실은 아인슈타인에게 관심을 보인 사람도 없었다. 아인슈타인은 특허 출원 사무원으로 일할 때 가장 생산적인 시절을 보냈다.

프래셔의 경우 그의 GFP 연구를 진지하게 여긴 동료들은 거의 없었다. 매사추세츠주 우즈홀에 있는 해양생물연구소에서 종신직 후보로 평가를 받기 직전에 한 그의 논문 발표회는 참담하게 실패했다. 그러더니 연구비를 타기 위해 제출한 제안서도 거절당하면서 연구를 계속할 기금을 마련하는 데도 실패했다. 정신적 압박이 너무 심해서 그의 세 살 난 딸 아이가 아내에게 이렇게 말할 정도였다. "아빠는 이제 웃질 않아."

과학자로서의 사활이 걸린 순간을 앞두고 프래셔는 평가를 중단해달라고 종신직 심사위원회에 요청했다. 그리고 사임했다. 그러나 농업학과에 일자리를 얻기 전 그는 이례적인 일을 했다. 자기가 한 연구가 헛수고로 끝나지 않기를 바라면서 복제한 GFP 유전자를 우편으로 두 명의 다른 연구자들에게 보냈다. 매우 호의적이고 이타적인 행동이었다. 완충장치를 댄 두툼한 봉투에 프래셔가 갈겨쓴 이름은 프래셔의 연구에 관심을 보이고 그에게 연락을 했었던 유일한 과학자들의 이름이었다.

프래셔의 봉투를 받은 두 사람, 마틴 챌피Martin Chalfie와 로저 치엔Roger Tsien은 16년 후 스톡홀름에서 열린 노벨상 시상식에 참석했다.[13] 챌피는 프래셔가 복제한 유전자를 이용해 프래셔의 혜안이 옳았음을 증명했다. 생물에 GFP를 이용할 수 있다는 사실 말이다. 챌피는 GFP를 회충에 삽입해 단백질이 빛을 발하게 했고, 지금은 수천 명의 생물학자들이 이 방법을 사용한다. 프래셔가 연구를 계속할 자금과 기회만 있었다면 착수했을 일이다.

한편 치엔은 프래셔가 보낸 유전자로 돌연변이를 만들어 각양각색으로 빛을 내는 GFP 변종들을 만들어냈다. 그리고 프래셔가 발견을 하는 데 사용한 혁신적인 방법으로 그가 만든 유전자의 후손들을 응용하는 방법에 대해 기념비적인 논문들을 연달아 발표하면서 '발견자'의 반열에 서서히 진입했다. 프래셔가 사라진 과학계에서 챌피와 치엔은 GFP를 상징하는 얼굴이 되었다.

학계를 떠난 지 17년이 된 어느 날 아침[14] 프래셔는 헌츠빌에 있는 자기 집 주방에서 라디오로 노벨상 수상 소식을 들었다. 뉴스 캐스터는 지역 특유의 말끝을 길게 늘이는 어투로 치엔의 이름을 잘못 발음했다. 프래셔는 방송국에 전화를 걸기로 했다. 노벨상이 자기 것이라고 주장하려는 게 아니었다. 그는 노벨상을 받을 만한 발견에 자신이 핵심적인 역할을 했다고 말하지 않았다. 다만 전화를 걸어 뉴스 캐스터의 잘못된 발음을 바로잡아주려 했다.

전화를 끊고 그는 아침 식사를 마친 뒤 파란색 폴로셔츠와 카키색 바지로 된 유니폼을 입고 자동차 대리점으로 향했다. 대리점을 장식한 풍선이 반들반들한 자동차 위에도 두둥실 떠 있었다. 허름한 사무실에 앉아 벌이도 시원치 않은 일을 하면서 프래셔는 실망감이 물밀듯이 밀려왔다. 노벨상을 못 받아서가 아니었다. 자신을 아무도 알아주지 않는 게 다 자기 잘못처럼 느껴졌다. 그는 성격상 주목의 대상이 되는 걸 꺼렸고, 자신을 도왔을지도 모를 사람들에게 도움을 청하는 게 불편했다.

프래셔의 사연은 제4 공식이 어떻게 우리의 운명을 좌우하는지 보여주는 반면교사다. 여럿이 함께 만들어낸 결과물을 보면 누가 무엇을 했는지 알 방법이 없다. 그래서 우리는 한 명 또는 몇몇 팀원들에게 공을 돌린다. 특히 가장 일관성 있게 성과를 낸 사람이나 인지도가 높은 사람에게 돌린다. 이는 응당 공로를 인정받아야 할 사람에게 보상을 주는 공정한 방법이 될 때도 있지만, 이따금 프래셔의 사례처럼 명명백백하게 부당한 결과를 낳을 때도 있다.

여럿이 함께 일하는 협업은 놀라울 정도로 생산적이지만, 중학교 때 공동 과제를 할 때 겪었던 악몽의 성인판 결과를 낳을지도 모른다. 당신은 휘황찬란한 연회장에 우두커니 앉아 동료들

중 한 명이 당신이 그동안 땀 흘려 이룬 업적으로 상을 받는 광경을 바라보면서 놀란 표정으로 박수를 치는 처지가 될지도 모른다.

▲ ▲ ▲

내게 있어 성공의 제4 공식은 놓친 기회나 엉뚱한 사람이 차지한 공이 안타깝다는 이야기가 아니다. 이 공식은 우리 사회가 보상을 나눠 주는 방식을 적극적으로 바로잡을 기회를 제공한다는 데에 의미가 있다. 나는 학생들과 연구 프로젝트에 대해 애기할 때마다 거의 매번 이 공식을 상기시킨다. 과학 분야에서 이제 막 출발점에 선 과학자로서 신바람 나는 프로젝트를 진행하며 자기 이름을 널리 알리기 위해 전략적 사고를 할 필요가 있는 학생들 말이다.

협력 프로젝트를 고려할 때나 새로운 직책 또는 책임을 맡을 때도 이 공식을 이용해야 한다. 논공행상과 인간의 본성을 관장하는 원리들을 모르면 우리가 프로젝트에 쏟아부은 노력이 몽땅 헛수고가 될지도 모른다. 제4 공식 이면에서 작동하는 절차를 이해하면 그 부당함에 맞서는 데 도움이 된다. 제1 공식에 따르면, 공로를 인정받을 주인공은 개인이 중재하는 게 아니라 보이지 않는 연결망이 결정한다. 결국 우리가 얽히고설켜 있는 폭넓고 유동적인 관계망이 우리의 성공 여부를 결정한다. 프래셔가 발견한 GFP 유전자가 뇌의 신경세포를 밝게 비추듯, 우리의 운명을 좌우하는 보이지 않는 실타래의 일부라도 빛을 발하게 할 수 있다.

지금까지 우리가 발견한 공식들은 성공이 집단적인 힘이라는 원칙을 바탕으로 구축되었다. 이를 알게 된 지금 우리는 공동체가 상품이나 이야기에 어떻게 반응하는지 살펴볼 수 있게 되었고, 편견이 논공행상에 어떻게 작동하는지 목격했다. 또 성공이 성공을 낳고 적합성이 중요하며, 논공행상은 어떻게 이뤄지고 팀은 어떻게 하면 성공하는지도 알게 되었다. 이 공식들 각각에는 우리가 한 일에 대해 인정받고자 할 때 활용할 수 있는 요소들이 있다.

이 책의 마지막 부분은 달린 러브가 이용한 접근 방식의 가치를 증명하는 단 한 가지 법칙, 그녀의 사연과 프래셔의 사연 사이에 핵심적인 차이를 보여주는 공식에 대해 할애하겠다. 러브는 성공의 제4 공식을 구현했을 뿐만 아니라 승산이 낮은 상황에 직면해 집요함과 끈기로 원하는 바를 얻었다. 그녀는 재능을 의미 있는 커리어로 전환시켰다.

화장실 청소를 하다가 얻은 깨달음이 러브의 성공 사례를 낳았듯이, 그리고 그녀를 무대 중앙에 올려놓았듯이 우리도 마지막 제5 공식이 주는 교훈을 귀담아들어야 한다. 누가 아는가. 하룻밤 새 성공한 다음 타자가 당신이 될지도 모른다. 당신이 이룰 업적은 지금 당신이 나중에 하겠다고 뒤로 미뤄놓은 바로 그 일일지도 모른다. 계속 노력하라. 그리고 서둘러라. 당신의 동기를 유발하는 데 과학을 이용하라. 왜냐하면 성공은 언제 찾아올지 모르기 때문이다.

제
5
공
식

Q-요인 × 끈기 × 노력 = 장기적 성공

THE FORMULA

THE
FIFTH
LAW

부단히 노력하면
————————————————
성공은 언제든
————————————————
찾아올 가능성이 있다.
————————————————

은퇴 후에도 연구해서 노벨상을 타는 방법과 어떤 사람들에게는
성공이라는 게임의 법칙이 유리하게 작용한다고 느껴지는 이유
를 설명한다. 앞으로 살펴볼 Q-요인(Q-factor)은 혁신을 등식으
로 단순화한다. 그리고 성공은 눈송이처럼 녹아 사라질지 모르
지만 창의성은 유통기한이 없다는 사실을 말해준다.

10.
아인슈타인의 실수
재능과 노력이 만나면 결국 이긴다

——— ——

어쩔 수 없이 나도 내가 하는 연구에 비춰 내 실패와 성공을 살펴보게 된다. 보스턴의 어느 겨울날, 꽁꽁 얼어 미끄러운 곳을 요리조리 피해 어두컴컴한 연구실로 걸어가면서 나는 머릿속으로 나와 관련된 통계 수치를 더듬어보고 내가 성공할 확률을 계산하고 있었다. 과학은 끊임없이 굽이치는 길을 따라가는 뜻하지 않은 여정으로 나를 이끌었고, 20년이라는 짧은 기간 동안 물리학에서 네트워크로, 다시 성공의 과학이라는 분야로 나를 밀어 넣었다. 그러나 앞길이 구만리 같은 학생들과 박사 후 과정 연구원들은 젊고 가능성이 넘친다. 그들과 함께 연구하면 마음이 훈훈해진다. 애초에 내가 왜 학계에 발을 들여놓았는지를 상기시키는 이들이기 때문이다.

그러나 나 자신의 운명을 생각해보니 도시의 차디찬 공기는 수없이 많은 연구에서 나타난 엄연한 사실로 더욱 차갑게 느껴졌다. 간단히 말하면 혁신과 발견은 젊은 사람에게 적합한 게임인 듯했다. 이는 스물여섯이라는 약관의 나이에 상대성 이론을 발견한 아인슈타인이 다음과 같이 단정적으로 말한 현상이기도 하다. "서른 살이 될 때까지 과학에 중요한 기여를 못 하면 죽을 때까지 기여하지 못한다."

해가 바뀔 때마다 어렴풋이 내가 한물간 사람이 아닐까 하는 느낌이 들고, 총명한 젊은 연구원들이 연구실에 합류하고 함께 연구하던 이들이 떠나게 되면 우리 같은 과학자들도 약간은 감성적이 된다. 영국의 이론물리학자 폴 디락Paul Dirac은 아인슈타인과 마찬가지로 20대에 한 발견으로 노벨상을 탔는데, 그는 이런 기분을 다음과 같은 울적한 시에 담아냈다.

나이 들면 당연히 열이 나고 오한도 느끼지.[1]
물리학자라면 누구나 두려워해야 해.
죽은 듯 사느니 죽는 게 낫지.
일단 서른 살이 넘으면 말이야.

디락은 자기가 말한 대로 실천하지는 못했다.[2] 세상을 떠난 나이인 여든네 살에 마지막 논문을 발표했으니. 그러나 그가 시에서 지적한 바는 맞는 얘기다. 그와 아인슈타인 둘 다 대체로 맞는 말을 했다. 데이터를 보면 과학자는 초창기에 파격적인 연구를 발표하는 경향이 있다. 천재로 인정받은 이들에 대한 연구가 이를 입증한다.

심리학자 딘 키스 사이먼턴Dean Keith Simonton은 고대에서 오늘날에 이르기까지 다빈치, 뉴턴, 에디슨을 망라하는 2,000명의 과학자와 발명가들의 이력을 분석했는데, 대부분이 서른아홉 살에 역사에 족적을 남길 만한 업적을 이뤘다. 창의력은 젊었을 때 왕성하고, 늦어도 중년 초기까지 진가를 발휘한다는 인식을 뒷받침하는 증거다. 사이먼턴은 예술가와 작가들의 이력도 살펴봤는데, 그들 또한 젊은 시절에 절정기를 구가했다. 분야나 장르를 불문하고 나를 날마다 침대에서 끌어내 연구실로 향하게 만드는 혁신이라는 연료는 이제는 여기저기 쑤시고 결리고 지친, 어쩌면 가장 혁신이 필요한 우리 같은 사람들에게는 효험이 없는 듯하다.

인간은 나이가 들수록 필연적으로 총기聰氣를 잃게 될까?[3] 나는 이 질문을 곰곰이 생각하곤 한다. 나는 하루라도 휴가를 내거나 손에서 일을 놓으면 좌불안석이 된다. 그런 내게도, 그리고 일찍 은퇴하고 나서 안절부절못할 나를 감당해야 할 가족에게도 다행히 희망은 있다. 우리가 한 연구에 따르면, 우리 같은 '노땅'들이 한물갔다고 지레짐작할 필요는 없다. 창의력에는 나이가 없기 때문이다. 대부분의 발견은 젊은 나이에 한다는 아인슈타인과 디락의 말이 딱히 틀리지는 않지만, 우리는 언제든 자기 생애를 규정할 획기적인 업적을 남길 수 있다.

헷갈린다고 해도 걱정할 필요 없다. 나도 헷갈렸으니까. 나도 혁신과 나이의 관계라는 풀기 어려운 의문을 해소하는 데 5년이 걸렸다.

▲ ▲ ▲

사이먼턴의 연구는 흥미진진하기는 하나 근본적으로 문제가 있다. 그의 연구 대상인 천재들은 창의적 인구의 아주 극소수에 불과하다. 모두가 우러러보는 뛰어난 인물로서 그런 사람은 매우 드물다. 따라서 중요한 의문이 제기된다. 사이먼턴의 연구 결과는 나처럼 평범한 과학자나 천재라는 소리를 들어보지 못할지도 모르는 머리 희끗한 학자들과 공동 연구자들에게도 해당될까?

이런 질문들도 제기된다. 사이먼턴의 연구 결과는 내가 날마다 마주치는 다른 직종의 사람들에게도 적용될까? 나는 전성기를 지난 내 주치의를 바꿔야 할까? 경륜 있는 건축가를 제치고 젊은 건축가를 고용해야 할까? 초보자가 훨씬 신선하고 파격적인 아이디어로 설계를 하리라는 희망을 품고서? 실리콘밸리 스타트업은 자기들끼리 준수하는 암묵적인 규정을 고수하면서, 노련하지만 나이 든 직원 대신 가까스로 10대를 벗어난 얼굴에 솜털이 뽀송뽀송한 애송이들을 채용해야 할까? 천재에 관한 수많은 연구 결과들은 미천한 우리에게 어떤 의미가 있기나 할까?

바로 이런 의문들을 나는 시칠리아에서 온 젊은 연구원 로베르타 시나트라Roberta Sinatra와 함께 풀기로 했다. 2012년 시나트라가 우리 연구실에 합류한 직후였다. 박사 후 과정 중인 시나트라는 물리학자로 출발해 돌고 돌아 결국 네트워크 과학에 발을 들여놓았다. 그녀는 합류하자마자 성과를 성공으로 바꾸려면 어떤 자질이 필요한지를 몸소 증명했다. 연구에 대한 그녀의 열정은 다른 연구원들을 감염시킬 정도로 강했고, 그들을 자극해서 어려운 문제를 풀게 했다.

또한 그녀는 요리 솜씨도 뛰어났고 인맥을 구축하는 데도 타고난 재능을 보여 사람들을 저녁 식탁으로 불러 모았다. 확실히 회의실보다는 식탁에 둘러앉아 집안 대대로 전해지는 비법으로 만든 스파게티를 먹으며 네트워크 이론의 미묘한 세부 사항을 토론하는 게 훨씬 쉽다. 주방에서든 연구실에서든 그녀는 매우 복잡한 문제를 쉬워 보이게 하는 데 일가견이 있었다.

시나트라와 나는 슈퍼스타가 아닌 사람들의 창의성에 나이가 어떤 영향을 미치는지 알고 싶었다. 뛰어난 과학자들의 이력이 어떤 추세로 변하는지 알게 된 지금, 생물학에서 컴퓨터과학에 이르기까지 다양한 분야에서 소박하지만 중요한 기여를 하는 장삼이사張三李四가 생애의 어느 시기에 혁신을 일으키는지 예측할 수 있을까? 우리는 다음과 같은 간단한 질문으로 연구를 시작했다. 경력 생애를 통틀어 어느 시기에 우리는 가장 큰 영향을 미치는 논문을 쓸까?

단순한 질문이 가장 답하기 어려울 때가 있다. 바로 우리 질문이 그런 경우였다. 수만 명의 학자들의 경력 생애를 정확히 재구축하고 대략 4,000만 편에 이르는 논문의 저자가 누군지 파악해야 했다. 이 과정은 2년이 걸렸고 우리 팀에서 일하는 컴퓨터과학자 피에르 드빌Pierre Deville의 도움을 조금 받았다. 마침내 모든 과정이 마무리되고 각 개인의 경력 생애를 분석하자 일관성 있는 패턴이 나타났다.

학자들은 성공적인 연구 성과를 비교적 이른 시기, 즉 해당 분야에 입문하고 20년 내에 냈다. 정확히 말하면 경력 3년차 과학자가 최고 영향을 미칠 연구를 발표할 확률은 대략 13퍼센트로 나타났다. 그다음 3년 동안에도 확률이 똑같았다. 20년 동안 매년 잭팟을 터뜨릴 확률은 비슷했다. 그러나 20년이 지나면 뭔가 변화가 생겼고 확률이 급전직하했다. 경력 25년차에 가장 인용 횟수가 많은 논문을 발표할 확률은 겨우 5퍼센트였다. 그리고 이후 확률은 계속 곤두박질쳤다.

나는 과학자가 된 지 30년 가까이 돼가고 있다. 이 그래프에 따르면 지금 내가 과거에 이룬 최고 업적을 능가할 발견을 할 가능성은 1퍼센트 미만이다. 다시 말해 이제 연구에서 손을 떼는 게 낫다. 데이터를 보니 나는 과학자로서 죽은 목숨이나 다름없었다. 종신직이고 뭐고 잊어라. 우리 학장이 나를 짐 싸서 집으로 보낼 테니.

사이먼턴이 옳았다. 그의 연구 결과는 천재가 아닌 범재, 그저 과학을 사랑하기 때문에 찬사도 기대하지 않고 허구한 날 연구에 매진하는 우리에게도 적용된다. 우리가 얻은 결론은 간단했다. 창의성이 보이는 패턴은 천재라고 해서 우리와 조금도 다르지 않다. 우리도 경력 초기에 절정에 도달한다. 천재든 아니든 상관없이 우리는 대부분 동일한 유형을 따른다.

▲ ▲ ▲

그러나 다행스럽게도 위와 같은 결론, 즉 꽃무늬 셔츠나 여러 벌 사서 플로리다주로 이사 가 골프나 쳐야겠다는 결론은 데이터를 제대로 읽지 않아서 나온 결론이었다. 경력 초창기에 창의적인 혁신을 낳는 이유들을 살펴보다가 뜻밖의 뭔가를 발견했다. 경력 20년차 후부터 대단한 연구를 발표할 확률이 급격히 떨어지기는 했다. 그러나 생산성도 급격히 떨어진다는 사실이 중요했다. 과학자들이 경력 생애 전 기간에 걸쳐 발표한 논문의 수를 살펴봤더니 출발점에서 압도적으로 생산성이 높았다. 최고로 기여할 논문을 발표할 확률을 보여주는 그래프와 어떤 논문이든 논문을 발표할 확률을 보여주는 그래프가 너무나도 똑같아서 구분하기 힘들 정도였다. 이는 우연일 리가 없었다. 여기에는 뭔가 심오한 의미가 있고 우리는 그 의미를 해독해야 했다.

몇 달 동안 우리는 생산성이 높은 시기와 성공하는 시기 사이의 관계를 푸느라고 골머리를 앓았다. 나는 아침형 인간이라 오전에 머리가 가장 잘 돌아간다. 그래서 나는 해 뜰 때 일어나 가장 최근에 그린 그래프를 보고 새로 생긴 의문점을 목록으로 만들어 시나트라와 그녀의 팀에게 보냈다. 그리고 오후에 만나서 데이터에 대한 토론을 했다. 나는 끊임없이 이런 질문을 던졌다. "이게 나한테 정말 무슨 의미일까? 내 머리가 어떻게 된 걸까?"

야행성인 시나트라도 구글 스칼라Google Scholar를 돌아다니며 자신이 우러러보는 여러 과학자들의 논문이 인용된 이력을 살폈다. 노벨상 수상자에서 그녀와 어깨를 겨루고 있는 잘 알려지지 않은 과학자들까지, 누구를 살펴보든 한 가지 공통점이 있었다. 그들이 미치는 영향력은 시간이 흐름에 따라 증가했다. 해가 바뀔 때마다 한 사람 한 사람, 점점 논문이 인용되는 횟수가 증가했다.

생각해보니 뉴턴, 퀴리, 아인슈타인, 디랙 등은 이제 이 세상 사람이 아니다. 그런데도 그들이 남긴 논문은 여전히 살아 숨 쉬듯 계속 인용되고 있다. 그러더니 시나트라는 무릎을 탁 칠 만한 질문을 떠올렸다. 생존 과학자들의 성공과 이미 세상을 떠난 과학자들의 성공 사이에 어떤 차이가 있을까?

답은 생존 과학자들은 계속 논문을 썼다는 점이다. 뉴턴, 아인슈타인, 퀴리가 저승에서 아무리 새로운 과학적 발견을 해도 이를 이승에 제출할 방법은 없다. 이들은 수십 년 또는 수 세기 동안 새로운 아이디어를 제시해 과학에 기여하지 않았다. 그러나 생전에 이룬 업적은 여전히 우리의 존경을 받고 있다. 그들의 생산성은 그들과 더불어 세상을 떠났지만 그들의 영향력은 (논문 인용 횟수로 측정하긴데) 날마다 커지고 있다. 생산성과 성공의 역학 관계를 알아내려면 살아 있는 사과나무를 죽은 사과나무와 비교할 게 아니라, 사과와 사과를 비교할 필요가 있다고 시나트라는 생각했다. 그래서 우리는 이미 은퇴한 과학자들에게 초점을 맞추고 그들의 과학자로서의 경력 초창기뿐만 아니라 경력 전체를 살펴봤다.

시나트라가 심야에 얻은 깨달음의 순간 덕분에[4] 데이터를 새롭게 분석할 돌파구가 생겼다. 우리는 각 과학자가 발표한 논문들을 시간 순서대로 나열해 생산성과 성공 사이의 관계를 알아냈다. 각 논문의 저자가 그 논문을 몇 살에 썼는지 살펴보는 대신, 해당 논문의 저자가 그 논문을 경력 생애 전체에서 몇 번째로 쓴 논문인지 순서를 표시했다. 이렇게 함으로써 우리는 각 논문을 제대로 볼 수 있게 되었다. 한 과학자가 획기적인 결과에 도달하기까지 실행한 일련의 시도들 중 하나로 말이다.

우리는 과학자가 가장 영향력 있는 논문을 쓴 시기는 경력 초기일 것이라고 예상했다. 수십 년 동안 발표된 천재에 관한 논문들이 내린 결론은 그랬다. 그런데 당혹스럽게도 그렇지 않았다. 각 논문이(첫 논문이든 두 번째든, 목록에 오른 마지막 논문이든) 그 과학자의 경력에서 가장 중요한 논문이 될 확률은 똑같았다. 이런 식으로 데이터를 정렬해보고 우리는 깜짝 놀랐다. 나이는 숫자에 불과했다. 여기서 또 다른 의문이 생겼다. 내 창의성에 나이가 없다면 내가 쓴 논문은 하나하나가 과학계에 전기를 마련할 확률이 똑같은데, 왜 우리는 경력 생애 초창기에 창의성이 절정에 이를까?

그것은 바로 생산성 때문이다. 얼핏 모순처럼 보이는 이 결과를 쉽게 설명하기 위해 비유를 하나 들어보겠다. 당신이 30년 동안 해마다 생일이면 복권을 산다고 하자. 당첨될 확률은 나이가 들어도 오르지 않는다. 그렇다고 떨어지지도 않는다. 5년 전이나 지금이나 당첨 확률은 똑같고 지금으로부터 10년 후에도 마찬가지다. 그런데 서른 살 생일에 복권을 30장 산다면? 만약 당첨이 된다면 서른 살 되는 해에 당첨될 확률이 가장 높다.

우리가 측정한 자료를 보면 연구논문도 과학자의 생애에서 복권과 같다. 각 논문은 파격적인 논문으로 평가받을 확률이 똑같다. 따라서 가장 빠른 속도로 논문을 계속 발표하는 기간에(거의 속사포처럼 연달아 논문을 발표하면) 최고의 성공을 맛보게 되는 경향이 있다. 폭발적으로 논문을 양산하는 기간 동안 훨씬 창의력이 높아서가 아니다. 더 자주 시도하기 때문에 성공할 가능성이 높아진다.

대부분의 과학자들이 생산성이 폭발하는 시기는 경력 생애의 첫 20년 동안에 찾아온다. 학위를 딴 후 연구하고 싶어서 몸이 후끈 달아오르는 초기에 신바람이 나서 논문을 왕창 찍어낸다. 그러다 10~20년이 지나면 생산성이 서서히 줄어든다. 창의력이 필요한 분야에서는 하나같이 이런 추세가 나타난다. 새로운 기회가 열리면 집무실이나 연구실이나 작업실에서 나온다. 우리는 중년의 위기를 극복해야 한다. 자녀들이 말썽을 부리고, 쇠약해진 부모에게도 신경을 써야 한다. 완전히 지친다. 정신이 분산되고 우선순위가 뒤바뀌고 속도가 떨어진다. 다시 말해 경력 말기에 다다른 전문 직종 종사자들은 복권을 덜 사기 때문에 별수 없이 당첨될 확률도 떨어진다.

우리는 데이터를 다른 각도로 분석함으로써 대부분 신참내기들이 개가를 올리는 까닭은 젊음과 창의력이 불가분의 관계라서가 아니라, 대체로 젊었을 때 훨씬 생산성이 높아서라는 사실을 발견했다. 젊은 사람들은 남이 알아주지 않거나 실패해도 굴하지 않고 끊임없이 시도한다. 바로 이 때문에 과학자들은 대부분 30대에 파격적인 논문을 쓰고, 수많은 화가들이 대부분 20대에 걸작을 생산하고, 작곡가와 영화감독과 혁신가들과 패션 디자이너들은 신참내기일 때 대박을 터뜨린다.

직관에 반하지만 이는 얼굴이 주름진 우리들과 앞으로 얼굴에 주름이 생길 당신에게 공히 희소식이다. 혁신 자체는 나이 제한이 없다. 복권에 해당하는 결과물을 끊임없이 세상에 내놓는 한 말이다. 여기서 얻는 메시지는 간단하다. 이를 성공의 제5 공식이라 부르자.

부단히 노력하면 성공은 언제든 찾아올 가능성이 있다.

이 데이터만 생각하면 나는 기쁨을 감추기 힘들다. 성공과 생산성의 관계를 파악하기 시작할 즈음, 나는 연구실에서 집까지 오가는 동안 아이디어와 에너지가 넘쳤다. 해가 좀처럼 질 것 같지 않은 초여름에 연구에 진전을 보고 있었다는 점도 도움이 됐다. 그리고 마침내 해가 지자 일몰은 농염한 색깔을 나른한 지평선에 흩뿌렸다.

연구 결과에 기뻤던 개인적인 이유도 있다. 나의 장점은 높은 생산성이었다. 이제 그게 얼마나 소중한 자산인지 알게 되었다. 제5 공식을 주문 삼아 앞으로 연구에 박차를 가해 젊은 시절을 능가하는 생산성을 보일 이유가 생겼다. 내가 쓰는 논문 한 편 한 편이 새로 산 복권이나 마찬가지이고, 내가 산 복권 한 장 한 장이 과학계에 개가를 올릴 기회라는 사실을 이제는 알게 되었다. 수천 명의 경력을 분석하고서야 마침내 나는 내 경력을 이해하게 되었지만 얻은 결론은 그처럼 단순했다.

▲ ▲ ▲

예일대학교 교수진에 합류할 당시 쉰 살이었던 존 펜John Fenn은 이미 학계의 기준으로 볼 때는 한물간 학자였다. 하지만 그는 고질적인 대기만성형이었다. 첫 논문을 대학원을 마치고 10년 후인 서른두 살에 발표했다. 아인슈타인에 따르면 학계에서는 매우 드문 사례였고 과학계에서 스타 반열에 오르기에는 절망적인 나이였다. 그가 프린스턴대학교에서 처음으로 교편을 잡은 때가 서른다섯 살이었고, 거기서 그는 원자와 분자선을 연구하기 시작했다. 그로부터 15년 후 예일대학교로 자리를 옮긴 후에도 계속 파고든 아주 생소한 분야였다.

펜은 노력형에 매우 성실했지만 학교에 몸담은 대부분의 기간 동안 과학계에 크게 기여하지 못한 과학자로 남았다. 그가 학교 규정에 따라 의무적으로 은퇴해야 하는 일흔 살이 되었을 때 예일대학교 학과장은 안도의 한숨을 내쉬었을지 모른다. 이렇다 할 성과도 내지 못한 채 20년 동안이나 빈둥거렸으니 말이다.

그러나 펜은 연구를 그만둘 생각이 전혀 없었다. 3년 앞서 예순일곱에 그는 이미 예일대학교에서 은퇴한 것이나 마찬가지였다. 연구실과 연구를 보조할 기술자들도 없었던 그는 '전자분무이온화electrospray ionization'라는 새로운 기법에 대한 논문을 발표했다. 물방울을 고속선에 떨어뜨려 신속하고 정확하게 거대 분자와 단백질의 질량을 측정하는 기법이었다. 그는 이 기법을 과학적 개가로 여겼고, 마침내 제 궤도에 들어섰다고 느꼈다. 그리고 그의 판단이 옳았다. 세포의 분자 구성 요소에 대한 관심이 폭발하면서 그가 개발한 기법은 전 세계 연구실에서 필수적인 도구로 바뀌었다. 예일대학교에서 명예교수로 노닥거리던 그는 나이를 전혀 개의치 않는 버지니아 커먼웰스대학교로 이적했다. 그는 새 연구실을 열고 연구를 이어갔다.

인생에 땅거미가 질 무렵 그가 올린 업적은 가히 혁명적이었다. 그는 초창기의 기법을 개선해서 전례 없이 놀라울 정도로 정확하게 리보솜과 바이러스를 측정할 방법을 과학자들에게 제시했고, 세포가 어떻게 작동하는지에 대한 우리의 이해를 완전히 바꿔놓았다. 그가 인생의 막판에 보인 추진력에는 엄청난 보상이 따랐다. 그로부터 15년 후인 2002년, 80대 중반의 나이에 그는 노벨 화학상을 수상했다.

펜의 사연은 행복한 결말을 보여준다.[5] 우리가 성공의 제5 공식을 충실히 따르면, 그 공식은 우리에게 유리하게 작동한다는 사실을 상기시킨다. 펜의 친구이자 애제자인 캐롤 로빈슨Carol Robinson은 그에게 바친 헌사에서 그가 불굴의 열정을 지닌 과학자로 기억되리라며 다음과 같이 칭송했다. "그는 과학이란 무엇보다도 재미있어야 하고 더 이상 재미없다면 포기해야 한다고 믿었다. 그러나 펜은 절대로 포기하지 않고 연구를 계속했으며, 세상을 떠나기 몇 주 전까지도 거의 날마다 학과 연구실로 출근했다. 전자분무의 메커니즘에 대한 그의 마지막 논문은 구순에 발표되었다." 그만하면 괜찮은 삶이었다.

펜은 제5 공식이 지닌 단순한 메시지를 보여준다.[6] 당신이 성공할 확률은 나이와 아무 상관없다. 개가를 올리기 위해 끊임없이 시도하는 의지가 성공을 낳는다. 이를 깨닫고 나는 생각이 완전히 바뀌었다. 어디서든 펜 같은 이들이 눈에 띄었다. 마흔여섯 살에 처음으로 영화 배역을 따낸 앨런 리크먼, 쉰세 살에 맥도널드 프랜차이즈에 합류한 레이 크록, 27년을 교도소에서 보내고 나와서 정치적 변화에 대한 열정을 잃지 않고 일흔여섯 살에 대통령이 된 넬슨 만델라, 쉰 살에 처음으로 TV 요리 프로그램 진행을 맡게 된, 주체하지 못할 정도로 열정적인 줄리아 차일드.

이런 대기만성형 성공 사례들은 제5 공식을 보여주는 교과서적인 본보기들이고, 집요함 외에도 공통점이 있다. 그들의 생애 내내 성공으로 가는 길을 안내한 숨은 길잡이가 있었다. 우리는 이를 'Q-요인Q-factor'라고 이름 붙였고, 이를 통해 마침내 백만 불짜리 의문에 대한 해답을 얻었다. 적합성이 높은 아이디어와 상품은 어디서 올까?

▲　▲　▲

새로운 프로젝트는 하나같이 아이디어에서 출발한다. 창의력이 요구되는 어떤 분야에서든 마찬가지다. 불현듯 아이디어가 떠오르면 그 기발한 아이디어를 어떻게 세상에 소개할지에 대해 생각하기 시작한다. 그러나 그 아이디어가 중요한지, 새로운지는 미리 알기가 어렵다. 따라서 '무작정 떠오른 아이디어random idea'를 'r'이라고 하고, 이것이 아이디어의 가치를 포착하는 숫자라고 하자. 이미 패스트푸드 분점 다섯 군데가 생존 경쟁을 하고 있는 몰에서 패스트푸드 분점을 또 내면? r은 0에 가깝다. 제대로 작동하는 원거리 운송수단을 제작하면? r은 매우 높다. 해내기만 한다면 말이다. 물론 좋은 아이디어일수록, 즉 r 가치가 클수록 더 막강한 영향을 미칠 가능성이 높다.

그러나 상서로운 출발이 유일한 요인은 아니다. 아이디어를 내는 데는 돈이 안 든다. 이는 벤처 투자자들이 툭하면 써먹는 말이기도 하다. 아이디어를 쓸모 있는 상품으로 만들어내는 능력이 투자자가 써줄 수표의 액수를 결정한다. 어떤 직업도 마찬가지다. 아이디어가 아무리 끝내줘도 어설픈 사람 손에 들어가면 중요한 결과가 나오기 힘들다. 아이디어를 발견으로 전환하는 능력도 아이디어를 내는 능력 못지않게 중요하며 이 능력은 사람에 따라 천차만별이다.

이 능력을 우리는 그 사람의 Q-요인이라고 이름 붙이고 혁신의 과정을 공식으로 간소화했다. 우리는 각자 문득 떠오른 r의 가치를 지닌 아이디어를 자기만의 방법으로 발견하거나 성공시켜서 'S'로 전환한다. S는 세계에 미치는 영향이다. 이 영향을 예측하려면 아이디어가 지닌 잠재적 가치 또는 r, 그리고 아이디어를 낸 사람의 Q-요인이 어떻게 작동해 해당 프로젝트의 궁극적인 성공 또는 S를 결정하는지 알아내야 한다. 우리가 생각해낼 수 있는 가장 단순한 모델이 가장 정확했다. Q-요인에 아이디어의 가치 r을 곱하면 성공을 예측하는 공식을 얻을 수 있다. 이를 공식으로 표시하면 다음과 같다.

$$S = Qr$$

다시 말해 상품이나 거래의 성공 또는 발견이 미칠 영향은 창작자의 Q-요인과 아이디어의 가치 r의 산물이다.

따라서 Q-요인이 낮은 개인이[7] 높은 r을 지닌 아이디어를 접하면 유감스럽지만 그저 그런 결과를 낳는다. r이 Q-요인 때문에 줄어들기 때문이다. 아이디어는 끝내주지만 실행이 허접한 경우도 있다. 애플이 처음 만든 휴대용 뉴턴Newton을 생각해보라. 손 글씨를 인식하는 기능이 형편없어서 스티브 잡스가 제작을 취소해야 했던 상품 말이다. 정반대의 경우도 발생한다. 높은 Q-요인을 지닌 창의적인 사람이 별 볼일 없는 그저 그런 상품들을 여러 개 만들어낼 수도 있다. 애플리사AppleLisa, 넥스트NeXT, G-4 큐브G-4 Cube, 모바일미MobileMe는 모두 실패한 상품이다. 금시초문이라고? 잡스의 수많은 실패작들과 함께 무덤에 묻힌 상품들이다.

아이디어의 r이 낮으면 Q가 아무리 높아도 Qr 상품은 가치가 떨어진다. 실행력이 뛰어나도 아이디어가 형편없기 때문이다. 뛰어난 아이디어와 뛰어난 능력을 지닌 개인이 만나 둘 다 빛을 발하는 찰떡궁합의 사례들도 있다. Q-요인과 r 둘 다 높으면 서로 상승작용을 일으켜 결국 자기 경력을 규정할 개가를 올리게 된다. 아이폰iPhone을 생각해보라. 기발한 아이디어를 훌륭하게 실행해 잡스가 남긴 업적을 규정하는 상품이 되었다.

이런 커리어 모델은 혁신적인 사람들이 일하는 방식에 대해 내가 갖고 있던 수많은 고정관념을 뒤엎었다.[8] 나는 경력이 쌓일

수록 아이디어를 큰 영향을 미칠 결과로 전환시키는 능력이 개선된다고 굳게 믿어왔다. 아이디어를 상품으로 전환하든, 직감적으로 대단한 사업을 따내든, 멜로디를 노래로 전환하든, 오후의 눈부신 빛을 화폭에 담아 걸작으로 만들든 상관없이 말이다. 다시 말해 Q-요인은 경력이 쌓일수록 증가한다고 굳게 믿었지만 정말 충격적인 사실이 드러났다. 과학자의 Q-요인을 측정할 방법을 알아내고 이를 확인해보자, 경력 생애 전반에 걸쳐 Q-요인은 변하지 않고 그대로인 것으로 나타났다. 데이터가 보여준 결과는 명백했다. 높든 낮든 주어진 Q로 경력을 시작하고 은퇴할 때까지 똑같은 Q를 유지한다.

아무런 영향도 미치지 못한 첫 논문을 쓴 스물두 살 때나 지금이나 과학자로서 나의 자질은 전혀 변함이 없다니, 믿기지가 않았다. 당신도 이 결과에 대해 나처럼 감정적으로 반응할지 모르겠다. 당신이 교사, 작가, 의사, 세일즈맨 어떤 직종에 종사하든 스무 살 때는 지금의 자신 근처에도 가지 못했다고 느낄지 모른다. 그 지금이 몇 년 후든 몇십 년 후든 상관없이 말이다. 스물두 살인 내 아들이 박사과정을 시작하면 아들에게 너는 이미 훌륭한 과학자거나 아니거나 둘 중 하나라고 어떻게 말할까? 경력을 쌓고 더 많이 배우고 열심히 노력하는 건 어쩌고?

나는 창의적인 개인이 지닌 Q-요인이 세월이 흘러도 변하지 않는다는 사실이 믿기지 않았다. 우리의 연구 결과를 담은 논문을 접수한, 최고 권위를 자랑하는 학술지의 편집자들도 믿지 않으려 했다. 우리 논문을 평가해달라고 학술지에서 요청한 여덟 명의 심사위원들도 마찬가지였다. 모두가 당혹해했다. 그들은 우리에게 연구 결과를 다시 확인하고 과학의 전 분야에서 결과가 타당하다는 점을 입증해달라고 했다. 우리는 여섯 달에 걸쳐 그 작업을 했다. 그리고 똑같은 결론을 얻었다. 과학자로서 나는 연구 결과를 액면 그대로 받아들이는 수밖에 없었다. 그럼에도 여전히 그 결과가 성공, 재능, 능력에 대해 정말로 어떤 의미를 지니는지 이해하려고 연구 결과와 씨름하고 있다.

그렇다면 과학 외 영역에도 우리가 얻은 연구 결과가 적용될까?[9] 최근에 와서야 이 질문에 대한 답을 찾았다. 또 다른 분야에서 Q-요인을 측정할 방법을 알아낸 후였다. 바로 소통이다. 우리 연구실에 새로 합류한 오누르 바롤Onur Varol은 트위터 사용자들을 살펴보고 각 사용자가 자신의 팔로워 기반이 공감하는 트윗을 생산해내는 능력을 측정했다. 당신의 팔로워가 수백만 명이면 당신이 한 말을 수천 명이 리트윗할 가능성은 당연히 높다. 팔로워가 몇 명에 불과한 사람과는 비교가 되지 않는다.

팔로워 수가 똑같은 개인들을 비교해보자, 중요한 차이가 나타났다. 팔로워 수가 똑같아도 청중의 관심을 끄는 능력은 제각각이었다. 트위터 사용자가 소통 기술을 연마함에 따라 체계적으로 성장하거나 쇠락하는 현상은 나타나지 않았다. Q-요인 수치가 높은 이들은 계속 그 상태를 유지했고 낮은 이들의 수치도 좀처럼 변하지 않았다. 누구든 트위터에 가입한 순간 Q-요인은 고정되고 수개월, 수년 동안 대체로 그 상태를 유지했다.

나는 성공한 사업가인 내 이웃에게 이런 결과를 얻고는 딜레마에 빠졌다고 털어놓았다. 그러면서 그에게 시간이 갈수록 더 유능한 사업가로 변했다고 느끼는지 물었다. 그는 성공하는 데 얼마나 걸렸을까? 어느 정도 세월이 흐르고 나니 미심쩍은 거래는 모면하게 되고 손대는 것마다 황금으로 변하던가?

전혀 그렇지 않다고 그는 대답했다. 그의 경력도 몇 가지 굵직한 성공과 더불어 수많은 실패로 점철되어 있었다. 우리 또래 가운데 가장 성공한 기업가로 손꼽히는 스티브 잡스의 이력과 전혀 다르지 않았다. Q-요인이 높은 잡스가 저지른 숱한 대실패는 모두 두드러지게 뛰어난 대박에 묻혀버렸다.

어떤 전문 직종이든 유리한 입지에서 성공 게임을 하는 이들이 극소수 있다는 느낌이 든다면, 그 느낌은 맞다. 그런 사람들이 있다. 그러나 그들이 지닌 유리한 입지는 Q-요인, 즉 내재된 재능이나 지식이다. 창의력이 필요한 어떤 분야든 존 레논, 스티븐 스필버그, 토니 모리슨, 마리 퀴리 같은 이들이 있다. 그들은 모두를 굽어볼 만큼 높은 Q-요인을 지녔기 때문에 그들이 쌓은 업적의 영향은 매우 크다. r값이 그리 크지 않은 아이디어로 작업을 할 때조차 말이다.

막강한 Q-요인은 별 볼일 없는 프로젝트를 끌어올려 상당한 성과를 낳는 반면, Q-요인이 뛰어나지 않은 이의 손에 들어가면 별 볼일 없는 결과가 나온다. 어떤 사람의 경력 생애를 봐도 막강한 영향을 미치게 된 프로젝트 사이사이에 r값이 낮은, 수없이 많은 실패의 잔해들이 흩어져 있다. 그렇지만 높은 Q-요인을 지닌 개인의 경우 성공에 성공을 거듭한다고 우리가 만든 모델은 예측한다.

그런데 Q-요인이 낮으면 어떻게 해야 할까? 치솟은 Q-요인을 지닌 이들이 즉시 떠오르듯이, Q-요인이 낮은 이들도 쉽게 떠오른다. 과학자를 살펴보든 트위터 사용자를 살펴보든 이는 우리의 데이터가 뒷받침한다. 많은 이들이 Q 수치가 낮은데도 불구하고 집요하게 목표를 향해 매진했다. Q-요인은 시간이 흘러도 변하지 않으므로 누구에게든 이런 충고를 해주고 싶다. 돌파구를 마련하는 데 계속 실패한다면 엉뚱한 직업을 택했을 가능성이 높다고 말이다.

이는 나도 겪은 바다. 고등학교 때 나는 조각가가 될 준비를 하고 있었다. 그러나 솔직히 말해서 실력이 그다지 좋지는 않았다. 나는 물리학에 재능이 있었다. 그래서 내가 지닌 Q-요인을 좇아 작업실을 포기하고 연구실을 택했다. 그러지 않았다면 아무도 관심을 보이지 않는 분야에 혼자 깊이 빠져 헤어나지 못하고 있었을지도 모른다. 나 역시 수년 동안 양자점quantum dots에 골몰했다. 가장 대단한 발견을 해도 거의 관심을 얻지 못하는, 잘 알려지지 않은 분야였다. 결국 나는 네트워크로 바꿨다. 내 연구가 보다 폭넓은 청중에게까지 도달할 수 있는 분야였다. 당신이 지닌 Q-요인이 당신이 선택한 일과 조응하지 않으면 자신이 엉뚱한 길을 택하지 않았는지 잘 생각하고 판단해야 한다는 게 요점이다.

일단 당신과 궁합이 맞는 일을 찾으면, 즉 당신의 Q-요인이 빛을 발할 분야나 직업을 찾으면 이제 할 일은 딱 한 가지만 남는다. 절대 포기하지 마라. 성공을 운에 맡기지 마라. 당신의 Q-요인이 당신의 꿈과 궁합이 맞는 직업을 찾아내면 성공할 확률이 훨씬 높아진다.

▲ ▲ ▲

이쯤 됐으면 창의성에 유효기간이 없다는 사실을 납득했기를 바란다. 그러나 성공에는 유효기간이 있다. 성공이 보다 큰 성공에 시동을 건다고 앞에서 말했는데 이건 또 무슨 소린가 할지 모르겠다. 앞서 살펴본 바와 같이, 우선적 애착에 따르면 일단 프로젝트가 성공했을 때 그 성공은 과거의 성공에 비례해 무한히 성장한다. 그런데 잠시 그 점을 생각해보자. 바로 여기서 상식이 작동해야 한다. 그와 같은 속도로 성장해 개인의 업적이 쌓이고 쌓여 점점 거대해지는 파도에 올라타면 감당하지 못할 정도가 된다. 일단 인정을 받기만 하면 된다. 그러면 우선적 애착의 도움으로 그 관심을 평생 받는다.

단 한 권만 베스트셀러가 되어도 그 저자는 명성과 벌어들인 인세 속에서 허우적거린다. 단 하나의 특허만 성공해도 그 발명가는 동화에서나 볼 법한 화수분을 얻는다. 단 한 가지 발견으로 과학자는 수백만 번 논문이 인용된다. 이는 때때로 사실이다. 단 한 가지 행위만으로 창작자는 여생을 편안하게 누릴 수 있다. 그래도 우선적 애착이 늘 어김없이 작동한다면 가진 자와 못 가진 자의 격차는 점점 더 벌어진다.

제2 공식이 말해주듯 성공은 무한할 수 있다. 그러나 한계가 있다. 삶에서 일어나는 일은 대부분 한계가 있듯이 성공은 시간이 제약한다. 죽음은 성공의 본성이다. 성공은 쇠락한다. 모든 것은 나이가 들고 세월이 흐를수록 관심에서 멀어지는 '관심 경제attention economy'의 피해자가 된다. 바로 코앞에 대롱대롱 매달린 눈부신 물건이 아무리 매력 있어도 결국 그보다 더 눈부신 무엇인가를 찾아 눈길을 먼 지평선으로 향한다. 우리의 '10대teenage' 프로젝트도 마찬가지다. 발견, 비디오, 아이폰에 대한 관심은 공개된 직후에 쏟아지고 시간이 지나면서 관심은 급속히 줄어든다. 성공은 눈송이처럼 녹아 사라진다.

희소식도 있다. Q-요인은 우리가 인내심과 재능이 있다면 운이 따른다는 사실을 상기시킨다. 어떤 프로젝트든 유통기한은 있지만 창의적인 사람은 유통기한이 없다. 따라서 창작자의 관점에서 볼 때 장기간 성공하는 비결은 간단하다. Q-요인을 작동시켜 품질 높은 결과물을 끊임없이 만들어내면 성공할 확률이 높아진다. 성공한 사람들은 쉬지 않고 새로운 프로젝트에 관여한다. 그들은 그동안 벌어들인 돈만 세며 앉아 있지 않고 계속 복권을 더 구매한다.

J. K. 롤링은 소설을 연달아 출간함으로써 제5 공식을 십분 활용했다. 그녀가 새 책을 출간할 때마다 그녀의 새로운 팬들은 신간뿐만 아니라 그전에 출간된 책도 다시 사보게 된다. 신간들은 그녀의 작가로서의 경력에 생명을 불어넣고 지금까지 그녀가 출간한 모든 책들의 존재감을 유지시킨다.

성공은 시간이 흐르면서 사라지지만 Q-요인은 그렇지 않다. Q-요인은 변함없이 유지되므로 정말로 성공한 사람들은 끊임없이 새로운 r을 선택해서 적합성 높은 상품을 꾸준히 생산한다. 또한 높은 Q-요인은 과학자 존 펜이 지녔던 인내심과 복합적으로 작용해 제5 공식을 경력 생애 전 기간을 통틀어 성공을 거듭할 원동력으로 전환한다. 윌리엄 셰익스피어나 제인 오스틴 같은 작가들, 일론 머스크와 토머스 에디슨 같은 혁신가들, 마리 퀴리와 앨버트 아인슈타인 같은 과학자들은 세상을 바꾼 단 한 가지 업적으로 기억되지 않는다. 그들은 탁월한 Q-요인 덕분에, 그리고 끊임없이 자신의 운을 시험하겠다는 강한 의지를 지녔기 때문에 지성의 전당을 굽어보는 거물로 우뚝 서게 되었다.

당신의 Q를 십분 활용할 또 다른 기발한 방법이 있다. 바로 협업이다. 인맥을 활용해 당신이 추진하는 프로젝트에 도움을 받아라. 이도 저도 안 되면 이 방법을 계속 시도하고 당신의 Q-요인이 계속 작동하게끔 하라. 협업하면 동기 유발이 된다. 내 경우

학생들과 박사 후 과정 연구원들이(지금 우리는 수많은 프로젝트를 함께 진행한다) 나를 계속 생산적인 연구학자로 만든다.

성공은 집단이 만들어내는 현상이므로 훌륭한 성과나 재능 있는 사람들에게 우리가 보이는 반응이 우리의 운명을 결정짓는다. 이렇게 말하면 성공은 우리가 도달할 수 없는 힘처럼 느껴질지도 모르겠다. 그러나 제5 공식이 시사하는 바가 있다면 그것은 우리 힘으로 할 수 있는 일이 많다는 점이다. 변함없는 창의력이 존 펜이 지닌 집요함과 만나면 삶에 본질적인 의미를 부여할 뿐만 아니라, 데이터가 보여주듯이 경력 생애 내내 성공할 비장의 무기가 된다. 바로 이것이 자신이 하는 일과 정체성을 가장 효과적으로 결속시킨다. 뿐만 아니라 우리가 가장 우러러보는 사람은, 삶은 유한하지만 나이는 친구들과 함께 축배를 들어야 할 일련의 기회일 뿐이라는 점을 깨닫는 사람임을 설명해주기도 한다.

일본의 학가 가쓰시카 호쿠사이葛飾北齋는[10] 이 모두를 증명해주는 더할 나위 없이 완벽한 본보기다. "칠순이 되기 전에 내가 만든 것은 모조리 고려할 가치도 없다. 일흔셋에 자연의 진짜 구조에 대해 조금 깨닫게 되었다"라고 그는 일흔다섯 살에 말했다. 이에 덧붙인 그의 말에 나는 감탄했다. "내가 여든이 되면 지금보다 더 발전해 있을 것이다. 아흔에는 사물의 신비를 꿰뚫어보고, 백 살이 되면 놀라운 경지에 다다르고, 백열 살이 되면 내가 그리는 것은 무엇이든, 점 하나든 선 한 줄이든 살아 움직일 것이다."

　호쿠사이는 여든아홉에 세상을 떴다. 그는 생의 마지막 20년 동안 가장 길이 남을 작품들을 만들었다. 그 유명한 목판화 〈가나가와 해변의 높은 파도 아래神奈川沖浪裏〉를 포함해서 말이다. 어떤 작품인지 아마 보면 알지 모르겠다. 후지산을 배경으로 산이 왜소해 보일 만큼 거대하고 머리에 흰 거품을 인 파도가 서서히 소형 범선을 반쯤 집어삼키는 광경이다. 성공이 밀물처럼 밀려왔다 썰물처럼 빠져나가고, 갑자기 여세를 몰아 우리를 덮치고, 이를 처음부터 되풀이하는 게 인생임을 적확하게 묘사한 작품이다.

맺는말

아인슈타인이 헝클어진 백발의 천재로 사랑을 받기 전, 대부분의 미국인은 그를 오만한 엘리트주의자로 여겼다. 그는 1919년이 되어서야 세간의 주목을 받기 시작했다. 상대성 이론에 대한 그의 첫 논문이 나오고 14년 후였다. 그때 영국 학자들은 빛이 직선으로 이동하지 않고 굽어서 태양 주위를 돈다는 사실을 발견했다. 이는 아인슈타인의 이론을 입증하는 개가였고, 영국 언론은 이 발견에 흥분했다.

미국인들의 반응은 달랐다. 상대성 이론에 할애한 〈뉴욕 타임스〉의 평론 여섯 편에는 경외심에 의구심이 뒤섞여 있었고 심지어 적개심마저 보였다. 이런 반감이 어디서 나왔는지는 모르지만, 아인슈타인이 자기 이론을 제대로 이해한 사람은 "기껏해야 전 세계에 12명뿐"이라는 주장을 했기 때문일지도 모른다. "지구상 또는 우주 공간에 오직 선택받은 소수만 이해하는 대상이 있다는 주장에는 독립선언문조차도 분노했다"라고 한 평론가는 탄식했다.

아인슈타인은 보통 사람들과는 동떨어진 유럽 출신, 심지어 제1차 세계대전에서 재앙을 일으킨 독일 출신 지식인이기도 했다. 또한 아인슈타인이 유대인이었고 당시 미국에는 유대인에 대한 깊은 반감과 외국인 혐오 정서가 팽배했다는 점도 문제를 더 복잡하게 만들었다. 1919년 잠깐 폭발적인 관심을 모은 뒤 상대성 이론에 대한 관심은 시들해졌다. 몇 년 뒤 단 한 번의 운명적인 역전이 아니었다면 아인슈타인의 명성은 반짝쇼로 끝났을 가능성이 높다. 어쩌면 그는 학계에서나 알려진 인물로 남았을지 모른다.

그렇다면 아인슈타인은 언제 천재를 상징하는 인물이 됐을까? 알고 보니 그가 유명해진 정확한 날짜가 있었다. 1921년 4월 3일, 그가 처음 미국 땅을 밟은 날이다. 〈뉴욕 타임스〉와 〈워싱턴 포스트〉는 논란의 대상인 이 물리학자를 인터뷰하기 위해 기자들을 그가 도착할 맨해튼 남쪽 배터리 파크로 보냈다.

그런데 아인슈타인이 타고 올 증기선을 맞이하려고 이스트 리버에 모여든 이들은 기자들뿐만이 아니었다. 기자들은 어리둥절했다. 거의 2만 명의 군중이 모여 "목이 터져라 환호하고 있었다". 바랜 회색 비옷을 입고 담배 파이프를 뻐끔거리며 손에는 바이올린 케이스를 꽉 쥔 아인슈타인은 배에서 내려 일행과 함께 무개차를 타고 맨해튼 로어이스트사이드를 돌며 카퍼레이드를 했다. 그들이 탄 무개차는 경찰의 경호를 받으며 "세컨드 애비뉴로 진입했고, 여기서부터 업타운까지 환영 인파 수천 명이 손과 손수건을 흔들며 방문객들을 환영했다".

아인슈타인이 이런 대대적인 환영을 받을 인물이라고 여기지 않았던 언론은 허를 찔렸다.[1] 일개 과학자의 미국 방문은 주요 신문의 뒷면에 수많은 단신 중 하나로 귀퉁이나 채울 만한 기삿거리였다. 그러나 대규모 군중이 영웅의 귀환을 열렬히 환영하듯 아인슈타인을 환영하는 모습은 기자들의 예상을 넘어서는 것이었다. '이거 큰 뉴스군.' 언론이 내린 결론이다. 아인슈타인은 중요한 인물이었다.

기자들은 유럽에서 온 물리학자를 인터뷰하면서 또 한 번 허를 찔렸다. 오만한 지식인 또는 공포의 '아인슈타인 박사'(결국 그의 이론은 시간과 공간을 파괴하지 않았는가 말이다)를 기대했던 그들은 허름하고 소박한 옷차림에 바이올린에 대한 순진한 열정이 넘치는 남자를 만났다. 아인슈타인은 기자들에게 쑥스러워하며 인사했고 질문에는 주로 말없이 미소로 답했다. 상대성 이론을 애써 쉽게 설명하고 나서 그는 또다시 쑥스러워하며 다음과 같이 덧붙였다. "자, 제가 여러분이 낸 시험에 붙었기를 바랍니다." 그는 격의 없고 재미있고 겸손했으며 카메라 앞에서 쑥스러워했다. 그리고 촌철살인의 명언들을 쏟아내 훌륭한 기삿거리를 제공했다.

그다음 날 아인슈타인은 〈워싱턴 포스트〉 전면에 실렸다. 〈뉴욕 타임스〉도 전면에 '미국에 온 아인슈타인 교수, 상대성 이론을 설명하다' 라는 제하의 기사를 싣고 다음과 같은 소제목을 덧붙였다. '수천 명의 환영 인파가 몇 시간 동안 기다린 끝에 물리학 이론가와 그 일행의 미국 방문을 환영하다.' 신문 기사의 논조가 갑자기 호의적으로 바뀌었다. 그는 더 이상 속물근성의 오만한 과학자가 아니었다. 그는 동심을 간직한 예술가이자 '직관이 뛰어난 물리학자' 였고 재치 있고 장난스러운 대화의 달인이었다. 그는 호감 가는 인물이었다. 게다가 인기까지 있었다. 그 순간부터 아인슈타인은 어딜 가든 유명한 영화배우 대우를 받았다.

아인슈타인이 얻은 명성의 본질을 찰리 채플린만큼 적확하게 묘사한 사람도 없다. 그로부터 10여 년 후 할리우드에서 채플린은 아인슈타인을 차에 태우고 시내를 구경시켜 주었다. 길거리에서 두 사람과 마주친 행인들은 열렬히 환영했다. 채플린은 다음과 같이 말했다. "행인들은 우리 두 사람 모두에게 환호를 보냈다. 당신에게 환호한 이유는 당신이 하는 말은 아무도 이해하지 못하기 때문이고, 내게 환호한 이유는 누구든 내 말을 알아듣기 때문이다."

뉴욕에 도착하기 전 아인슈타인은 물리학자였다. 그와 관련된 뉴스는 무엇이든 상대성 이론과 과학자로서 그가 올린 성과에 관한 내용이었다. 그러나 대규모 군중이 그가 탄 증기선을 대대적으로 환영한 다음 날 아인슈타인은 신문 전면의 표제를 장식하는 유명 인물이 되었다.

　그런데 아인슈타인의 미국 도착을 알린 누렇게 바랜 옛 기사들을 읽자니 진짜 궁금해졌다. 도대체 2만여 명의 평범한 뉴욕 시민들이 유명하지도 않은 물리학자의 방문에 거의 폭동에 가까운 호들갑을 떤 이유가 뭘까? 직장에서 휴가까지 내가며 논란의 대상인 과학자를 환영하러 나간 까닭은 뭘까? 사실은 아인슈타인의 환영 인파가 아니었다. 손수건을 흔들며 환영한 이들 중 그가 누군지 아는 사람은 거의 없었다. 아인슈타인이 얻은 기념비적인 명성은 대단한 오해에서 비롯되었다. 그날 군중은 아인슈타인이 아니라 다른 사람을 환영하러 나갔다.

▲　▲　▲

20년 전 나는 학자로서 내가 선택할 경로를 바꿀 깨달음을 얻었다. 새로 교수진에 합류한 나는 차를 몰고 첫 과학학술회의에 가고 있었다. 매우 두려웠다. 운전이 아니라 회의가 두려웠다.

　당시 스물일곱 살이었던 나는 첫 직장인 노터데임대학교 조교수로 일한 지 몇 달밖에 되지 않았었다. 대학원생으로서 굳은 의지로 속도를 낸 3년이 채 못 되어 박사학위를 땄다. 나는 오로지 그 이유 때문에 내가 교수직을 따냈다고 생각했다. 그게 내가 가진 가장 큰 자산이어서가 아니라 내 유일한 자산이기 때문이다. 그러나 이 같은 속도에도 대가가 따랐다. 나는 서류상으로는 교수였지만 여전히 애송이였고, 수줍고 자신감도 없었다. 어찌어찌해서 40편의 논문을 발표하기는 했지만 낯선 사람에게 길을 물어볼 줄도 몰랐다. 열쇠를 만들거나 강의실을 확보하려면 행정처에 가면 안 된다는 사실도 나중에 알았다. 내 모습이 얼마나 절박해 보였는지 사람들은 내가 길 잃은 대학원생이라고 생각했다. 결국 나는 행정처에 전화를 걸어 강한 외국인 어투로 떠듬떠듬 문의를 하고 재빨리 전화를 끊었다.

그해에 미국 물리학회 학술회의가 열리는 세인트루이스에 참석했다. 도시가 가까워지면서 고속도로에서부터 이 도시의 유명한 아치가 눈에 들어왔다. 우편엽서에서 본 친숙한 기념물이 나를 환영했다. 내가 적어둔 대로 길을 찾을 수 있겠다는 한 줄기 희망이 보였다. 세인트루이스에는 초행이었지만 GPS가 없던 시절이었는데도 호텔을 어떻게 찾을지는 크게 걱정하지 않았다.

일단 도착하고 나자 누구에게 말을 걸지, 점심시간이 되면 어디에 앉을지가 걱정스러웠다. 적어도 멀리서만큼은 도시가 작아 보였다. 가지런히 늘어선 건물들과 도로와 인도, 여기저기 녹음이 우거지고 따뜻이 환영해주는 공원도 있었다. 문득 잘 헤쳐나갈 수 있다는 기분이 들었다. 나는 교수라고, 학생들에게 세상에 대해 가르치려면 어른답게 행동해야 한다고 혼잣말을 하며 마음을 다잡았다.

아니나 다를까, 자신감이 붙자 호텔을 제대로 찾아갔고 회의 장소로 가는 길도 파악했다. 그리고 점심시간 무렵 전혀 나답지 않은 일을 하기로 마음먹었다. 기왕 일면식도 없는 사람과 샌드위치를 먹으려면(그 자체만으로도 엄청나게 부담스러운 상황이다) 내가 개인적으로 우러러보는, 마침 회의에 참가한 존경받는 과학자와 먹는 건 어떨까? 쿵쾅거리는 심장이 나를 극구 말렸지만 나는 기어이 그에게 내 소개를 하고 점심 약속이 있냐고 물었다.

"미안하지만 있어요."

그가 말했다. 그 순간 나는 과학계의 유명 인사가 한 번도 만난 적 없는 애송이와 점심을 먹으며 수다를 떨고 싶어 하리라고 생각한 나 자신이 바보 천치라며 자책했을 수도 있었다. 그가 다음 말을 하지 않았다면 말이다. 그는 온화한 미소를 띠며 저녁 약속은 없다고 했다!

그 후 닷새 동안은 놀라움의 연속이었다. 사람들이 내게 말을 걸고 싶어 안달했고 내가 하는 말을 경청했다. 그들의 마음은 열려 있었고 호기심이 넘쳤다. 그들은 나와 관심사가 똑같았다. 그들은 자신의 생각을 나누고, 여러 가지 제안도 하고, 연락처도 쥐어주었다. 네트워크에 대해 처음으로 실생활에서 교훈을 얻었다. 그리고 네트워크는 평생 내가 파고들 연구 대상이 되었다.

좋은 인맥을 구축하는 데 타고난 사람들이 있다. 내 경우 인맥 쌓는 일은 애써 습득해야 하는 기술이었다. 의식적으로 노력해야 했고 이는 세인트루이스에서 시작되었다. 당시에는 몰랐지만 그 여행에서 나는 성공을 부르는 요인들이 무엇인지 처음으로 교훈을 얻었다. 성과만으로는 충분치 않았다. 내 일이 영향력을 발휘하려면 내 연구를 인정해줄 사람들을 피해서는 안 되었다. 다른 사람들이 성공하도록 격려하려면 그들이 올린 성과에 공개적으로 박수를 쳐야 했다. 나는 성공의 공식이 적용되는 대상이기도 하고, 그 공식을 다른 이들에게 적용할 행위자이기도 했다. 개인으로서 또 집단의 일원으로서. 그런 상부상조의 정신이 바로 성공의 근간이 되고 결국 우리의 운명을 결정한다.

이는 얄팍하고 단순한 의미에서 '인맥 쌓기'의 중요성을 마지못해 인정한다는 뜻이 아니다. 나의 성공을 개인이 아니라 집단이 결정한다면 성과와 재능, 열정은 중요하지 않다고 생각하기 쉽다. 그저 필요한 사람들에게 다가가 그들이 듣고 싶은 말만 해주면 성공은 눈덩이처럼 불어날지 모른다. 그러나 제3 공식이 보여주듯이 그런 접근 방식으로 성공하는 데는 한계가 있다. 장기적으로 성공하려면 성과를 내야 한다. 당신이 낳은 성과가 적합성이 높고 경쟁력이 있어야 한다.

당신이 마케팅에서 경쟁자들을 능가하거나 인맥 쌓는 달인이라서 당신의 성과가 미심쩍다는 사실을 다른 이들이 눈치채지 못할지도 모른다. 그러나 성공의 진정한 원동력은 제3 공식이다. 즉 적합성과 우선적 애착, 이 두 요인은 서로를 확대 재생산한다. 이 두 요인 중 하나만으로 성공하기를 바란다면 아무 숫자나 골라서 0을 곱하는 셈이다. 얻는 값은 정확히 0이다.

세인트루이스 회의에 가기 전 나는 IBM에서 박사 후 과정 연구원으로 1년 동안 일했다. 내 옆 사무실에서 일한 사람은 인정받는 과학자로서 이 권위 있는 연구소의 정식 연구원이었다. 나는 그를 멘토처럼 생각했는데, 한번은 그에게 그동안 관여했던 프로젝트 중 가장 중요한 게 무엇이었는지 물어봤다. 일반 사람들도 쉽게 떠올릴 만한 발견을 여러 개 한 사람이었다. 그래서 그의 대답을 들은 나는 흠칫했고 실망했다. 자기가 현재 하고 있는 프로젝트가 지금까지 한 가장 중요한 프로젝트라고 대답하는 게 아닌가. "내게 가장 중요한 프로젝트가 뭐냐고? 그건 늘, 지금 내가 하고 있는 프로젝트라네."

당시 나는 그의 대답을 이해하지 못했다. 그가 내 질문을 피하고 나를 무시한다고 믿었다. 그런데 그의 대답은 깊은 뜻이 담긴 아이디어처럼 오랜 세월 동안 마음에 남았다. 50이 된 지금에서야 나는 그가 한 말의 의미를 이해한다. 지금 내가 쓰고 있는 이 책이 현재 내게는 가장 중요한 일이다. 뇌의 구조에 대해 지금 쓰고 있는 논문이 과학자로서 앞으로의 나의 경력을 규정한다. 이제 우리 연구소에서 막 착수한 푸돔foodome 프로젝트, 개인마다 다른 영양 섭취의 패턴을 알아내는 이 프로젝트는 세상을 바꿔 놓을 프로젝트다.

지금 내가 진행하고 있는 프로젝트 하나하나가 정말로 그만큼 중요하다고 진정으로 굳게 믿는다. 당신이 기꺼이 귀를 기울여준다면(제발 그러기를 바란다), 이 중 어느 프로젝트에 대해서라도 한 시간이고 세 시간이고 기꺼이 떠들 의향이 있을 뿐만 아니라 하나하나가 세상을 바꾸는 일이라고 믿게끔 만들고 싶다. 내년에 똑같은 질문을 해도 내 대답은 마찬가지다. 아직 잉태되지는 않았지만 내년에 진행하고 있을 프로젝트에 대해 떠들고 있을 것이다.

그러나 제5 공식을 명심하면 망상을 자제하게 된다. 우리 연구는 영향을 발휘한 정확한 시기를 예측하는 유형을 발견하지는 못했기 때문이다. 우리 프로젝트들 중 어느 것이 가장 중요한 성과를 낼지는 전적으로 예측 불가능하다. 운, 생산성, 그리고 Q-요인이 복합적으로 작용해 영향력을 결정한다. 따라서 그나마 내가 확실하게 의지할 수 있는 요인은 시도를 여러 번 하면 할수록 내 Q-요인이 빛을 발할 기회를 더 많이 얻는다는 점이다.

이는 나를 비롯해 굳은 결심을 한 일중독자들의 앞날에도 여전히 가능성이 있음을 상기시킨다. 존 펜 같은 대기만성형 인물이 스웨덴 국왕 앞에서 노벨상을 받는 모습을 상상해본다. 빨간 나비넥타이를 매고 검은 연미복을 입은 노인이 평생 굴하지 않고 노력한 끝에 여든다섯 살에 마침내 만면에 미소를 띠고 보상을 받는 모습을 말이다.

아인슈타인이 1935년에 쓴 논문도 생각해본다. 창의력이 땅거미처럼 저무는 나이라고 본인이 말한 나이의 두 배가 넘는 쉰여섯 살에 쓴 논문 말이다. 그 논문의 메시지는 분명했다. 물리학을 지배하는 이론인 양자역학은 틀렸다. 이 논문은 '양자 얽힘 quantum entanglement'이라는 야릇한 현상을 예측했다. 빛보다 빠르게 '머나먼 거리에서 발생하는 섬뜩한 행위'로서 아인슈타인 자신이 내놓은 상대성 이론을 위반하는 개념이었다.

수십 년 동안 과학자들은 1935년 논문을 노망난 천재의 헛소리로 취급했다. 그러나 1990년대에 물리학자들은 얽힘 현상이 양자역학의 핵심적인 특성이라는 사실을 깨달았고, 그 후 이 논문에 대한 평가가 갑자기 바뀌었다. 재조명된 아인슈타인의 논문은 양자컴퓨팅의 근간이 되었다. 오늘날 아인슈타인의 이 논문은 상대성 이론을 훨씬 능가하는 인용 횟수를 기록하는 과학의 금자탑이다. 그 논문을 생각하며 나는 연구소로 발길을 재촉하고, 카푸치노 한 잔을 들고 서둘러 연구실로 돌아간다.

아인슈타인의 사연은 먼 길을 돌고 돌아 성공을 달성한 전형적인 사례다. 결국 그는 세상에서 가장 잘 알려진 인물로 손꼽히게 되었고, 우리 문화 속에 탁월한 인물로 자리매김했다. 〈타임〉은 그를 '세기의 인물Man of the Century'이라고까지 일컬었다. 그는 그만큼 주목을 받을 자격이 있다고 말할 수 있다. 탁월한 성과를 보여 보상을 받았다고 말이다. 그러나 현실은 그렇게 단순하지 않다. 아무도 그가 과학에서 뛰어난 성과를 보였음을 부인하지는 않는다. 그렇다면 이스트리버에서 기자들이 그가 타고 온 증기선을 맞이했듯이, 1921년 4월 3일 아침에 모인 군중이 아인슈타인의 천재성을 칭송했다고 보는 게 논리적으로 맞다.

그러나 아인슈타인은 과학자의 자격으로 뉴욕에 온 게 아니었다. 그는 국제시온주의자기구International Zionist Organization 회장인 차임 와이즈먼Chaim Weizmann을 수행한 대표단의 일원으로 왔을 뿐이었다. 와이즈먼과 그의 수행단은 미국을 방문해 당시 팔레스타인이었던 곳에 새로운 유대인 국가를 건설하는 방안을 알리려고 했다. 이는 뉴욕에 거주하는 유대인들에게 절실히 마음에 와 닿는 문제였다.

그렇다면 증기선의 입항을 환영한 2만 명의 군중은 대체 누구일까? 아무도 상대성 이론에는 관심이 없었다. 그들은 시온주의(유대인들의 민족 국가 건설을 위한 민족주의 운동으로, 세계 각지에 흩어져 있던 유대인들이 팔레스타인에 국가를 건설하려 했다―옮긴이)를 열렬히 지지하는 사람들이었다. 유대인 지역사회 지도자들은 유대인들에게 대표단을 환영하러 나가라고 권했다. 와이즈먼(훗날 이스라엘 초대 대통령이 되었다)은 시장을 만나고 시 당국으로부터 열쇠를 증정받을 예정이었다. 그는 유대인으로서는 최초로 그런 영예를 누렸다. 툭하면 박해를 받았던 소수민족 신앙인으로서 역사적인 사건이었다. 사람들은 떼로 몰려나가 시온주의의 영웅을 맞이했다. 그와 동행한 물리학자는 안중에도 없었다.

유대인 신문 덕분에 이런 사실이 기록으로 남아 있다. 증기선 환영 뉴스를 전면에 실은 〈포워드Forward〉의 표제는 다음과 같았다. '뉴욕을 방문한 시온주의자 대표단의 대대적인 가두 행렬.' 이 기사는 〈뉴욕 타임스〉와 〈워싱턴 포스트〉가 표제 기사로 다룬 바로 그 가두 행렬을 묘사하고 있다. 다만 〈포워드〉를 비롯한 유대인 언론만이 군중이 모인 까닭을 정확히 알고 있었다는 점만 다를 뿐이다. 아인슈타인은 표제에 등장하지도 않을 뿐만 아니라 와이즈먼의 수행원으로서 기사에서 스쳐 지나가듯 언급되었을 뿐이다.

이 기사를 〈워싱턴 포스트〉의 기사 첫 줄과 비교해보자. "오늘 저명한 과학자인 아인슈타인(상대성 이론의 창시자) 교수를 환영하기 위해 수천 명이 부두에 모였다." 이 기사에서도 아인슈타인이 "저명한 유대인 일행의 한 사람으로서 미국 땅을 밟았다"라고 재빨리 짚고 넘어가기는 하나, 그 사실은 아인슈타인 부인이 상대성 이론에 대해 보인 반응을 비롯해 다른 수행원들과 별반 다르지 않게 다루고 있다. 기사는 아인슈타인 부인이 한 말, 즉 "그이가 상대성 이론에 대해 여러 번 설명해줬지만 여전히 무슨 소린지 모르겠어요"를 인용하고 나서야 비로소 마지못해 인정하듯이, 와이즈먼이 시온주의자 대표단을 이끌고 있다고 마무리한다.

비유대계 주류 언론은 표제에서 아인슈타인을 다루는 실수를 범함으로써 아르나우트 판 더 레이드가 킥스타터 프로젝트와 위키피디아 편집자들에게 했던 행동을 아인슈타인에게 한 셈이 되었다. 언론은 아인슈타인의 명성에 크게 시동을 걸었고 그를 성공의 반열에 올려놓았다. 그날 이후 아인슈타인은 유명 인사가 되었고 가는 곳마다 군중이 구름떼처럼 몰려들었다. 아인슈타인이 과학자로서 얻은 전무후무한 명성은 그의 과학적 업적과는 전혀 상관없는 우발적인 사건 덕분이었다. 그는 우연히 적시에 적소에 있었을 뿐이었다.

아인슈타인의 사연은 이 책에서 논한 성공의 법칙들을 섬뜩할 정도로 정확하게 보여준다. 우리가 정의한 성공, 즉 성공은 혼자 하는 게 아니라 우리가 함께 해내는 것이라는 말을 기억하는가? 아인슈타인의 경우 정말 그렇다. 과학계를 넘어선 그의 명성은 그가 낸 성과보다는 공동체의 반응이 엉뚱하게 해석된 사건과 훨씬 더 관계가 있다.

성공의 제1 공식, 성과가 성공을 견인하지만 성과가 측정 불가능할 때는 연결망이 성공 여부를 결정한다. 아인슈타인은 뛰어난 과학자로서 이미 입지를 다졌고, 애초에 기자들이 그를 인터뷰하려고 애쓴 이유도 바로 그 때문이다. 그러나 애초에 그가 증기선에 오른 이유는 아인슈타인의 연결망, 과학계 바깥의 핵심적 중심축과의 연결 고리와 명분이었다. 그 연결망은 우리가 흔히 아인슈타인의 성공 사례에 대해 얘기할 때는 거의 등장하지 않는다.

성공의 제2 공식, 성과를 내는 데는 한계가 있지만 성공에는 한계가 없다. 우리가 아인슈타인을 떠받드는 만큼이나 떠받들어야 할, 물리학에 큰 영향을 미친 과학자는 아이작 뉴턴, 닐스 보어, 막스 플랑크, 베르너 카를 하이젠베르크 등 여럿이 있다. 그러나 우리의 집단적 기억 속에 자리 잡은 아인슈타인의 무지막지한 존재감은 그가 낸 성과만으로는 정당화하기 힘들다. 그의 성공이 무한하다는 사실은 말할 필요도 없다. 거리에서 아무나 붙들고 아인슈타인의 사진만 보여주면 증명된다.

성공의 제3 공식, 과거의 성공×적합성=미래의 성공. 우선적 애착과 적합성, 이 두 요인 모두 아인슈타인의 사연에서 역할을 했다. 기자들이 그를 표제기사로 다룸으로써 그의 명성은 눈덩이처럼 불어났고 널리 알려졌다. 그러나 아인슈타인이 탁월한 물리학자라는 사실은 이 공식에서 필수적인 부분이다.

그리고 성공의 제4 공식의 첫 부분, 즉 팀이 성공하려면 다양성과 균형이 필요하다는 부분은 아인슈타인에게는 적용되지 않는 듯 보인다. 그는 대부분의 논문을 혼자서 썼기 때문이다. 하지만 제4 공식의 나머지 부분은 분명히 적용된다. 논공행상은 성과가 아니라 인식으로 결정된다는 부분 말이다. 아인슈타인의 사례는 공이 엉뚱한 사람에게 돌아갔다는 데 기인한다. 시온주의자들을 환영한 군중이 아인슈타인을 환영하러 나왔다고 잘못 알려졌기 때문이지, 그가 그 명분을 알리는 가장 중요한 인물이기 때문이 아니었다. 그는 기껏해야 단역을 했을 뿐이다. 그러나 비유대계 언론이 보기에 그는 대표단 중에서 가장 널리 알려진 인물이었고 표제기사의 주인공이 되었다.

마지막으로 성공의 제5 공식에 따르면, 끈질기게 노력하는 한 성공은 언제든 찾아올 가능성이 있다. 아인슈타인이 말년에 쓴 양자얽힘에 관한 논문 기억하는가? 그 논문은 아인슈타인이 상대성 이론과 양자역학 같은 대발견을 한 기적의 해 1905년에 쓴 다섯 편의 논문을 능가했고, 결국 가장 많이 인용된 논문이 되었다. 그는 멈추지 않고 끊임없이 아이디어를 쏟아내고 논문을 썼다. 세상을 떠날 때까지 말이다. 그와 같은 끈기와 높은 Q-요인이 만나면 어디까지 다다를 수 있는지를 그는 보여준다.

놀랍게도 이 몇 가지 단순한 공식이 과학계에서 가장 유명한 인물의 성공 신화를 빠짐없이 설명해준다. 아인슈타인뿐만이 아니다. 패리스 힐튼에서 믹 재거, 넬슨 만델라에 이르기까지 성공의 반열에 오른 이들은 바로 이런 공식들 덕을 봤다. 이 공식들은 보편적이기 때문이다. 이는 우리 자신의 삶에서 성공을 이루기 바란다면 우리에게도 적용되는 법칙이다.

▲ ▲ ▲

나는 이 책 서두에서 과학 법칙들은 불변한다고 했다. 우리가 추구하는 목적에 부합하게 뜯어고치지 못한다. 다만 그런 법칙이 존재함을 인식하면 이를 바탕으로 미래에 선택을 하고 세상을 이롭게 할 수 있다. 성공의 법칙도 마찬가지다. 성공의 법칙들을 바꾸지는 못한다. 다만 이를 이용해 성공하기에 충분한 성과를 냈는지 여부를 평가할 수는 있다.

이런 법칙들에서 우리가 교훈을 얻어 균형점을 찾고, 기술을 연마하는 일과 인맥을 구축하는 일에 각각 어느 정도나 노력을 할당할지 판단하고, 우리가 관여하는 프로젝트에서 어떻게 논공행상이 이뤄질지 가늠하고, 창의력을 증진시킬 이들과 전략적으로 협력하면 된다. 무엇보다도 새롭게 알아낸 다양한 공식들을 병행해 적용하면 최고의 결과를 얻게 된다는 점이 중요하다. 이런 지식을 이용해 우리 주변의 성공 사례들을 분석하고 우리가 우러러보는 인물들의 삶 속에서 작동하는 요인들을 밝혀내야 한다. 이는 영웅들의 인간적인 면모를 드러내는 일이기도 하다.

아인슈타인의 사례처럼 수많은 성공 사례들은 일련의 우발적인 사건에서 기인한 듯 보인다. 할리우드 유명 인사들이 흔히 털어놓는, 결정적인 기회가 찾아온 일화를 살펴보면, 우연히 마주친 사람이나 막강한 인물을 알게 되어 대중의 주목을 받게 된 경우가 많다. 여기에는 운이라는 요소도 개입한다. 그리고 이는 우선적 애착에 시동을 거는 최초의 움직임과 관련이 있다. 그러나 Q-요인은 우리의 존재를 각인시키려면 기회를 끈질기게 이용해야 하며, 그러지 않는 한 운은 무용지물이라는 사실을 상기시킨다.

이제 우리는 모든 성공 사례의 저변에 성공의 공식들이 작용하고 있다는 사실을 알게 되었다. 그런 법칙들은 거의 눈에 띄지 않게 작용해서 얼핏 마구잡이로 보이는 사건들에 질서를 부여한다. 이제 우리가 알게 된 지식을 바탕으로 성공하기에 최상인 여건을 만들어갈 기회를 얻었다. 성과의 향상을 지나치게 강조하는 자기계발이라는 수사修辭를 뒤로하고, 우리가 추구하는 목표와 필요에 적합한 전략을 세우고 미래에 접근할 수 있다. 성공의 법칙들을 이용하면 더 나은 결과를 낸다. 운동의 법칙을 이용해 더 나은 비행기를 설계하듯이 말이다.

또한 이런 공식들로 인해 우리 주변에 불평등이 존재한다는 사실을 인식하고 성공 뒤에서 작동하는 요인들에 대한 지식을 이용해서 보다 평등한 사회를 만들어가야 한다. 우리 주변에 보이는 인정받을 만한 자격이 있는 수많은 사람들의 성공에 시동을 걸어줌으로써, 우리의 연결망에 엮여 있는 눈에 띄지 않는 노드들을 중요한 연결 고리와 엮어줌으로써, 불우한 환경에 놓인 어린이들에게 관심을 보이고 그들을 도와줌으로써, 성공에는 단순히 성과 이상의 무엇이 필요하다는 사실을 인정하고 성공하리라는 희망이 가득한 새내기들이 실용적인 전략으로 무장하도록 지원함으로써 말이다.

운이 좋아 횡재하기를 바라지 말고, 이제 성공에 작동하는 기본적인 법칙을 개인과 사회가 추구하는 목적에 공히 이용하라. 과학은 새로울지 모르지만 성공의 법칙들은 새롭지 않다. 다만 모든 과학 법칙과 마찬가지로 성공의 법칙들은 보편적이고 영원하다. 그러므로 성공의 법칙들은 수많은 사람들의 성공과 실패 사례들의 토대가 되며, 각각의 사례들은 이런 새로운 시각을 통해서 이해 가능하다. 마틴 루터 킹 주니어, 비틀즈, 아인슈타인 같은 이들은 천재이면서도 아무나 얻지 못하는 영예를 자신에게 안겨준 추진력이 무엇인지 알지 못했다. 그러나 이제 우리는 알고 있다. 바로 우리가 처한 이런 유리한 입지를 십분 활용해 그들이 오른 고지에 합류하는 목표를 달성해보자.

감사의 말

내가 가르치는 학생, 함께 연구하는 학자들, 심지어 내 아이들까지도 어떻게 해야 성공하는지 내게 조언을 구하곤 한다. 그런데 대답하는 나도 내 대답이 썩 만족스럽지가 않다. 조언의 근거 자료가 너무 빈약하기 때문이다. 실제로 내가 그들에게 하는 조언은 단 한 가지 사례를 바탕으로 한다. 바로 내 사례다. 성공의 과학이 등장하고 나서야 비로소 나는 이 빈약한 데이터를 수천 가지, 때로는 수백만 가지의 사례로 확대할 기회를 얻었고, 동료 학자들 모두의 성공과 실패에서 가르침을 얻었다. 나는 데이터 자취를 따라가기로 하고 성공을 흥미진진한 연구 주제로 삼아 우리 연구실의 많은 연구원들을 매료시켰다. 이 책은 바로 그 여정을 담은 책이다.

혼자 떠난 여행은 아니었다. 이 여정에 합류해 열정과 전문성을 발휘하며 성공의 뿌리와 공식을 캐내는 데 도움을 준 모든 이에게 큰 빚을 졌다. 이 여행은 수년 전 네트워크 과학센터에서 출발했다. 처음에는 몇 가지 독립적인 프로젝트로 진행되다가 나중에 성공 그룹Success Group을 통해 공식적인 연구 프로젝트로 격상했고, 이 그룹에 합류한 연구원들은 성공이라는 주제를 탐색하는 데 집중했다. 이 그룹 구성원들 중 일부가 기여한 바는 이 책에서도 언급되었다. 주석에만 등장하는 이들도 있다. 성공 그룹 구성원들은 다음과 같다.

다순 왕, 로베르타 시나트라, 차오밍 송, 피에르 드빌, 마이클 셀, 구라브 고샬, 짐 배그로, 버쿠 유세소이, 알렉산더 게이츠, 준밍 황, 신디 왕, 야사민 코람자데, 오누르 바롤, 막시밀리안 시흐, 칭 진, 웨이 리, 이팡 마, 닉 블룸, 루카 파팔라도, 파올로 신티아, 포스카 지아노티, 디노 페드레시, 히로키 사야마다.

미술계에 대한 조사도 성공을 분석하면서 시작되었다. 샘 프레이버거, 로베르타 시나트라, 크리스토프 리들, 마그누스 레슈에게 감사의 말을 전한다. 미술과 성공에 관해 다음 분들과 토론하면서 많은 혜택을 입었다. 페테르 퀼뢰이, 앤 시드만, 아틸라 레데나이, 아틸라 퓌체, 오솔랴 바사렐라이에게도 감사하고 싶다. 그들은 부다페스트에 있는 중부유럽대학교에서 처음으로 내가 성공의 과학을 가르칠 수 있게 도와주었다. 성공의 이야기를 풀어나가는 과정에서 데이터 미술가와 그래픽 디자이너 몇 분의 도움을 받았다. 특히 마우로 마르티노, 킴 알브레히트, 앨리스 그리셴코, 가브리엘레 무셀라에게 감사한다.

"우리는 거인의 어깨를 딛고 서 있다"라고 뉴턴이 말한 적이 있다. 이 책의 바탕이 된 연구를 일목요연하게 표현한 말이다. 수없이 많은 뛰어난 학자들이 자신이 발견한 사실을 공유하고 연구 자료를 해석하는 데 도움을 주었고 미공개 자료를 보게 해 주었다.

다음 분들을 비롯해 모두에게 감사드린다. 아르나우트 판 더 레이트, 브라이언 우치, 벌라주 베르데시, 필리포 라디키, 마누엘 세브리안, 안드레스 아벨리우크, 에스테반 모로, 앨런 T. 소렌슨, 샌디 펜틀런드, 알렉스 피터슨, 벤저민 존스, 브루스 I. 사세르도테, 카를로스 거셴슨, 니콜라스 크리스태키스, 페테르 체르멜리, 데이비드 갤런슨, 딘 키스 사이먼턴, 더크 브로크만, 던컨 와츠, 에릭 브리놀프슨, 파비오 파몰리, 프랭크 슈바이처, 가보르 케즈디, 갈 외스트라이허-싱어, 진 스탠리, 키스 스타노비치, 더크 헬빙, 제임스 Λ. 에빈스, 매튜 J. 살가닉, 매튜 O. 잭슨, 피에르 아줄레, 차바 플레, 로버트 올라-갈, 로날도 메네제스, 산토 포르투나토, 시난 아랄.

수많은 친구이자 동료들에게도 감사의 말을 전한다. 죄르지 드라고만, 빅토르 세갈, 게르게이 뵈쇠르메니, 에스테르 안잘로시, 테아 싱어. 그들이 제안한 아이디어와 조언도 이 책에 담겼다. 제이 자고르스키, 요제프 버러니, 아코시 에르되시, 다니엘 버러바시, 재닛 K. 켈리, 아담 헐모스, 아르나우트 판 더 레이트는 이 책 원고를 읽고 소중한 평을 해주었고, 페테르 루페르트는 우리의 연구가 사업가에게 어떤 의미를 지니는지 생각해보는 데 도움을 주었다.

브루클린의 이웃집에 사는 아코시 에르되시에게 특히 감사하다. 내게 랑랑과 노라 존스의 공연 입장권을 주었다. 부다페스트의 이웃인 터마시 하모리에게도 감사드린다. 그는 프로 테니스 세계를 이해하는 데 도움을 주었고, 라즐로 헬타이는 클래식의 세계를 살펴보는 데 도움을 주었다. 아직 걸음마 단계일 때 이 프로젝트를 기꺼이 승인해 도움을 준 분들도 있다. 나심 니콜라스 탈레브, 니콜라스 크리스태키스, 세자르 이달고, 알렉스 펜틀런드, 산토 포르투나토, 제임스 A. 에반스, 진 스탠리, 조지프 로스칼조가 그들이다.

이 책을 집필하는 수 년 동안 제임스 스탠필, 재즈 로버트슨, 수잰 알레바, 브렛 커먼은 연구실의 행정 업무를 도맡아 처리해주었고 그 덕에 나는 원고를 쓰는 데 집중할 수 있었다. 에니쾨 연코와 세라 모리슨은 원고를 쓰는 과정에서 여러 번 편집을 도와주었다.

성공에 관한 책을 성공적으로 출간하려면 전문성이 뛰어난 출판팀이 반드시 필요하다. 내 슈퍼스타 에이전트 더그 에이브럼스에게 특히 감사한다. 그는 한 번에 세 시간씩 전화를 붙잡고 나와 통화하면서 내가 전달하고자 하는 바를 명확히 글로 표현하도록 도와주는 인내심을 발휘했다. 이 프로젝트에 대한 그의 헌신이 없었다면 이 책은 아주 딴판이 됐을지도 모른다. 아이디어 아키텍츠Idea Architects의 제스 크레이거, 켈시 셰로나스, 라라 러브를 비롯해 팀원들은 이 프로젝트가 앞으로 나아가는 데 도움을 주었다. 세계 어디에서도 이 책을 구입할 수 있도록 해준 해외 에이전트 카밀라 페리에, 챈들러 크로포드, 조 그로스먼에게도 감사드린다. 내 친구이자 헝가리 출판을 맡았던 아담 헐모스는 이 프로젝트가 진행되는 내내 나를 응원해주었다.

지난 2년에 걸쳐 헌신적으로 편집을 하고 날마다 조언을 아끼지 않은 캐리 브라만에게는 아무리 고맙다고 해도 부족하다. 그녀는 내 글에 생명을 불어넣었고, 핵심적인 아이디어를 수없이 제안했으며, 내가 가능하리라고 생각지 않은 방식으로 과학을 이끌어냈다. 그녀와 함께 일하는 건 정말 즐거움 그 자체였다.

캐서린 바즈는 결정적인 시기에 편집팀에 합류해 이 프로젝트가 결승선을 통과하도록 기술적인 조언으로써 뒷받침해주었다. 제임스 스탠필은 핵심직인 아이디어를 제공했고 앞 몇 장의 윤곽을 잡는 데 핵심적인 역할을 했다. 리틀 브라운Little, Brown의 존 파슬리는 초기에 이 책이 지닌 잠재력을 간파했다. 그와 이 프로젝트가 실현되도록 해준 편집자 필 마리노에게 정말 감사하다. 그가 적절한 조언을 해준 덕에 최종 결과물이 재미있는 내용이 되었다.

부다페스트와 보스턴에 있는 수많은 카페들, 픽스, 만트라, 마달, 지금은 없어진 그리운 알리비, 그리고 멋진 바리스타들에게도 감사한다. 이들은 며칠씩 나를 견뎌내며 향긋한 커피로 프로젝트를 추진할 동력을 제공해주었다.

　마지막으로 아내 재닛에게 고맙다고 말하고 싶다. 아내는 가족으로서 성공하려면 새로운 아이디어가 자라날 공간이 필요하다는 사실을 잘 안다. 그리고 내 아이들, 다니엘 이저벨러와 레나드도 고맙다. 이 책을 집필하는 동안 소홀했던 아빠를 잘 견뎌줘서. 성공에 대한 이 연구로 얻은 많은 깨달음에서 아이들도 혜택을 보기를 바란다.

주
—

들어가는 말

1. 재난에 관한 다슌 왕의 첫 논문은 다음과 같다. J. P. Bagrow, D. Wang, and A.-L. Barabási, "Collective Response of Human Populations to Large-Scale Emergencies," *PLOS ONE* 6, no. 3 (2011): 1–8. 우리 연구소에서 성공에 관한 첫 논문은 2년 후에 나왔다. D. Wang, C. Song, A.-L. Barabási, "Quantifying Long-Term Scientific Impact," *Science* 342 (2013): 127–31.

2. 하버드대학교에서 열린 성공에 관한 첫 과학 심포지엄에 대한 정보는 다음 웹페이지를 참고하라. http://success.Barabási.com/2014/.

1장

1. 폰 리히트호펜의 일생에 대한 자세한 내용은 다음을 참고하라. https://en.wikipedia.org/wiki/Manfred_von_Richthofen. 그 밖에도 다음과 같은 정보를 참고하라. "The 'Red Baron' Scores Two Victories," EyeWitness to History (2005), http://www.eyewitnesstohistory.com/richthofen.htm; "Mystery of Who Killed the Red Baron Manfred von Richthofen Finally Solved," *Daily Mail*, October 18, 2015; "Ace of Aces: How the Red Baron Became World War I's Most Legendary Fighter Pilot," *History Stories* (2016), https://www.history.com/news/ace-of-aces-how-the-red-baron-became-wwis-most-legendary-fighter-pilot. 그가 참여한 공중전을 시각적으로 생생히 느껴보고 싶다면 〈히스토리 채널(History Channel)〉이 제작한 다음 다큐멘터리를 참고하라. *The Red Baron: The Most Feared Fighter Pilot of World War I.*

2. 대중문화에 등장한 폰 리히트호펜에 대해 더 알고 싶다면 다음을 참고하라.
   https://en.wikipedia.org/wiki/The_Red_Baron_in_popular_culture.

3. 독일 에이스들의 명성이 그들의 성과와 더불어 어떻게 급격히 드높아지는지
   에 대한 자세한 내용은 다음을 참고하라. "Theory of Aces: Fame by
   Chance or Merit," *Journal of Mathematical Sociology* 30, no. 1 (2003):
   33–42. 2009년 이 저자들은 노벨상을 탄 물리학자들의 사례에서 명성이 성
   과에 상응하는지를 보여주는 후속 연구 논문을 발표했다. "Estimating
   Achievement from Fame," https://arxiv.org/abs/0906.3558.

4. 퐁크에 대해 더 알고 싶다면 다음을 참고하라. https://en.wikipedia.org/
   wiki/Ren%C3%A9_Fonck. 또 다음도 참고하라. Stephen Sherman, "Rene
   Fonck—Top French Ace of WWI," http://acepilots.com/wwi
   /fr_fonck.html. 케네디 히크먼(Kennedy Hickman)이 2017년 웹사이트
   ThoughtCo.com에 쓴 전기도 있다. Kennedy Hickman, "World War I:
   Colonel Rene Fonck," https://www.thoughtco.com/world-war-i-
   colonel-rene-fonck-2360477. 퐁크의 업적과 성품에 대한 글은 다음 사이
   트에 게재되어 있다. http://www.theaerodrome.com/aces/ france/
   fonck.php.

5. 클로데트 콜빈이 인권운동에 기여한, 가장 잘 알려지지 않은 사례에 대해 알
   고 싶다면 2013년 3월 〈데모크라시 나우!(Democracy Now!)〉에서 에이미
   굿먼(Amy Goodman)이 콜빈을 인터뷰한 흥미진진한 내용을 참고하라.

6. 토머스 에디슨과 라이트 형제 등 엉뚱한 사람이 발명가로 지목된 사례에 대
   해 자세히 알고 싶다면 다음 글을 참고하라. Eric Goldschein and Robert
   Johnson, "The Wright Brothers Didn't Invent the Airplane…and Nine
   Other Inventors Who've Been Wrongly Credited," *Business Insider*,
   2011.

7. MIT 미디어랩의 세자르 이달고가 설계한 판테온 프로젝트의 지침과 명성을
   정의하고 포착하는 접근 방식은 이 프로젝트 웹사이트의 '방법(Methods)'
   난에 설명되어 있다. 다음 자료도 참고하라. A. Z. Yu et al., "Pantheon
   1.0, a Manually Verified Dataset of Globally Famous Biographies,"
   Scientific Data 3, no. 2 (2016): 150075. 검색 카테고리와 유명인들을 요약
   해놓은 흥미로운 내용은 다음 기사를 참고하라. "Who's More Famous
   Than Jesus?" *New York Times Magazine*, March 14, 2014. 다음은 2014

년 줄리안느 로스(Julianne Ross)가 Mic.com에 기고한 오피니언이다. Julianne Ross, "The List of the 100 Most Famous People in History Only Has 8 Women on It." 이 글은 판테온 프로젝트가 소개한 목록에 뿌리 깊은 성차별주의가 얼마나 반영되어 있는지 잘 보여준다.

8. 여기 인용된 아리스토텔레스의 말은 여러 버전이 있다. 모두 다음 저서에 수록된 구절에 뿌리를 두고 있다. *Nicomachean Ethics*, translated by Terence Irwin (Indianapolis: Hackett Publishing, 1999, NE I.5, 1095b23-30). "이(명예)는, 그러나 우리가 추구하는 바라고 하기에 너무 피상적이다. 존경받는 이보다 존경하는 이가 훨씬 이를 좌우한다. 한편 우리는 직관적으로 좋은 것은 다 자기 공로라고 여기고 절대로 빼앗기지 않으려 한다. 게다가 자기가 아는 사람들 가운데 신중한 이들로부터 미덕이 넘친다는 이유로 존경받으려 한다."

2장

1. 과학에서 성과를 어떻게 측정할까? 우리 연구소에서 함께 일했던 제임스 배그로(James Bagrow)는 2008년에 발표한 논문에서 과학적 성과를 가늠하는 척도로 생산성을 이용했다. 배그로와 그의 동료들은 물리학자들이 발표한 논문의 수를 보여주는 데이터를 수집했다. 그리고 그 수를 구글 조회 수에서 나타난 지명도와 비교했다. 그랬더니 생산성과 지명도 사이에 비례관계가 나타났다. 성공의 한 단면이라고 할 수 있는 명성과 성과 사이에 직접적인 상관관계가 있다는 뜻이다. 다음 자료를 참고하라. J. P. Bagrow et al., "How Famous Is a Scientist?—Famous to Those Who Know Us," *Europhysics Letters* 67, no. 4 (2004): 511-16.

2. 테니스선수협회의 점수 체계를 잘 보여주는 예가 있다. 2015년 9월 노박 조코비치는 12,785점을 얻어 남자 테니스에서 1위에 올랐고 로저 페더러가 6,725점으로 2등을 했다. 2003년 당시 여자 챔피언이었던 쥐스틴 에넹-아르덴느는 6,628점을 기록했다. 같은 해에 안나 쿠르니코바가 겨우 두 자릿수인 67점을 얻어 305위에 그친 것과 비교된다. 점수는 각 테니스 선수가 올린 성과를 다른 선수들과 비교해서 측정한다. 이런 데이터 덕분에 나와 유세소이는 성과와 성공의 관계에 대한 연구에 쓸 핵심적인 성과 측정 척도를 얻게 되었다.

3. 〈포브스〉에 따르면 페더러는 2014년에 6,700만 달러를 벌어들여 운동선수로 서는 소득에서 5위에 올랐다. 900만 달러는 경기에서 벌었고 나머지는 광고 에서 벌어들였다. 같은 해에 그 어떤 스포츠 부문에서도 광고를 통해 그만큼 의 소득을 올린 운동선수는 없었다.

4. 광고 수입은 사람들이 사교 클럽과 특권이라는 이미지를 떠올리는 테니스와 골프 같은 스포츠에서 특히 거액이고 영향력이 크다. 테니스는 축구보다 세 계적으로 관중 규모가 작지만 추종자들이 훨씬 부유한 계층이다. 2015년 6 월 17일 〈블룸버그 뉴스(Bloomberg News)〉에 게재된 애슐리 밴스(Ashlee Vance)의 기사에 따르면 US오픈을 관람한 팬의 평균가구소득이 15만 6,000 달러였다. 명품 브랜드는 이런 팬의 관심을 끌기 위해 관중이 열광하는 선수 에게 거액을 기꺼이 지불한다. 지명도가 떨어지는 선수들, 경기가 기억에서 잊히면 얼굴을 알아보지도 못할 그런 선수들은 훨씬 적은 보상을 받는다. 2015년 〈빅토리아 대학 신문(Victoria University News)〉에 따르면 프로 경 기에 출전하려면 대략 16만 달러의 참가비가 들고, 경기장에서 버는 돈만으 로 생계를 유지하는 선수는 거의 없다. 오스트레일리아테니스연맹 (Australian Tennis Federation)이 실시한 연구에 따르면 2013년에 상금만 으로 생계를 유지한 프로 테니스 선수는 겨우 150명이었다. 최상위 선수들 조차도 코치에게 월급을 주고 원정경기 비용을 마련하고 훈련 시간에 대한 보상을 받으려면 광고 수입에 의존해야 한다. 따라서 토너먼트 우승자들은 보통 두 배로 보상을 받는다. 누구나 탐내는 상금도 있지만 지명도도 얻는 다. 그리고 지명도는 광고를 따내고 궁극적으로 부를 얻게 되는 핵심 요소다.

5. B. Yucesoy and A.-L. Barabási, "Untangling Performance from Success," *EPJ Data Science* 5, no. 17 (2016). 이 연구논문은 이 프로젝트 를 위해 킴 알브레히트(Kim Albrecht)가 만든 웹사이트(http://untangling-tennis.net/)에서 얻을 수 있다. 이 웹사이트에는 데이터를 설명하는 짧은 동 영상도 있으며 사용자들이 검색하고 분류하고 각 선수의 성공과 성과의 관계 를 그린 그래프들을 비교할 수도 있다.

6. 이 법칙에는 다음과 같은 몇 가지 예외가 있다. 인기가 급등하지 말았어야 할 때 인기가 치솟고 위키피디아 조회 수도 덩달아 치솟으면서 우리가 만든 법 칙을 깬 선수들이 있다. 흥미롭게도 이런 선수들은 경기장에서의 현재의 기 량이 더 이상 명성을 정당화하지 못하는 노련한 선수들이 아니라 젊은 선수 들이었다. 라이언 스위팅의 예를 보자. 프로 세계에서 64위 이상 올라가본

적이 없는 별 볼일 없는 선수다. 유세소이가 만든 그래프에 나타나지도 않았는데 하룻밤 지명도가 10배 증가했다. 순위에서 거의 50명을 제친 셈이다. 그의 지명도가 이렇게 갑자기 급등한 원인을 알아낸 유세소이는 낄낄거렸다. 사람들이 그의 위키피디아 페이지에 몰려든 이유는 승리한 선수가 코트에 무릎을 꿇고 라켓에 키스를 퍼붓는 경우처럼 놀라운 경기 기량을 보여줬기 때문이 아니다. TV 드라마 〈빅뱅 이론(Big Bang Theory)〉에서 페니 역할을 하는 배우 케일리 쿠오코와 약혼했다는 뜻밖의 소식이 전해졌기 때문이다. 쿠오코와 스위팅은 사귄 지 두 달이 채 안 됐는데 결혼을 약속했다는 기사가 타블로이드 신문을 도배했으니, 두 사람의 약혼은 어느 정도 사람들 입에 오르내릴 만한 사건이었다. "약혼이라니 도대체 뭐야?"라는 호기심 말이다. 이 호기심은 유세소이가 만든 그래프에 포착되었다. 약혼 소식이 전해진 직후 스위팅은 조회 수 12만 회를 기록했다. 쿠오코와 결혼한 주에 그의 지명도는 최고조에 달해 조회 수 17만 회를 기록했다. 그러더니 조코비치가 등장했다. 그랜드 슬램 타이틀을 열두 차례 거머쥔 최고 선수 노박 조코비치가 아니라 그의 동생 마코 말이다. 그의 지명도는 30위인 선수의 지명도와 비슷했지만 프로 세계에서 581위 이상 올라본 적이 없었다. 마코가 가당치 않은 명성을 얻게 된 원인은 간단하다. 사람들이 그를 테니스 선수로 대단한 성공을 거둔 형과 헷갈리기 때문이다. 이름 철자도 기억하기 어려운 테니스 챔피언 조코비치를 검색한 수백 건의 조회 수 가운데 극소수만이 마코의 페이지를 조회했다. 하지만 그 정도만으로도 그가 올린 업적을 훨씬 능가하는 지명도를 얻기에 충분했다. 바로 이 때문에 정확도가 상당히 높은 유세소이의 공식에 들어맞지 않은 것이다.

7. 아이비리그 졸업생들의 소득 통계치는 교육부 자료를 인용했다. 2015년 9월 14일 〈워싱턴 포스트〉 블로그에 크리스토퍼 잉그램(Christopher Ingraham)이 올린 기사에는 이 연구 결과에 대한 데이터와 자세한 내용을 보여주는 표가 수록되어 있다.

8. 보스턴 지역의 시험 선발 학교와 저자들의 직관에 반하는 연구 결과에 대해 자세히 알려면 다음 자료를 참고하라. A. Abdulkadiroglu, J. Angrist, and P. Pathak, "The Elite Illusion: Achievement Effects at Boston and New York Exam Schools," *Econometrica* 82, no. 1 (2014): 137–96.

9. 이와 비슷한 다음과 같은 연구도 있다. Cristian Pop-Eleches and Miguel Urquiola, "Going to a Better School: Effects and Behavioral Responses,"

American Economic Review 103, no. 4 (2013): 1289-324. 명문 학교에 다니면 (루마니아의 SAT에 해당하는) 최종 시험의 점수가 향상되기는 하지만 그 차이는 미미하다. 향상된 점수가 너무나도 미미해서 개인의 학업성취도가 가장 중요하다는 논리를 오히려 강화해준다. 헝가리에서 실시된 비슷한 연구는 가보르 케즈디(Gábor Kézdi)의 블로그 Defact.io에 게재되어 있는데 이 사이트는 중부유럽대학교 출신 경제학자들이 관리한다. http://blog.defacto.io/post/157518958340/t%C3%A9nyleg-fontos-hogy-a-gyerek-a-legjobb.

10. 2011년에 발표된 스테이시 데일(Stacy Dale)과 앨런 크루거(Alan Krueger)의 뛰어난 다음 논문이다. "Estimating the Return to College Selectivity over the Career Using Administrative Earnings Data," National Bureau of Economic Research (Working Paper No. 17159). 이는 그전에 발표된 다음 논문의 후속 논문이다. "Estimating the Pay-off to Attending a More Selective College: An Application of Selection on Observables and Unobservables," *Quarterly Journal of Economics* 117, no. 4 (2002): 1491-1527. 데이비드 레온하르트(David Leonhardt)는 2011년 2월 21일자 〈뉴욕 타임스〉 블로그에 다음과 같은 제목으로 이 연구 결과와 시사점을 알기 쉽게 설명해놓았다. "엘리트 교육의 가치의 재탐색(Revisiting the Value of Elite Colleges)."

11. 데일과 크루거는 아이비리그에 다니면 엄청난 혜택을 누리게 된다는 사실을 인정한다. 특히 이민 1세대로서 저소득층이고 소수 인종인 응시자들에게 인맥을 활용할 기회를 주기 때문이다. 이런 학생들은 연구 결과에서 나온 예외적인 사례다.

12. 테니스나 펜싱 같은 개인 스포츠의 경우에도 승패는 해당 선수의 기량 외에 다른 요인들에 의해 좌우된다. 해당 선수와 겨루는 상대방 선수의 기량도 중요하다. 아나 샤라포바와 세레나 윌리엄스가 맞붙었는데, 윌리엄스가 부상을 입었거나 두통이 있거나 공을 받아치지 못하는 횟수가 많으면 샤라포바가 이득을 본다. 샤라포바가 사적인 문제 때문에 정신이 산만하거나 햇빛에 눈이 부시거나 슬럼프에 빠지면 윌리엄스가 승리할 가능성이 커진다.

13. 심판이 축구 선수의 기량을 평가하는 능력을 살펴본 연구논문은 다음과 같다. Luca Pappalardo, Paolo Cintia, Dino Pedreschi, Fosca Giannotti, and A.-L. Barabási, "Human Perception of Performance," https://arxiv.

org/abs/1712.02224.

3장

1. 알 디아즈와 장-미셸 바스키아의 예술가로서의 초창기에 대한 훌륭한 글들이 많이 있다. 특히 〈허크(Huck)〉 2017년 10월호에 실린 다음 기사가 마음에 든다. Cian Traynor, "The Strange Story of Jean Michel Basquiat's Original Partner in Crime." 다음 기사에도 디아즈의 관점에서 바라본 협력 관계와 세이모의 기원에 대한 자세한 내용이 실려 있다. Ashleigh Kane, "The Story of SAMO, Basquiat's First Art Project," *Dazed Digital*, September 6, 2017.

2. 경매에서 낙찰가 기록을 경신한 바스키아의 〈무제〉에 대한 정보는 다음 기사에서 인용했다. Robin Pogrebin and Scott Reyburn, "Basquiat Sells for 'Mind-Blowing' $110 Million at Auction," *New York Times*, May 18, 2017.

3. 바스키아는 자신의 경력을 주도적으로 만들어나간 사람으로 묘사된다. 그리고 디아즈는 바스키아가 예술을 상업적으로 거래하는 데 기꺼이 관여했다고 인정한다. 이런 사실은 다음 기사에 잘 나타나 있다. Katherine Brooks, "How Jean-Michel Basquiat Became the Ultimate American Artist," *Huffington Post*, May 21, 2017. 바스키아의 경력에 대해 시대순으로 자세히 설명한 정보는 다음을 참고하라. 그를 성공으로 이끈 인맥을 자세히 살펴볼 수 있다. 바스키아가 했다는 말인 "아빠, 나 해냈어!(Papa, I've made it!)"도 이 사이트에서 인용했다. http://www.basquiat.com.

4. 〈분수〉의 기원에 대해 더 알고 싶다면 다음 글을 참고하라. Martin Gayford, "Duchamp's Fountain: The Practical Joke That Launched an Artistic Revolution," *Telegraph*, February 2008.

5. 디미트리 다스칼로풀로스가 그 상황에서 무슨 말을 했는지 궁금하면 다음 글을 참고하라. 이 글에는 예술계에서 뒤샹의 위상을 보여주기도 한다. Frances Naumann, "Marcel Duchamp: Money Is No Object: The Art of Defying the Art Market," *Toutfait*, January 4, 2003.

6. 1억 달러가 넘는 가격에 팔린 작품들이 얼마나 늘어나고 있는지 보려면 최고가에 팔린 그림의 목록이 실린 다음 위키피디아 사이트를 참고하라.

https://en.wikipedia.org/wiki/List_of_most_expensive_paintings.

7. 진짜 작가가 밝혀진 후 이 작품에 대한 관심이 어떻게 시들해졌는지 알고 싶다면 다음 논문을 참고하라. H. Bonus and D. Ronte, "Credibility and Economic Value in the Visual Arts," *Journal of Cultural Economics* 21, no. 2 (1997): 103–18. 이 논문은 이 장의 핵심 주제인 예술의 가치를 평가하는 게 얼마나 어려운지에 대한 맥락을 보여준다.

8. 다음 기사는 이 그림의 판매와 역사에 관한 추가 정보를 제공한다. Robin Pogrebin and Scott Reyburn, "Leonardo da Vinci Sells for $450.3 million, Shattering Auction Highs," New York Times, November 15, 2017."

9. 〈모나리자〉 도난 사건에 대한 흥미진진한 내용은 다음 기사를 참고하라. Dorothy and Thomas Hoobler, "Stealing *Mona Lisa*," *Vanity Fair*, May 2009.

10. 화랑과 딜러협회를 통해 얻은 권위를 중요하게 여기는 미술계의 암묵적인 규약과 관행을 우회한 흥미진진한 사례가 바로 마크 그로찬이다. 그가 통상적인 경로를 무시하고 미술계에서 어떻게 성공했는지 그 전모가 궁금하다면 다음 기사를 참고하라. Robin Pogrebin, "When an Artist Calls the Shots: Mark Grotjahn's Soaring Prices," *New York Times*, July 30, 2017.

11. 미술계를 관장하는 요인들에 대해 더 알고 싶다면 다음 글을 참고하라. Wouter de Nooy, "The Dynamics of Artistic Prestige," *Poetics* 30, no. 3 (2002): 147–67. 드 누이는 캐서린 주프레(Katherine Giuffre)의 말을 다음과 같이 인용한다. 미술계에서 경력을 쌓는 행위는 "모래더미 오르기와 같다. 한 행위자가 정상에 도달하려고 애쓸 때마다 모래더미의 모양이 변한다." 미술계에서 어떻게 성공하는지를 이해하는 데 유용한 비유이고 우리의 연구 결과와도 잘 맞아떨어진다. 유명한 미술가가 무명의 화랑에서 전시하면 그 화랑은 권위를 얻는다. 그러면 권위 있는 미술가들이 앞다퉈 그 화랑에서 전시회를 열려고 하고 그들이 남긴 발자취는 연결망의 지형을 바꾼다. 마찬가지로 일류 화랑이 무명의 미술가 작품을 전시하면 다른 화랑 주인들이 그 미술가를 새롭게 평가하기 시작한다.

12. 미술과 연결망에 대한 우리의 논문은 다음과 같다. S. P. Fraiberger et al., "Reputation and Success in Art," *Science*, 2018.

13. 워홀이 한 말은 2015년 피비 호번(Phoebe Hoban)이 출간한 전기 《바스키아

(Basquiat: A Quick Killing in Art)》의 초록이 게재된 〈뉴욕 타임스〉 웹사이트에서 인용했다. 호번은 미술 시장에 대한 워홀의 날카로운 분석을 다음과 같이 설명했다. "가발 쓴 점쟁이처럼 워홀은 이 모든 것을 예견했다. 파피즘(POPism)을 통해 그는 차세대에게 다음과 같이 일갈했다. '미술가로서 성공하려면 권위 있는 화랑에서 전시회를 해야 한다. 디오르가 손수 만든 명품을 대형 마트인 울워스 판매대에서 절대로 팔지 않은 것과 똑같은 이치다. 다른 무엇보다도 마케팅이 중요하다. 그림 한 점에 수천 달러 쓸 의향이 있는 사람은 가치가 계속 올라가는 물건을 사려 한다. 그렇게 만들려면 권위 있는 화랑에서 전시하는 방법밖에 없다. 그 화가를 잘 보살펴주고 그를 널리 알리고 살 만한 사람들에게 소개하는 그런 화랑 말이다. 그 미술가가 사라지면 그에게 쏟은 투자도 물거품이 된다는 사실을 알기 때문이다. … 아무리 재능 있는 미술가라도 제대로 널리 소개되지 않으면 사람들 기억에 이름을 남기지 못한다."

14. 트란실바니아 미술가 보톤드 레세흐와 그의 작품에 대해 더 알고 싶다면 다음을 참고하라. http://reszegh botond.wordpress.com.

4장

1. 이 장의 첫머리에 묘사된 와인시음회의 분위기를 맛보려면 국제 와인 챌린지(International Wine Challenge)에서 제작한 단편영화를 보라. 와인 업계에서 와인을 품평하는 원칙들이 잘 설명돼 있다. https://www.youtube.com/watch?v=-Nfnqhp5c0A.

2. 호슨의 사연과 그의 연구에 대해 자세한 사항은 다음 글을 참고하라. David Derbyshire, "Wine Tasting—It's Junk Science," *Guardian*, June 23, 2013. (여기에 "억세게 운 좋은 와인이 상을 타는 법이다"라는 인용문이 등장한다.) W. 블레이크 그레이가 로슨과 한 인터뷰는 2013년 7월 17일에 와인서처닷컴(Winesearcher.com)에 게재되었다. 다음 기사도 참고하라. Will Storr, "Is Everything We Know About Wine Wrong?" *Telegraph*, April 29, 2014. 이 기사를 보면 호슨의 경력과 그가 연구를 하는 계기가 된 딜레마가 뭔지 자세히 알게 된다.

3. 100미터 달리기에서 볼트와 블레이크가 얼마나 간발의 차이로 결승선에 들어오는지 보려면 달리기 통계를 중점적으로 보여주는 어떤 사이트든지 검색

해보라. 더 자세한 내용은 다음 기사도 참고하라. Robert Sutherland, "The Ten Fastest Men in 100m History," *Daily Telegraph*, August 14, 2016.

4. 유계(bounded) 분포와 무계(unbounded) 분포 간의 수학적인 차이에 대해 알고 싶다면 내 책 〈네트워크 과학(Network Science)〉의 4장 4.9를 참고하라(Cambridge: Cambridge University Press, 2017). 다음 사이트에서도 얻을 수 있다. http://networksciencebook.com/.

5. 올림픽 기록에 대한 필리포 라디키의 예측은 다음 자료를 참고하라. "Universality, Limits, and Predictability of Gold Medal Performances at the Olympic Games," *PLOS ONE* 7, no. 7 (2012): e40335. 고맙게도 그는 후속 연구인 2016년 올림픽 경기에 대한 예측을 출간하기 전에 나와 공유해 주었다.

6. 감정사가 하루에 와인을 몇 종류나 시음하는지, 그리고 와인을 심사하는 일에 대해 자세한 내용을 알고 싶다면 다음 블로그 포스트를 참고하라. Wilford Wong, "A Day in the Life of a Wine Judge," Wine.com, June 26, 2014.

7. 호슨의 다음 논문을 참고하라. Bob Hodgson, "An Examination of Judge Reliability at a Major U.S. Wine Competition," *Journal of Wine Economics* 3, no. 2. (2008): 105-13. 감정사들 사이에서도 일관성이 결여되어 있고 각 감정사의 일관성도 시간이 흐르면서 점점 떨어지는 현상도 나타난다. 이 논문 못지않게 흥미진진한, 시음회에서 수상한 와인들의 일관성에 관한 호슨의 후속 연구도 참고하라. Bob Hodgson, "An Analysis of the Concordance Among 13 Wine Competitions," *Journal of Wine Economics* 4, no. 1 (2009): 1-9.

8. 챠정차이의 연구 결과에 대한 자세한 내용은 다음 논문을 참고하라. "Sight over Sound in the Judgment of Music Performance," *PNAS* 110, no. 36 (2013): 14580-85. 그녀가 한 연구가 어떤 의미를 지니는지 잘 설명한 글로는 다음 글을 참고하라. Phillip Ball, "Musicians' Appearances Matter More Than Their Sound," *Nature*, August 2013.

9. 퀸엘리자베스 경연대회에서 나타난 유형들은 다음 논문에 자세히 소개되어 있다. Renato Flores and Victor Ginsburgh, "The Queen Elisabeth Musical Competition: How Fair Is the Final Ranking?," *Journal of the Royal Statistical Society* 45, no. 1 (1996): 97-104. 보다 폭넓은 시각에서

본 논문은 다음을 참고하라. V. Ginsburgh, "Awards, Success and Aesthetic Quality in the Arts," *Journal of Economic Perspectives* 17 (2003): 99–111.

10. Alex Mayyasi, "The Science of Snobbery: How We're Duped into Thinking Fancy Things Are Better", Atlantiz, September 11, 2013. 이 글은 고전음악, 와인 감정과 같이 엘리트 계층이 즐기는 영역에서 어떻게 편견이 더 심하게 나타나는지를 이해하는 데 도움이 된다. 여기 인용된 와인 관련 용어들은 (위에 인용된) 윌 스토(Will Storr)의 〈텔레그래프〉 기사와 BBC의 〈푸드 앤드 드링크(Food and Drink)〉라는 프로그램에서 질리 굴든(Jilly Goolden)이라는 와인 비평가가 실제로 한 말에서 인용했다.

11. 유로비전 송 콘테스트에 나타난 즉시성 편견에 대한 구체적인 내용은 다음 논문을 참고하라. Wandi Bruine de Bruin, "Save the Last Dance for Me: Unwanted Serial Position Effects in Jury Evaluations," *Acta Psychologica* 118, no. 3 (2005): 245–60. 이 논문은 유로비전 송 콘테스트와 피겨스케이팅을 비롯해 4개 분야에서 출전하는 순서가 결과에 어떤 영향을 미치는지를 살펴본다. 드 브륀에 따르면 즉시성 편견은 피겨스케이팅에서 특히 심하게 나타난다. 첫 라운드에서 얻은 점수가 두 번째 라운드에서 출전할 순서를 결정하기 때문이다. 첫 라운드에서 낮은 점수를 받고 망연자실한 채 라커룸으로 향하면 두 번째 라운드에서 앞쪽 순서로 출전하게 된다. 뒤쪽 순서로 출전해 높은 점수를 얻고 신이 나 주먹으로 허공을 찌르는 선수는 두 번째 라운드에서 또다시 나중 순서로 출전하게 된다. 첫 라운드에서 얻은 점수로 두 번째 라운드에 출진할 순서를 결정함으로써 심사위원들은 문제를 두 배로 증폭시킨다. 결국 첫 라운드에서 무작위로 선정한 출전 순서가 두 라운드에서 얻는 점수에 모두 영향을 미친다. 이런 편견은 두 번째 라운드의 출전 순서를 뒤집으면 줄어든다. 첫 라운드에서 고득점을 받은 선수들(이미 연속 위치 선호도의 혜택을 입은 선수들)을 두 번째 라운드에서 앞쪽 순서에 배정하면 이들은 첫 라운드에서 고득점을 받을 만한 자격이 있었음을 정당화하려면 자기 기량을 증명해 보여야 한다. 그러면 저득점을 받은 선수들(첫 라운드에서 앞쪽 순서를 배정받은 선수들)은 첫 라운드에서 받은 불이익을 극복하고 경기 여건도 공정해진다.

12. 즉시성 편견이 스페인에서 판사에 대한 평가에 어떤 영향을 미치는지 보여주는 데이터는 노스웨스턴대학교의 브라이언 우치로부터 입수했다. 데이터는

그의 제자였던 기예르모 페르난데스-마자람브로스(Guillermo Fernandez-Mazarambroz)가 수집했다.

13. 미 식품의약청의 표결 유형과 그로 인해 발생하는 편견에 대한 자세한 내용은 다음 논문을 참고하라. D. Broniatowski and C. Magee, "Does Seating Location Impact Voting Behavior on Food and Drug Administration Advisory Committees?," *American Journal of Therapeutics* 20, no. 5 (2011): 502-6.

5장

1. 타이거 우즈의 어린 시절에 대해 더 알고 싶다면 다음 자료를 참고하라. *Tiger Woods: Prodigy* (Documentary Channel), https://www.youtube.com/watch?v=k-QSgd8bVI8. 첫 단락에 소개된 얼 우즈의 말은 이 자료에서 인용했다.

2. 우즈가 어린 시절 필드에서 얼마나 성과를 거두었는지 시간순으로 자세하게 알고 싶다면 다음 자료를 참고하라. http://tigerwoods.com/timeline. 위에 언급한 다큐멘터리에도 그가 거둔 성과에 대해 자세히 언급되어 있다. 다음 자료도 참고하라. "Timeline: A Troubled Champion." 2009년에 제작된 〈뉴욕 타임스〉의 인터랙티브 필름인데, 프로에 입문하기 전 우즈의 골프 경력을 자세히 다루고 있다.

3. 우즈가 프로 선수로서 달성한 성과의 목록은 다음 기사에서 인용했다. Erik Matuszewski, "41 Fantastic Facts and Figures for Tiger Woods' 41st Birthday," *Forbes*, December 30, 2016.

4. 골프에서 다양한 성적 평가 기준들이 나타내는 정규분포곡선을 보고 싶다면 다음 저서를 참고하라. Charles Murray, *Human Accomplishment* (HarperCollins, 2003).

5. 우즈가 2013년에 올린 스트로크 게인(stroke gained)과 드라이브 디스턴스 통계 수치를 알고 싶다면 PGA의 공식 웹사이트 pgatour.com에서 'stats' 항목을 살펴보라. 나도 이 네 가지 평가 기준과 관련해 헨리크 스텐손, 저스틴 로즈, 레이크 리스트의 성적에 관한 정보를 이 사이트에서 얻었다.

6. 다른 뛰어난 흑인 선수들과 비교해 우즈가 얼마나 부자인지 알고 싶다면 다음 기사를 참고하라. Matthew Miller, "The Wealthiest Black Americans,"

Forbes, May 6, 2008. 당시 우즈가 9위였다는 내용은 다음 기사를 참고하라. "The World's Highest-Paid Athletes 2015," *Forbes*, June 10, 2015.

7. 우즈의 광고 계약에 대한 자세한 내용은 다음 기사를 참고하라. "Tiger Woods Sponsorship Deals and Endorsements," *Telegraph*, December 1, 2009. 위키피디아에 따르면 우즈가 나이키와 체결한 계약의 독특한 조건들은 2006년 스포츠 비즈니스 라디오에서 브라이언 버거(Brian Berger)가 다뤘다.

8. 셔윈 로즌의 기념비적 다음 논문은 이 장에서 여러 번 언급된다. Sherwin Rosen, "The Economics of Superstars," *American Economic Review* 71, no. 5 (1981): 845-58. 이 논문은 경제학자의 시각에서 바라본 슈퍼스타 현상에 대한 최초의 논문이다. 또 다른 각도에서 분석한 다음 논문도 있다. Moshe Adler, "Stardom and Talent," *American Economic Review* 75, no. 1 (1985): 208-12. 이 논문은 여러 경쟁자들 간의 우열을 가리기 힘들 때 누가 어떻게 성공하게 되는지를 다루고 있다. 애들러의 접근 방식은 이 장에서 우리가 취한 접근 방식뿐만 아니라 이 주제의 관련해 최근에 각광받는 주장의 연장선상에 있다.

9. 〈뉴욕 타임스〉 베스트셀러 목록에 오른 브라운과 스파크스의 2009년 10월 판매 부수 자료는 닐슨 북스캔(Nielsen Bookscan)에서 입수했다.

10. 멱 법칙과 정규분포곡선 간의 차이점에 대해서는 다음 책에서 자세히 다루고 있다. *Linked: How Everything Is Connected to Everything Else and What It Means for Business, Science, and Everyday Life* (New York: Plume, 2003).

11. 세계적으로 소득 격차가 벌어지는 현상에 대한 내용은 다음 글을 참고하라. Larry Elliot, "World's Eight Richest People Have Same Wealth as Poorest 50%," *Guardian*, January 15, 2017.

12. 와인버그에 대해 더 알고 싶다면 다음 글을 참고하라. Selena Roberts, "Sports of the Times: An Awkward Coexistence on Campus," *New York Times*, November 9, 2005.

13. 표본에 누가 포함됐는지에 따라 CEO와 직원의 연봉 비율은 약간씩 달라진다. 여기 소개된 통계치는 다음 기사에서 인용했다. Jena McGregor, "Major Company CEOs Made 271 Times the Typical U.S. Worker in 2016," *Chicago Tribune*, July 21, 2017.

14. 여기 언급된 셔윈 로즌의 말은 위에서 인용한 논문에 나온다. "The Economics of Superstars."

15. 롱혼즈의 수익과 일반적으로 대학 풋볼팀이 벌어들이는 수익에 관한 자료는 다음을 참고하라. https://www.forbes.com/pictures/emdm45el/1-university-of-texas-longhorns/#7398032730ed.

16. 와인버그의 강의 시간표를 보려면 텍사스대학교의 웹사이트를 참고하라. https://liberalarts.utexas.edu/plan2/curriculum/faculty/vineyard#courses.

17. 와인버그의 논문이 인용된 이력을 보려면 구글 스칼라(Google Scholar)를 참고하라.

18. 논문 인용의 가치를 금전으로 환산한 자료는 에스테반 모로(Esteban Moro)의 논문에서 인용했다. 그의 미발표 논문에 따르면 미국에서 논문 1회 인용의 가치는 10만 달러를 약간 웃돈다. 따라서 구글 스칼라에 따르면 와인버그 같은 과학자의 논문은 1만 4,000회 인용되었으므로 과학계에 대략 14억 달러에 상응하는 기여를 한 셈이다.

19. 저스틴 팀버레이크의 순위는 2015년 6월 29일자 〈포브스〉가 선정한 '셀러브리티 100(Celebrity 100)' 목록에서 인용했다.

20. 폭증하는 슈퍼스타 공연 수입에 대한 정보는 다음 기사를 참고하라. Eduardo Porter, "How Superstars' Pay Stifles Everyone Else," *New York Times*, December 25, 2010. 이 기사는 에두아르도 포터의 저서 《모든 것의 가격(The Price of Everything: Solving the Mystery of Why We Pay What We Do)》을 바탕으로 작성되었다.

21. 타이거 우즈가 올린 성과의 통계 수치와 타이거 우즈 효과에 관한 모든 논의는 제니퍼 브라운(Jennifer Brown)의 철두철미하고도 뛰어난 다음 논문에서 인용했다. "Quitters Never Win: The (Adverse) Incentive Effects of Competing with Superstars," *Journal of Political Economy* 119, no. 5 (2011): 982-1013.

22. 선수의 기록에 영향을 미칠 만한 요인은 기분에서 날씨에 이르기까지 다양하므로 브라운의 치밀한 분석이 가능하리라고 생각하는 게 정신 나간 일인 듯하다. 그러나 우즈를 비롯해 그의 경쟁자들이 해마다 토너먼트에서 어떤 성적을 보였는지 입증하는 자료가 있기 때문에 브라운은 우즈가 게임에 미치는 영향이 얼마나 막강한지 가늠할 수 있었다. 그녀는 특정한 코스에 존재하는

독특한 난이도에 따라 선수가 발휘하는 기량이 달라진다는 사실을 입증했다. 수년에 걸쳐 개최된 토너먼트 자료를 분석해 장기간에 걸쳐 동일한 골프 코스에서 각 선수가 거둔 성적을 살펴본 그녀는 그 밖에도 잠재적으로 영향을 미칠 수 있는 요인들을 제시했다. 날씨, 관중의 규모, 매체가 보이는 관심 정도, 걸린 상금의 액수, 특정한 토너먼트에 대한 대중적 인기도 등이 그런 요인들이다. 그녀는 우즈가 경기에 미치는 영향이 그 어떤 요인보다도 크다는 사실을 반복해서 확인했다.

23. 우즈가 뜻밖에 장기간 활동을 중단하면서 브라운은 다른 선수들이 우즈가 불참한 경기에서 보인 성적을 비교할 기회를 얻었다. 우즈의 재수술은 뜻밖이었으므로 브라운은 방대한 데이터에서 두드러지게 나타난 슈퍼스타 효과를 설명했음직한 가능성이 있는 다른 요인들을 배제할 수 있었다. 이 경우 우즈가 선택적으로 자신이 기량을 십분 발휘할 경기에는 참가하고 그렇지 않은 경기는 불참한 게 아니었다. 그가 갑작스럽게 불참한 이유는 특정한 골프 코스의 난이도나 그가 기량을 발휘하는 데 상대적으로 유리한 코스인지 여부와 아무 상관이 없었다. 불참한 경기는 무작위로 선정된 셈이다.

24. 브라운의 논문을 보고 〈이런 미국적인 삶(This American Life)〉의 한 에피소드가 떠올랐다. 뉴저지에 있는 자동차 판매 대리점이 월간 판매 할당량을 채우려고 안간힘을 쓴다. 그 대리점 직원들은 대부분 노련한 판매원들인데, 4년 경력의 젊은이가 하나 있고 그는 늘 동료 직원들보다 월등한 성과를 낸다. 약간이 아니라 훨씬 월등한 성과를 말이다. 대부분의 직원들이 한 달에 다섯 대도 겨우 파는 대리점에서 이 젊은이는 30대 이상을 파는 경우도 있다. 그가 받은 커미션과 보니스를 더하면 동료들보다 거의 두 배를 번다(동료들은 6만 달러를 버는데 그의 소득은 여섯 자리 수다). 내가 이 친구를 고용한다면 내 등을 두드리며 자화자찬할지도 모른다. 그런데 그의 동료 직원들이 점점 쌓여가는 이 젊은이의 실적에 대해 얘기하는데 그들의 목소리에서 체념이 감지된다. 이 젊은이는 분명히 다른 직원들을 주눅 들게 하고 있고 따라서 팀 전체의 실적에 영향을 미치는 게 분명했다. 이 대리점 전체로 볼 때 자동차 판매 대수가 줄어든다고 해도 놀랄 일이 아니다. 그렇다면 우리가 슈퍼스타 앞에서 주눅이 들어 기량을 제대로 발휘하지 못한다면 애초에 왜 슈퍼스타를 채용할까? 내가 여기서 언급한 자동차 세일즈맨 제이슨 마시아(Jason Mascia)에 대한 에피소드가 궁금하다면 〈이런 미국적인 삶〉의 '자동차(Cars)' 편을 참고하라. https://www.thisamericanlife.org/513/129-cars.

25. 슈퍼스타급 직원이 동료들의 생산성에 어떤 이득이 되는지 더 알고 싶다면 다음 논문을 참고하라. A. Agrawal, J. McHale, and A. Oettl, "Why Stars Matter," National Bureau of Economic Research (2014).

26. 슈퍼스타 과학자가 사망한 후 동료 학자들에게 어떤 일이 발생하는지에 대해 자세히 알고 싶다면 다음 논문을 참고하라. Pierre Azoulay, Joshua S. Graff-Zivin, and Jialan Wang, "Superstar Extinction," *Quarterly Journal of Economics* 125, no. 2 (2010).

27. 아줄레의 첫 논문을 확대하고 다듬은 후속 연구논문은 다음과 같다. P. Azoulay, C. Fons-Rosen, and J. S. Graff-Zivin, "Does *Science* Advance One Funeral at a Time?," National Bureau of Economic Research Working Paper No. 21788 (2015). 내가 인용한 '골리앗의 그림자(Goliath's shadow)' 라는 표현을 아줄레가 이 논문에서 언급한다.

28. 슈퍼스타가 어떤 처벌을 받는지 자세히 알고 싶다면 다음 논문을 참고하라. P. Azoulay, Alessando Bonatti and Joshua L. Krieger, "The Career Effects of Scandal: Evidence from Scientific Retractions," National Bureau of Economic Research Working Paper No. 21146 (2015).

29. 여기 인용한 구절을 더 큰 맥락에서 살펴보고, 공개적으로 모욕을 당한 사건이 우즈의 선수 생활과 사생활에 어떤 영향을 미쳤는지 더 알고 싶다면 앨런 쉽넉이 2015년 2월 13일자 〈골프(Golf)〉에 기고한 다음 글을 참고하라. "Tiger's Woes Aren't Just About His Game—Everything Goes Back to His Sex Scandal."

6장

1. 폭발하는 새끼 고양이 게임의 탄생과 킥스타터 캠페인이 급속도로 확산되는 광경을 직접 지켜본 야릇한 경험에 대해 더 알고 싶다면 캠페인이 시작되고 12일째에 조코 크루즈(JoCo Cruise)에 대해 엘런 리가 한 연설을 보라. https://www.youtube.com/watch?v=tfB7IVTOkDk. 이 캠페인의 특징을 일목요연하게 보여주는 인용문은 이 비디오에서 따왔다. 다음 글도 참고하라. Jackie Bischof, "A Card Game About Exploding Kittens Broke a Kickstarter Record," *Newsweek*, February 2, 2015.

2. 킥스타터 프로젝트 성공률을 보여주는 통계 수치는 다음 사이트에서 찾을 수

있다. https://www.kickstarter.com/help/stats. 킥스타터가 크라우드소싱 분야에서 어떤 위상을 차지하는지 알고 싶다면 다음 글을 참고하라. Catherine Clifford, "Less Than a Third of Crowdfunding Campaigns Reach Their Goal," *Entrepreneur*, January 18, 2016.

3. 판 더 레이트의 킥스타터 실험에 대한 자세한 내용은 다음 논문을 참고하라. Arnout Van de Rijt, S. Kang, M. Restivo, and A. Patil, "Field Experiments of Success-Breeds-Success Dynamics," *PNAS* 111, no. 19 (2014): 6934-39. 다음도 참고하라. M. Restivo and A. van de Rijt, "Experimental Study of Informal Rewards in Peer Production," *PLOS ONE* 7, no. 3 (2012): e34358.

4. 매튜 효과와 부익부 현상의 사례들에 대해 더 알고 싶다면 다음 논문을 참고하라. Robert K. Merton, "The Matthew Effect in Science," *Science* 159, no. 3810 (1968): 56-63. 내가 여기 인용한 성경 구절은 머튼의 논문에서 따왔다.

5. 연결망으로서 월드와이드웹을 분석한 내용은 다음 논문에 처음으로 실렸다. R. Albert, H. Jeong, and A.-L. Barabási, "Diameter of the World Wide Web," *Nature* 401, no. 9 (1999): 130-31. 이 논문과 연결망에 대해 더 알고 싶다면 나의 책을 참고하라. *Linked: How Everything Is Connected to Everything Else and What It Means for Business, Science, and Everyday Life* (New York: Plume, 2003).

6. 아동기에 습득하는 문해력을 통해 어떻게 성공이 성공을 낳는지에 대해 더 알고 싶다면 다음 논문을 참고하라. Keith Stanovich, "Matthew Effects in Reading: Some Consequences of Individual Differences in the Acquisition of Literacy," *Reading Research Quarterly* 21, no. 4 (1986): 360-407. 스타노비치가 자신의 연구 결과와 그 의미를 설명한 다음 인터뷰 동영상도 참고하라. https://www.youtube.com/watchv=lF6VKmMVWEc.

7. 여기서 말하는 위키피디아 실험은 다른 곳에서 논하는 Change.org 실험과 더불어 위에 언급한 판 더 레이트의 다음 논문에 거론되어 있다. "Field Experiments of Success-Breeds-Success Dynamics." 이 논문은 제4의 인터넷 플랫폼을 대상으로 한 또 다른 실험도 언급하고 있다. 이 실험을 통해 판 더 레이트는 이피니언스닷컴(Epinions.com) 웹사이트에서 처음 받은 평

가가 긍정적이면 더 많은 긍정적인 평가로 이어지는지 살펴봤다. 매달 대략 100만여 명의 소비자들이 이피니언스를 방문해 이 세상에 존재하는 온갖 것들에 대한 품평을 읽는다. 이피니언스는 이런 물품의 품질을 평가하는 이들에게 금전적인 보상을 하고(유모차에서 원격조종 자동차, 물에 담가도 되는 블렌더까지 다양한 물품들이 평가 대상이다) 그들이 쓴 품평은 공개되어 누구든지 볼 수 있다. 이 웹사이트는 간단한 시스템을 이용해 어떤 품평이 도움이 되었는지 등급을 매기게 한다. 특정한 품평이 어떤 상품의 품질을 평가하는 데 유용하다고 생각하면 독자는 '매우 도움이 됨'을 선택하면 된다. 긍정적인 평가는 상품 평가자에게 이득이 된다. 독자가 읽고 도움이 되었다는 품평의 수가 많을수록 금전적 보상도 더 많이 받는다. 판 더 레이트와 연구팀은 그 사이트에 올라온, 아직 등급이 매겨지지 않은 신규 품평들을 읽고 상품평의 질을 감안해 도움이 된다고 생각하는 305개를 선정했다. 그러고 나서 일부는 '매우 도움이 됨'이라는 등급을 매기고 나머지는 통제 집단으로 그대로 내버려두었다. 여기서도 또다시 통제 집단과 도움이 된다고 등급을 매긴 집단 사이에 확연하게 차이가 나타났다. 추측컨대 판 더 레이트가 실험에 포함할 품평들을 선정할 때 품질을 감안했기 때문에 실험을 시작하고 2주째에 접어들었을 때 대다수, 즉 통제 집단의 77퍼센트가 '매우 도움이 됨' 평가를 적어도 하나는 받았다. 그러나 판 더 레이트가 개입해 최초로 긍정적인 평가를 해준 사례들의 경우 그 비율은 90퍼센트로 증가했다. 다시 말해 최초로 호의적인 평가가 이미 주어졌을 때 열에 아홉은 추가로 긍정적인 평가를 받게 된다.

8. 퀸엘리자베스 경연대회 수상으로 이득을 본 클래식 음악가들에 대한 더 많은 정보는 다음 논문을 참고하라. Victor A. Ginsburgh and Jan C. van Ours, "Expert Opinion and Compensation: Evidence from a Musical Competition," *American Economic Review* 93, no. 1 (2003): 289–98. 앞서 언급한 이 경연대회에 관한 긴스버그의 1996년 논문에 대한 후속 연구다.

9. 엘로리 사건에 대해 더 자세히 알고 싶다면 다음 글을 참고하라. Allison Flood, "R. J. Ellory's Secret Amazon Reviews Anger Rivals." *Guardian*, September 3, 2012. 긍정적인 평과 부정적인 평 모두 이 글에서 인용했다. 역시 〈가디언〉 2014년 9월 4일자에 실린 플러드의 기사 〈양말 인형 놀이와 속임 연구(Sock Puppetry and Fake Reviews: Published and Be Damned)〉도 양말 인형과 관련된 윤리와 그 의미를 잘 분석하고 이런 관행이 어떻게 저자들에게 이득을 주는지 다루고 있다. 플러드가 2010년 7월 23

일자 〈가디언〉에 기고한 세 번째 글 〈엘로리가 범죄소설 상을 수상하다(R. J. Ellory Wins Crime Novel of the Year Award)〉는 범죄소설가로서 그의 경력과 성공에 대해 자세히 다루고 있다.

10. '좋아요'와 '싫어요'가 뒤이은 평가에 미치는 영향에 관해서는 다음 논문을 참고하라. L. Muchnik, S. Aral, and S. J. Taylor, "Social Influence Bias: A Randomized Experiment," *Science* 341, no. 6146 (2013): 647–51.

11. 위에 언급된 판 더 레이트의 2014년 논문을 보면 킥스타터 생태계에서 추가로 기부하는 행위가 '수확체감의 법칙'을 따른다는 사실이 드러난다. 이피니언스에서도 똑같은 현상이 나타난다.

12. 만화가로서 대단한 성공을 거둔 매튜 인먼에 대해 더 알고 싶다면 그가 자신의 웹사이트에 밝힌 성공하게 된 사연을 살펴보라. http://theoatmeal.com /misc/p/state. 다음 글도 참고하라. Krisztina Holly, "Elan Lee's Secrets Behind the Largest Kickstarter Campaign in History," *Forbes*, July 28, 2016. 이 글은 이 카드게임의 성공에 인먼이 어떤 역할을 했는지 잘 설명해준다.

7장

1. 여기 인용된 케이트 밀스의 말과 로버트 갤브레이스의 이야기에 대한 자세한 내용은 다음 글을 참고하라. Sam Marsden, "The Cuckoo's Calling: Publishers' Embarrassment at Turning Down a J. K. Rowling Detective Novel," *Telegraph*, July 14, 2013.

2. 제프리 완셀의 극찬을 비롯해 이 책이 출간 초기에 받은 긍정적인 서평에 대해 더 알고 싶다면 다음 글을 참고하라. Joe Collins, "What Did Critics Really Think of *Cuckoo's Calling* (Before They Knew It Was by J. K. Rowling)?" *New Statesman*, July 15, 2013.

3. 킹이 가명으로 여러 권의 책을 내면서 한 흥미진진한 실험에 대해 더 자세한 내용이 알고 싶다면 다음 자료를 참고하라. https://en.wikipedia.org/wiki/ Richard_Bachman. 다음 글도 참고하라. Jake Rossen, "Known Alias: How Stephen King Was Outed as Richard Bachman," *Mental Floss*, July 10, 2017.

4. 《해리 포터》 시리즈 중 《해리 포터와 마법사의 돌》을 집필하던 당시의 상황

과 이 말을 어떤 맥락에서 했는지에 대해 더 알고 싶다면 롤링이 2008년 하버드 졸업식에서 한 연설이 소개된 다음 사이트를 참고하라. https://news.harvard.edu/gazette/story/2008/06/text-of-j-k-rowling-speech/.

5. 뮤직랩의 연구에 대해 더 알고 싶다면 다음 논문을 참고하라. M. J. Salganik, P. Sheridan Dodds, and D. J. Watts, "Experimental Study of Inequality and Unpredictability in an Artificial Cultural Market," *Science* 311, no. 5762 (2006): 854-56. 이 논문을 뒷받침하는 온라인 자료를 보면 이 실험과 실험 결과에 대해 아주 자세한 내용을 알 수 있다. 이 논문을 비전문가가 훌륭하게 개관한 자료도 있다. Jesse Marczyk, "The Popularity of Popularity," *Psychology Today*, September 3, 2013, blog post.

6. 여기서 언급한, 떼거리로 몰려드는 효과는 특정한 곡들이 유독 다운로드 횟수가 두드러지게 많은 현상을 낳았다. 또래들의 사회적 영향이 배제된 통제 집단에서는 모든 곡들이 청취될 기회가 똑같이 주어졌다. 참가자는 특정한 곡을 클릭해서 들은 다음 순전히 자기만의 경험을 바탕으로 호불호를 평가했다. 그러나 참가자들이 자기가 속한 집단이 몇 회나 다운로드했는지에 대한 정보를 입수하면서 그런 여건은 물 건너갔다. 약 200명의 참가자들만이 인기가 떨어지는 곡들을 다운로드한 반면 탁월하다는 평가를 받은 곡들은 3,000명 이상이 다운로드했는데, 이는 각 집단에 속한 참가자 수의 거의 절반에 가까운 수치다. 이는 일단 사회적 영향이 작동하면 우선적 애착이 낳는 '승자 독식'의 역동성이 작동한다는 뜻이다.

7. 자기실현적 예언의 개념에 대해 더 자세히 알고 싶다면 다음을 참고하라. Robert Merton, "The Self-Fulfilling Prophecy," *Antioch Review* 8, no. 2 (1948): 193-210. 머튼은 '자기실현적 예언'이라는 용어의 용도가 매우 다양하다는 사실을 인식했다. 또 다른 사례는 금융 사태다. 사람들은 시장이 폭락한다는 얘기를 들으면 매각해버리고 그러면 정말로 시장이 폭락한다. 위약 효과(placebo effect)도 있다. 뭔가가 몸에 좋다는 얘기를 듣고 그걸 먹으면 정말로 몸이 좋아진다. 위약 효과는 무시하지 못할 정도라는 점을 주목할 필요가 있다. 위약 효과는 사실 우리 유전자에 내재되어 있으며, 매우 강력해서 의사들이 연구 대상인 생물학적 효과와 위약 효과를 구분하지 못하는 경우도 종종 있다. 그 예로 다음 논문을 참고하라. K. T. Hall, J. Loscalzo, and T. J. Kaptchuk, "Genetics and the Placebo affect: The Placebome," *Trends in Molecular Medicine* 21, no. 5 (2015): 285-94.

8. 오크초등학교 연구에 대해 더 자세히 알고 싶다면 다음 자료를 참고하라. Robert Rosenthal and Lenore Jacobson, *Pygmalion in the Classroom: Teacher Expectation and Pupils' Intellectual Development* (New York: Holt and Winston, 1968).

9. 여기 거론한 뮤직랩의 두 번째 실험에 대한 자세한 내용은 다음 자료를 참고하라. Matthew Salganik and Duncan Watts, "Leading the Herd Astray: An Experimental Study of Self-Fulfilling Prophecies in an Artificial Cultural Marketplace," *Social Psychology Quarterly* 71, no. 4 (2008): 338-55.

10. 평판 신호 보내기가 저명한 과학자의 공동 저자에게 어떤 영향을 미치는지에 대한 더 자세한 내용은 다음 논문을 참고하라. T. S. Simcoe and D. M. Waguespack, "Status, Quality, and Attention: What's in a (Missing) Name?," *Management Science* 57, no. 2 (2011): 274-90.

11. 성공하기 위해 경쟁할 때 적합성이 하는 역할에 대해서는 다음 논문을 참고하라. A.-L. Barabási, R. Albert, H. Jeong, and G. Bianconi, "Power Law Distribution of the World Wide Web," *Science* 287, no. 5461 (2000): 2115; G. Bianconi and A.-L. Barabási, "Competition and Multiscaling in Evolving Networks," *Europhysics Letters* 54, no. 4 (2001): 436-42.

12. 오스트레일리아 연구팀이 노래의 적합성을 식별하는 알고리즘을 어떻게 개발하고 다듬었는지 더 알고 싶다면 다음 논문을 참고하라. A. Abeliuk et al., "The Benefits of Social Influence in Optimized Cultural Markets," *PLOS ONE* 10, no. 4 (2015): 1-20. 마누엘이 공동 저자로 이름을 올린 탁월한 논문이다.

13. 여기서 설명한 순위 매기는 알고리즘에 대해 더 자세히 알고 싶다면 다음 논문을 참고하라. Ting Wang and Dashun Wang, "Why Amazon's Rankings Might Mislead You: The Story of Herding Effects," *Big Data Journal* 2, no. 4 (2014): 196-204.

14. J. K. 롤링과 성공에 관한 던컨 와츠의 글은 다음과 같다. Duncan Watts, "J. K. Rowling and the Chamber of Literary Fame," *Bloomberg*, July 19, 2013.

15. 《해리 포터》가 출간되기까지의 사연과 출간 초기에 인기가 서서히 올라갔다

는 사실에 대해서는 다음 사이트를 참고하라. https://en.wikipedia.org/wiki/Harry_Potter.

16. 벤&제리의 성공 사례에 대해 좀더 알고 싶다면 〈앙트레프레너(Entrepreneur)〉 2008년 10월 10일자에 실린 두 사람의 이력을 참고하라. https://www.entrepreneur.com/article/197626. 벤&제리의 기원과 판매 전술에 대해 자세히 보여주는 〈패스트 컴퍼니(Fast Company)〉가 2014년에 제작한 단편영화 〈평화, 사랑, 그리고 브랜딩(Peace, Love, and Branding)〉도 참고하라. https://www.youtube.com/watch?v=JNuDGsSdE0U.

8장

1. 〈우울한 듯〉의 세션과 이 음반의 대성공에 대한 자세한 내용은 다음 사이트에 소개되어 있다. https://en.wikipedia.org/wiki/Kind_of_Blue. 다음 기사도 참고하라. "Between Takes: The Kind of Blue Sessions." 2009년 1월 29일 전국공영라디오(NPR)의 모닝 에디션(Morning Edition) 프로그램에서 이 음반 50주년 기념으로 재출시한 음반 재킷에 포함된 애슐리 칸(Ashley Kahn)의 곡 해설을 요약한 글인데, 이 앨범을 녹음한 당시 상황의 맥락을 이해하는 데 도움이 된다.

2. 〈우울한 듯〉 녹음의 숨은 이야기가 궁금하다면 빌 에반스의 곡 해설을 소개한 다음 글을 참고하라. "Improvisation in Jazz," *SFJazz*, March, 2, 2018.

3. 브로드웨이 뮤지컬의 성공에 대한 브라이언 우치의 뛰어난 연구에 대해 더 자세히 알고 싶다면 다음 논문을 참고하라. B. Uzzi and J. Spiro, "Collaboration and Creativity: The Small World Problem," *American Journal of Sociology* 111, no. 2 (2005): 447–504. 내가 여기서 거론한 〈코러스 라인〉, 〈프로듀서〉, 〈회전목마〉 사례들과 로저스와 해머슈타인 2세의 중요한 관계는 이 논문 저자들이 강조했다.

4. 이 부분과 이 장 말미에서 언급한, 재즈 분야에서의 성공에 대한 흥미진진한 전모에 관해 자세히 알고 싶다면 부다페스트에서 활동하는 내 동료 학자 벌라주 베드레시의 다음 글을 참고하라. Balázs Vedres, "Forbidden Triads and Creative Success in Jazz: The Miles Davis Factor," *Applied Network Science* 2, no. 3 (2017). 저자의 주요 연구 결과는 다음 사이트를 참고하라. http://blogs.springeropen.com/springeropen/2017/10/05/jazz-bands-

succeed-by-missing-links-among-musicians/.

5. 비디오게임 개발에서 팀이 하는 역할에 대한 자세한 연구 내용은 다음 자료를 참고하라. Mathijs de Vaan, David Stark, and Balázs Vedres, "Game Changer: Structural Folds with Cognitive Distance in Video Game Development," *American Journal of Sociology* 120, no. 4 (2015): 1144-94.

6. 개인 대 협업에 대한 연구는 다음 논문에 소개되어 있다. S. Wuchty, B. F. Jones, and B. Uzzi, "The Increasing Dominance of Teams in the Production of Knowledge," *Science* 316, no. 5827 (2007): 1036-39.

7. 깃허브에서의 지도력에 관한 제임스 배그로의 논문에 대해 더 자세히 알고 싶다면 다음 논문을 참고하라. Michael Klug and James P. Bagrow, "Understanding the Group Dynamics and Success of Teams," *Royal Society Open Science* 3, no. 160007 (2016).

8. 위키피디아 편집팀들 사이에 업무가 어떻게 분담되는지에 대해 자세히 알고 싶다면 다음 저서를 참고하라. Anniket Kittur and Robert E. Kraut, *Beyond Wikipedia: Coordination and Conflict in Online Production Groups* (New York: ACM Press, 2010).

9. 고등학교 합성생물학팀들의 협력을 포착한 iGEM의 팀 역학 관계 결과는 우리 연구실의 마크 산톨리니(Marc Santolini)가 이끈 프로젝트에서 나왔다.

10. 피츠제럴드가 일갈한 말의 전문은 다음과 같다. "No grand idea was ever born in a conference, but a lot of foolish ideas have died there." 이는 《크레그업(The Crack-Up)》(1945)에 실린 〈노트북 E(Notebook E)〉에 등장하는데, 《크래크업》은 피츠제럴드의 서신과 에세이와 노트 모음집으로 사후에 출간되었고 에드먼드 윌슨(Edmund Wilson)이 편집했다.

11. 뮤어의 연구에 대해 더 자세히 알고 싶다면 다음 논문을 참고하라. W. M. Muir, "Group Selection for Adaptation to Multiple-Hen Cages: Selection Program and Direct Responses," *Poultry Science* 75, no. 4 (1996): 447-58. 〈진화연구소(Evolution Institute)〉의 데이비드 슬론 윌슨(David Sloan Wilson)이 2016년 7월 11일 뮤어를 인터뷰한 글은 다음 사이트를 참고하라. "When the Strong Outbreed the Weak," https://evolution - institute.org/when-the-strong-outbreed-the-weak-an-interview-with-william-muir/.

12. 재능이 뛰어난 학자들이 듀크대학교 영어영문학과에 끼친 영향에 대해 더 자세히 알고 싶다면 다음 기사를 참고하라. Janny Scott, "Discord Turns Academe's Hot Team Cold," *New York Times*, November 21, 1998.

13. 슈퍼스타들로 꾸려진 팀에서 발생하는 문제에 대해 더 자세히 알고 싶다면 다음 자료를 참고하라. Roderick I. Swaab et al., "The Too-Much-Talent Effect: Team Interdependence Determines When More Talent Is Too Much or Not Enough," *Psychological Science* 25, no. 1581(2014).

14. 집단지성에 대해 더 자세히 알고 싶다면 다음 자료를 참고하라. Anita Williams Woolley et al., "Evidence for a Collective Intelligence Factor in the Performance of Human Groups," *Science* 330, no. 6004 (2010): 686-88.

15. 집단사고와 그 결과에 대한 더 많은 사례들, 피그만 사건에서 팀워크가 작동하지 않은 사례에 대해 더 알고 싶다면 다음 자료를 참고하라. J. Richard Hackman and Nancy Katz, "Group Behavior and Performance," in S. T. Fiske, D. T. Gilbert, and G. Lindzey, eds., *Handbook of Social Psychology*, 5th ed. (New York: Wiley, 2010).

16. 샌디 펜틀런드의 배지-자료 연구에 대해 더 자세히 알고 싶다면 다음을 참고하라. "The New Science of Building Great Teams: Analytics for Success," *Harvard Business Review*, April 2012. 이 글에는 펜틀런드가 등장하고 안젤리아 헤린(Angelia Herrin)이 사회를 맡았다. 펜틀런드의 다음 글도 참고하라. "The New Science of Building Great Teams: The Chemistry of High-Performing Groups Is No Longer a Mystery," *Harvard Business Review*, April 2012.

17. 〈우울한 듯〉 앨범 제작에 기여한 팀 역학 관계에 대한 자세한 내용은 다음 저서, 특히 174-177쪽을 참고하라. John Szwed, *So What: The Life of Miles Davis* (New York: Simon & Schuster, 2002). 이 기념비적인 앨범을 제작하기 위해 데이비스가 어떻게 준비했고 어떤 접근 방식을 썼는지 잘 나와 있다. 윈튼 켈리(Wynton Kelly) 사례도 이 책에서 거론된다.

18. 벌라주 베드레시의 핵심적인 연구 결과는 켈리가 도입한 그런 종류의 관계가 재즈의 성공에 필수적인 요인이었다는 사실이다. 어떤 재즈 앨범이든 그와 같이 금단의 3인조의 비중과 성공은 U자 형태의 관계를 보인다. 즉, 어떤 3인조든 그 비중이 너무 적거나 너무 많아도 성공에 독이 된다. 똑같은 수의

음악가들이 협업해 만든 두 가지 재즈 앨범을 비교해보면 금단의 3인조 비중이 높은 앨범이 3인조가 등장하자마자 퇴장하는 앨범보다 일관되게 훨씬 큰 성공을 거둔다. 지도력에 대한 이런 접근 방식은 데이비스의 앨범이 성공하는 데 가장 크게 기여했다. 그는 재능 있는 트럼펫 연주자였지만 그의 음악적 천재성은 최소한 부분적으로나마 그가 음악가들을 캐스팅하는 판단력이 뛰어나다는 데서 기인한다. 베드레시는 데이비스가 제작한 수많은 다른 앨범들과 비교해볼 때 〈우울한 듯〉이 전례 없는 성공을 거둔 까닭은 그 앨범에 금단의 3인조 연주를 많이 도입했기 때문이라고 본다. 데이비스가 금단의 3인조 연주를 더 많이 도입할수록 그 앨범은 훨씬 성공했다.

9장

1. 프래셔의 사연에 대해 더 자세히 알고 싶다면 다음 글을 참고하라. Yudhijit Bhattacharjee, "How Bad Luck and Bad Networking Cost Douglas Prasher a Nobel Prize," *Discover Magazine*, July 18, 2011. 다음 글도 참고하라. Bob Grant, "What Ever Happened to Douglas Prasher?," *The Scientist*, February 26, 2013.

2. 과학에서 팀 연구가 얼마나 늘어나고 있는지 감을 잡고 싶다면 앞 장과 여기서 언급한 다음 글을 참고하라. Brian Uzzi, "The Increasing Dominance of Teams in the Production of Knowledge."

3. 화웨이가 우리 연구실에서 일하는 동안 개발한, 논공행상 알고리즘에 대한 자세한 내용은 나음 논문을 참고하라. Hua-Wei Shen and Albert-László Barabási, "Collective Credit Allocation in Science," *PNAS* 111, no. 34 (2014): 12325-30.

4. 공을 엉뚱한 사람에게 돌리는 일은 과학의 역사에서 흔히 발견된다. 귀족 출신 백인과 취미 삼아 과학을 연구하는 이들은 보조원과 아랫사람들을 부리면서 대규모 팀을 꾸려 발견을 하고 이론을 개발한 후 그 공로를 다 차지했다. 그 예로 다음 논문을 살펴보라. S. Shapin, "The Invisible Technician," *American Scientist* 77, no. 6 [1989]: 554-63. 유명한 17세기 과학자 로버트 보일(Robert Boyle)을 도운 익명의 기술자들(실제로 그 대신 실험을 하고 공책에 직접 손으로 핵심적인 연구 결과를 적어 넣었던 이들)은 역사에서 잊혔다. 17세기 런던을 묘사한 에칭(etching) 판화를 보면 정교한 깃털을 꽂은

모자를 쓰고 실험실 앞에 과학자가 홀로 자랑스럽게 서 있고 실험실에는 함께 실험을 한 사람들이 아니라 푸티(putti)들이 모여 있다. 푸티(환영으로만 보인다고 알려진 아기 천사)는 실제로 과학 도구들을 이용한 실험실 보조원들을 대신한다. 그런 기술자들은 당대에조차 이름 없는 '유령 저자'였다. 그런데 에칭 판화에서 그들을 문자 그대로 보이지 않게 함으로써 익명성을 더욱 강조하고 있다는 사실이 시사하는 바가 크다. 따라서 팀의 성과보다 개인의 성과에 집중하는 경향은 과학계에 깊이 뿌리내리고 있다. 우리는 주요 업적의 공을 단 한 사람의 사상가에게 돌린다. 유클리드의 기하학, 멘델의 유전, 뉴턴의 운동법칙, 아인슈타인의 상대성 이론 등. 또한 우리는 논문을 홀로 쓰는 경우는 우리 시대에는 매우 드문데도 불구하고 개인이 이룩한 업적을 바탕으로 누군가를 채용할지, 승진시킬지, 종신재직 자격을 줄지 여부를 판단한다.

5. 마이클 루이스가 쓴 배티어에 대한 훌륭한 글은 다음과 같다. 배티어가 쓰는 전술에 대해서도 자세히 나와 있다. Michael Lewis, "The No-Stats All-Star," *New York Times Magazine*, February 13, 2009. 코비 브라이언트가 한 말도 여기서 인용했다.

6. 해리 트루먼이 한 말은 다음 잡지에 실렸다. *Nature* 535, no. 7612 (2016): 323. 존 우든과 영국 언론인 찰스 에드워드 몬터규(Charles Edward Montague)가 한 말이라는 주장은 다음 사이트에 실려 있다. http://forum. quoteland.com/eve/forums/a/tpc/f/99191541/m/7123950067.

7. 알란 쿠르디(Alan Kurdi)의 사진으로 난민구호기금이 폭증했다는 사실에 대해 자세히 알고 싶다면 다음 글을 참고하라. Luke Mintz, "Photo of Syrian Toddler Boosted Fundraising for Refugees 100-Fold," *Business Insider*, July 12, 2017.

8. 엘리아슨이 뉴욕시에 만든 폭포 작품에 대해 자세히 알고 싶다면 다음 사이트를 참고하라. https://en.wikipedia.org/wiki/New_York_City_ Waterfalls.

9. 1997년 노벨 물리학상에서 수상자가 바뀐 사례는 위에 인용된 화웨이 셴과 내가 쓴 《PNAS》 논문에 자세히 나온다.

10. 달린 러브의 사연은(그리고 그 못지않게 흥미진진한 수많은 흑인 여성 백업 싱어들에 대한 사연은) 모건 네빌(Morgan Neville)이 감독한 〈스타로부터 스무 발자국〉(2013)에서 훌륭하게 묘사되었다. 러브가 로큰롤 명예의 전당에 등재될 때 베트 미들러가 그녀에게 바친 헌사는 다음 동영상을 참고하라.

https://www.youtube.com/watch?v=Oo4gHVT82Uk.

11. 양성 간 임금 격차와 학계에서 양성 간 종신직 격차는 널리 알려져 있고 이 주제에 대해 수많은 글이 쓰였다. 이 주제에 관해 우리 연구실에서도 준밍 황 (Junming Huang), 로베르타 시나트라, 알렉스 게이츠(Alex Gates)와 합동 연구를 진행하고 있다.

12. 경제학에서 나타나는 여성과 남성의 종신직 비율 격차에 대한 자세한 사항은 다음 논문을 참고하라. Heather Sarsons, "Recognition for Group Work: Gender Differences in Academia," *American Economic Review* 107, no. 5 (2017): 141-45.

13. 챌피와 치엔 둘 다 GFP에 관한 첫 논문에 프래셔를 공동 저자로 이름을 올렸다. 따라서 그도 노벨상을 수상한 두 가지 발견 모두에 기여했다. 그리고 그는 학교를 그만두기 전에 단독으로 GFP 복제에 성공했음을 공표한 글도 썼다. 바로 이 때문에 우리 알고리즘은 그를 노벨상 수상자로 선정했다. 그는 형광분자의 성공적인 이용과의 연관성이 가장 일관성 있게 나타나는 유일한 과학자였다. 챌피는 노벨상을 수상한 후 주저하지 않고 다음과 같이 말했다. "심사위원들은 더글러스와 다른 두 명(오사무 시모무라와 로저 Y. 치엔)에게 상을 주고 나는 누락했을 가능성도 충분히 있었다."

14. 언젠가는 성공의 과학이 엉뚱한 사람에게 공로가 돌아간 말도 안 되는 사례들을 바로잡는 데 도움이 될지 모른다. 우리가 만든 알고리즘의 예측으로 프래셔에 대해 알게 되었고, 그가 GFP에 기념비적인 기여를 했다는 점에 초점을 맞출 수 있었다. 우리 알고리즘이 노벨상 심사위원회보다 훨씬 논공행상에 탁월한 능력을 발휘했는데 이는 프래셔가 한 중요한 역할이 그 어떤 논문에도 명시되어 있지 않았기 때문이다. 프래셔의 기념비적인 연구를 공동 인용한 과학자들이 쓴 수천 편의 연구논문들과 더불어 결국 노벨상을 수상한 학자들의 연구에도 잘 나타나 있는 비밀이었다. 노벨상 심사위원회는 누구에게 얼마만큼 공로가 있는지 밝혀낼 알고리즘이 없었으므로 심사위원들은 접수된 추천서를 바탕으로 결정을 내렸다. 게다가 자기들이 만나본 적도 없고, 15년 동안 논문 한 편 쓰지 않았으며 단 한 차례 학술회의도 참석하지 않았던 과학자를 노벨상 수상자로 추천할 사람이 어디 있겠는가? 익명으로 노벨상 수상자를 추천한 이들과 심사위원회에게 프래셔는 그저 수상한 논문들에 적힌 수십 명의 이름 가운데 하나에 불과했다. 어느 모로 보나 프래셔는 거의 존재하지 않았다.

10장

1. 아인슈타인이 한 말과 디락의 시는 다음 책 186쪽을 참고하라. Dean Keith Simonton, *Greatness: Who Makes History and Why* (New York: Guilford Press, 1994).

2. 사이먼턴의 연구에 대한 자세한 내용은 다음 논문을 참고하라. Dean Keith Simonton, "Creative Productivity: A Predictive and Explanatory Model of Career Trajectories and Landmarks," *Psychological Review* 104 (1997): 66-89. 다음 논문도 참고하라. Dean Keith Simonton, "Age and Outstanding Achievement: What Do We Know After a Century of Research?" *Psychological Bulletin* 104, no. 2 (1988): 251-67.

3. 사이먼턴과 관심사가 비슷한 경제학자 벤저민 존스(Benjamin Jones)는 1900~2008년 동안 노벨상 수상자들을 살펴보고 비슷한 결론에 도달했다. 다음 논문을 참고하라. "Age and Great Invention," National Bureau of Economic Research Working Paper No. 11359 (2005); Benjamin F. Jones and Bruce A. Weinberg, "Age Dynamics in Scientific Creativity," *PNAS* 108, no. 47 (2011): 18910-14. 그러나 그는 지난 수십 년에 걸쳐 체계적으로 일어난 변화를 포착했다. 물리학과 의학 모두에서 과학자가 서른 살이 되기 전에 한 연구로 노벨상을 탈 확률은 1920년에 최고였고 그 이후로 꾸준히 감소했다. 다시 말해 오늘날의 과학자들은 약간 더 나이를 먹었을 때 기념비적인 연구 성과를 낸다. 20세기에 걸쳐 주요 혁신가들의 연령은 평균 여섯 살 증가했다. 오늘날 학위를 따는 데 걸리는 시간만큼 증가한 듯하다. 그러나 이런 변화를 감안한다고 해도 노벨상 수상자들은 기념비적인 연구를 보통 30대나 40대에 했다. 학위를 끝내고 몇 년 동안 과학계에서 입지를 다진 직후다. 수상자들이 기념비적인 연구를 한 시기와 그 연구를 완성한 나이 사이에 명백히 관련이 있기 때문에 존스는 예측 공식을 개발해 특정한 학자가 정확히 언제 학계에 돌파구가 될 업적을 쌓을지 예측해봤다. 내 운명에 조금이라도 관련이 있는 예측 공식이 있다면 당연히 맞는지 확인해봐야 한다. 그리고 존스의 공식은 사실 노벨상 수상자가 아니라 창의력이 절정인 시기를 예측하는 공식이므로 내게도 적용 가능하다. 존스의 공식에 따르면 내가 가장 막강한 영향을 미칠 업적을 남겼을 나이는 서른여섯 살이었다. 거의 맞았다. 연결망에서 우선적 애착에 관한 연구를 완성한 나이가 서른한 살이고 이 연구가 오늘날까지 가장 자주 인용되는 연구다.

4. 우리가 발견한 제5 공식과 Q-요인은 다음 논문에 실렸다. Roberta Sinatra, Dashun Wang, Pierre Deville, Chaoming Song, and Albert-László Barabási, "Quantifying the Evolution of Individual Scientific Impact," *Science* 354, no. 6312 (2016): 5239. 창의성에 나이가 있는 분야도 있다는 점을 주목하라. 1990년대에 시카고대학교의 경제학자 데이비드 갤런슨 (David Galenson)은 미술가들이 최고가에 작품을 판 나이를 살펴봤다. 주요 업적을 남긴 나이가 천양지차인 두 미술 학파를 살펴봤는데 앤디 워홀, 프랭크 스텔라, 재스퍼 존스 같은 이들은 미술 경력 아주 초기에 고가의 작품을 생산하는 경향이 있었다. 빌럼 데 쿠닝, 잭슨 폴락, 마크 로스코 같은 이들은 최고가 작품을 후기에 제작했다. 갤런슨은 여기서 제5 공식을 뛰어넘는 패턴을 발견했다. 대기만성형은 모두 공통점이 있었다. 그들은 시행착오의 과정을 통해 화폭에 그림을 그렸다. 똑같은 주제를 두고 끊임없이 씨름하고 집요하게 자기 기법을 연마했다. 갤런슨은 이런 지혜로운 이들을 '실험미술가 (experimental artists)'라고 일컬었다. 반면 앤디 워홀, 재스퍼 존스, 피카소, 반 고흐 같은 젊은 예술가들은 기법보다는 파격적인 개념을 표현하는 데 관심이 있는 '개념미술가(conceptual artists)'였다. 각 미술가를 개념미술이나 실험미술로 분류함으로써 갤런슨은 경매에 나온 작품의 가치를 어느 정도 추산할 수 있었다. 예컨대 워홀의 초기 작품은 후기 작품보다 수백만 달러 더 비쌌다. 폴락의 경우는 정반대였다. 갤런슨의 논문에 대해 더 자세히 알고 싶다면 다음 저서를 참고하라. *Old Masters and Young Geniuses: The Two Life Cycles of Artistic Creativity* (Princeton, NJ: Princeton University Press, 2006). 갤런슨이 얻은 결과도 딘 키스 사이먼턴이 얻은 결과와 같다. 사이먼턴은 유명한 작가들을 살펴보고 분야별로 일반적인 추세가 나타난다는 사실을 발견했다. 그에 따르면 시 부문에서 창의성의 절정에 도달하는 평균 연령은 비교적 일렀다. 흥미롭게도 소설가로 꽃피기까지 훨씬 오래 걸렸고 40대 말이나 50대 초에 가서야 기념비적인 작품을 출간했다. 성공한 시인과 성공한 소설가 사이에 나타나는 이런 나이의 간극은 시대와 문화의 차이를 넘어 언제 어디든 놀라울 정도로 일관성 있게 나타나는 추세였다.

5. 존 펜의 흥미진진한 삶이 좀 더 궁금하다면 다음 글을 참고하라. Carol Robinson's eulogy, *Nature* 469, no. 300 (2011). 여기서는 행복한 결말을 얘기했지만 말년에 성공하기까지 펜이 겪은 비극적인 후일담도 있다는 점을 주목할 필요가 있다. 예일대학교는 이 노장의 과학자가 자기 학교 교수진에

몸담을 자격은 없다고 여겼으면서도 그가 말년에 한 발견이 자기 학교 소유라고 주장하려고 무진 애썼다. 예일대학교는 1993년 펜을 상대로 거의 100만 달러에 이르는 소송을 걸었고 그가 받은 특허는 그가 예일대학교 소속일 때 아이디어를 얻었으므로 학교의 지적 재산이라고 주장했다. 아이비리그 실험실에서 그를 쫓아낸 건 예일대학교의 의무 은퇴 규정이었는데 말이다. 예일대학교는 승소해 소송비로 50만 달러, 손해배상금으로 54만 5,000달러를 챙겼다. 이에 대한 자세한 내용은 다음 글을 참고하라. Kate Moran, "Nobelist Loses to Yale in Lawsuit," *Yale Alumni Magazine*, May-June 2005.

6. 여기 언급한 인물들을 비롯해 다양한 연령에 성공한 사람들이 궁금하다면 다음 사이트를 참고하라. http://brainprick.com/you-can-succeed-at-any-age-never-too-young-never-too-old/.

7. 잡스의 눈부시게 성공적인 커리어도 수많은 실패로 점철되어 있다는 사실을 소개한 다음 글을 참고하라. Chandra Steele, "Seven Steve Jobs Products That Failed," *PC Magazine*, August 26, 2011.

8. 나는 또한 새로운 아이디어를 탐색하는 능력이 개선될수록 시간이 흐르면서 아이디어를 찾아내는 육감도 발달한다고 확신했다. 그리고 애초에 이런 아이디어를 내는 능력은 저마다 다르다고 확실히 믿었다. 마치 각자 지닌 아이디어 용량이 다르듯 말이다. 그런데 여기서도 결과는 여지없이 우리의 기대에 어긋났다. 우리 중 무작위로 누구의 수치를 뽑아도 마찬가지였고 시간이 지나도 변하지 않았다. 우리가 지닌 아이디어의 분포 유형은 똑같았고 다른 사람보다 체계적으로 높은 r에 도달하는 사람은 없었다. 혁신을 가장 정확하게 묘사한 모델은 눈이 의심스러울 정도로 놀랍게 단순했다. 그냥 아무 아이디어나 골라서 우리의 경력 생애 동안 변함없는 Q-요인으로 그 아이디어를 개선할 뿐이다. 따라서 시도하는 횟수가 늘어날수록 마법과 같이 높은 가치를 지닌 r을 만나게 된다. 탐색을 열심히 하면 우리가 지닌 Q와 만나 성공을 극대화한다.

9. 여기 언급한 트위터 연구는 내 연구실에서 진행 중인 프로젝트로서 오누르 바롤(Onur Varol), 알렉산더 게이츠(Alexander Gates)가 연구에 참여하고 있다.

10. 호쿠사이에 대해 더 알고 싶다면 다음 사이트를 참고하라. https://en.wikipedia.org/wiki/Hokusai.

맺는말

1. 아인슈타인의 미국 방문을 둘러싼 소동과 그 이후로 그가 얻은 명성에 대해 자세히 알고 싶다면 다음 자료를 참고하라. 이 주제에 대한 철저하고 뛰어나며 의외의 논조를 담고 있다. Marshall Missner, "Why Einstein Became Famous in America," *Social Studies of Science* 15, no. 2 (1985): 267–91. 다음 주요 기사들을 바탕으로 당일의 사건이 어떻게 전개되었는지 추적해봤다. 그 기사들 가운데 일부는 이 책 결론에 인용되었다.

Eugene L. Fisk, "Einstein's Discoveries: A Revolution in Physics, but Not Philosophy," *New York Times*, January 5, 1919.

"Eclipse Showed Gravity Variation," *New York Times*, November 9, 1919.

"Lights All Askew in the Heavens: Men of Science More or Less Agog over Eclipse Observations," *New York Times*, November 10, 1919.

"Don't Worry About New Light Theory: Physicists Agree It Can Be Disregarded for All Practical Purposes," *New York Times*, November 16, 1919.

"Einstein Expounds His New Theory," *New York Times*, December 3, 1919.

"How Tall Are You, Einstein Measure?," *New York Times*, December 4, 1919.

"Assaulting the Absolute," *New York Times*, December 7, 1919.

O. W. Tefft, "Einstein's Thirteenth Man," *New York Times*, December 10, 1919.

"A New Physics Based on Einstein: Sir Oliver Lodge Says It Will Prevail, and Mathematicians Will Have a Terrible Time," *New York Times*, September 6, 1920.

"Disturber of Minds Unpopular," *New York Times*, September 6, 1920.

"Measurer of the Universe," *New York Times*, January 31, 1921.

"Poor Says Einstein Fails in Evidence," *New York Times*, February 8, 1921.

"Professor Einstein Here, Explains Relativity," *New York Times*, April 3, 1921.

"Thousands Greet Einstein at Pier: Mayor Hylan's Committee Welcomes Scientist and Party Down Bay," *Washington Post*, April 3, 1921.

"Einstein Sees End of Space and Time," *New York Times*, April 4, 1921.

"Psychopathic Relativity," *New York Times*, April 5, 1921.

"Holds Up Freedom of City to Einstein," *New York Times*, April 6, 1921.

"Relativity at the City Hall," *New York Times*, April 7, 1921.

"Einstein to Have Freedom of the State," *New York Times*, April 7, 1921.

"Falconer Is Denounced," *New York Times*, April 7, 1921.

"Freedom of City Given to Einstein," *New York Times*, April 9, 1921.

Benjamin Harrow, "The Skyscraper Built by Einstein," *New York Times*, April 17, 1921.

Leo Gilbert, "The Universe in a Nutshell: World Dimensions and World Distances and the Einstein Relativity Theory," *New York Times*, April 17, 1921.

"Kindred Studies Up on Einstein Theory: Tells House It May Bear on Legislation as to Relations with the Cosmos," *New York Times*, May 17, 1921.

"Einstein Honored at Boston," *New York Times*, May 19, 1921.

"Rush to Greet Einstein: War Veterans Fight Off Great Crowd of Welcomers in Cleveland," *New York Times*, May 26, 1921.

The Formula
성공의 공식 포뮬러

제1판 1쇄 발행 | 2019년 6월 15일
제1판 13쇄 발행 | 2024년 11월 21일

지은이 | 앨버트 라슬로 바라바시
옮긴이 | 홍지수
펴낸이 | 김수언
펴낸곳 | 한국경제신문 한경BP
책임편집 | 이혜영
교정교열 | 김순영
저작권 | 박정현
홍보 | 서은실 · 이여진
마케팅 | 김규형 · 박정범 · 박도현
디자인 | 이승욱 · 권석중
본문디자인 | 디자인 현

주소 | 서울특별시 중구 청파로 463
기획출판팀 | 02-3604-556, 584
영업마케팅팀 | 02-3604-595, 562   FAX | 02-3604-599
H | http://bp.hankyung.com   E | bp@hankyung.com
F | www.facebook.com/hankyungbp
등록 | 제 2-315(1967. 5. 15)

ISBN 978-89-475-4485-6   03320

THE FORMULA

THE UNIVERSAL LAWS OF SUCCESS